MOHAMMED ARKOUN

DER ISLAM

Annäherung an eine Religion

Vorwort von
Gernot Rotter

Aus dem Französischen
von Michael Schiffmann

PALMYRA

Die Originalausgabe erschien 1989 unter dem Titel
Ouvertures sur l'Islam bei Jacques Grancher, Paris.
Eine erweiterte 3. Auflage dieses Buches erschien
1992 unter dem Titel *L'Islam. Approche critique*
ebenfalls bei Jacques Grancher, Paris.
© Copyright 1989 und 1992 by Jacques Grancher.

Die Übersetzung dieses Buches wurde vom Kirchlichen
Entwicklungsdienst der Evangelischen Kirche in Deutschland
durch den Ausschuß für Entwicklungsbezogene
Bildung und Publizistik (ABP) gefördert.

Die Deutsche Bibliothek – CIP-Einheitsaufnahme

Arkoun, Mohammed:
Der Islam : Annäherung an eine Religion / Mohammed Arkoun.
Vorw. von Gernot Rotter. Aus dem Franz. von Michael Schiff-
mann. - Heidelberg : Palmyra, 1999
Einheitssacht.: L' Islam <dt.>
ISBN 3-930378-22-1

© Copyright der deutschsprachigen Ausgabe 1999 by
PALMYRA VERLAG, Hauptstraße 64, 69117 Heidelberg
Telefon 06221/165409, Telefax 06221/167310
e-mail: palmyra-verlag@t-online.de
www.palmyra-verlag.de
Alle deutschen Rechte vorbehalten
Lektorat: Georg Stein und Christa Schönrich
Umschlaggestaltung: Georg Stein und Uwe Schmitt
Umschlagbild: Georg Stein
Satz: Michael Grub
Druck und Bindung: Ebner Ulm
Printed in Germany
ISBN 3-930378-22-1

Inhalt

Vorwort

von

Gernot Rotter

Es hat im Westen immer eine Tendenz gegeben, den Islam aus der kulturellen Sphäre auszuschließen, in der die Menschenrechte verfaßt und verkündet wurden«, schreibt Mohammed Arkoun in diesem Buch. Nur kurze Zeit, nachdem Arkoun diese Feststellung getroffen hatte, setzte der US-amerikanische Politologe Samuel Huntington die als *self-fulfilling prophecy* ausgesprochen gefährliche – weil auf landläufigen Feindbildern aufbauende – These in die Welt, daß die künftigen Kriege auf unserem Globus Kriege zwischen den Kulturen sein werden, wobei er den prognostizierten *clash* zwischen der westlichen und der islamischen Welt als besonders bedrohlich darstellt – und damit Arkouns Feststellung exakt bestätigt.

Arkoun ist heute einer der bedeutendsten Religions- und Kulturphilosophen, der zudem in unserem Zusammenhang – und im Gegensatz zu Huntington – den Vorteil mitbringt, einerseits selbst dem »bedrohlichen« islamischen Kulturkreis anzugehören und sich bewußt zu ihm zu bekennen und andererseits als Gelehrter an der Pariser Universität Sorbonne mit der westlichen Vorstellungswelt und Denkweise bestens vertraut zu sein. Die Analyse, die er hier vorlegt, zeigt zuallererst die Defizite in beiden Kulturräumen, die nicht zuletzt auf gegenseitiger Unkenntnis basierende Entfremdung, aber auch die gemeinsamen historischen, kulturellen und religiösen Wurzeln auf. Die im allgemeinen Bewußtsein auf beiden Seiten verlorengegangene Nähe zwischen den beiden Kulturkreisen wieder zu entdecken und erneut zu beleben, ist Arkouns Hauptanliegen – wobei er sehr wohl weiß, daß dies ein sehr komplexer Prozeß sein wird.

In Frankreich und im englischsprachigen Raum hat das Buch längst eine sehr fruchtbare Diskussion angestoßen, weshalb es dem Palmyra Verlag als hohes Verdienst anzurechnen ist, daß er dieses wichtige Buch auch dem deutschen Leser zugänglich macht.

Hamburg, April 1999

Meinen Kindern

Transkriptionshinweis

Die Transkription arabischer Wörter ist nicht einfach, da es im Arabischen mehr Phoneme (bedeutungsunterscheidende Laute) gibt als im Deutschen. Da sich dieses Buch an ein breites Publikum wendet, wurde zur Vereinfachung anstelle der wissenschaftlichen die phonetische Transkription gewählt. Sie entspricht weitgehend der anerkannten englischen sowie deutschen Schreibweise.

Bei Begriffen, für die eine »eingedeutschte« Variante existiert, wurde das Transkriptionssystem verlassen. Außerdem wurden Artikel und Präpositionen, die im Arabischen an den Anfang des Bezugsworts angehängt werden, kleingeschrieben und mit Bindestrich vom Bezugswort abgesetzt, um eine gewisse Einheitlichkeit zu wahren. Aus Gründen der Einheitlichkeit wurden alle arabischen Begriffe kleingeschrieben. Etwaige Inkonsequenzen in der Umschrift resultieren aus Abweichungen im Original.

Ungewöhnliche Antworten auf gewöhnliche Fragen

Einleitung von
Mohammed Arkoun

Die erste französische Auflage dieses Buches erschien 1989. Meine Antworten auf die in diesem Buch aufgeworfenen Fragen stammen also aus einer Zeit, als die Berliner Mauer noch stand, der Golfkrieg und der so mörderische Bürgerkrieg in Algerien noch in unvorhersehbarer Zukunft lagen, die Bündnisstrategien mit den beiden Supermächten noch eine gewichtige Rolle spielten, der Friedensprozeß zwischen Israel und Palästina noch nicht begonnen hatte und die Rede vom »Ende der Geschichte« und dem »Zusammenstoß der Zivilisationen« weder den Hintergrund politologischer Diskussionen noch Gegenstand theoretischer Spekulationen bildete. Europa verfolgte seinen schwierigen Weg zur Einheit, und die islamische Revolution unter Führung Khomeinis hatte gerade mit der Verurteilung Salman Rushdies eine ihrer großen Herausforderungen gegenüber dem »Westen« in die Welt gesetzt.

Ich zähle diese höchst bedeutsamen Ereignisse jedoch nicht deshalb auf, weil ich den Leser veranlassen möchte, meine Antworten entsprechend der seitdem vergangenen Zeit zu korrigieren. Ich möchte ganz im Gegenteil unterstreichen, wie sehr die jüngste Geschichte meine kritische Position und meine dekonstruktive, kritische und analytische Haltung gegenüber sämtlichen Glaubensvorstellungen sowie Wahrnehmungs- und Interpretationsmustern, die den Islam von gestern und heute bestimmen, bestätigt, erläutert und erweitert hat. Es ist immer die transhistorische, transkulturelle und zugleich historische, soziologische und anthropologische Herangehensweise an das *Phänomen der Religion* am Beispiel des Islam gewesen, die meine Arbeiten über das islamische Denken bestimmt hat, und dank dieser Perspektive kann ich nun diese Texte, die in den siebziger und achtziger Jahren entstanden sind, ohne grundlegende Überarbeitung erneut publizieren.

In diesem Buch werden *ungewöhnliche Antworten* auf *gewöhnliche Fragen* gegeben. Diese Formulierung bringt mein Bemühen um Problematisierung sämtlicher verbliebener Mittel des islamischen Denkens, wie es sich in Jahrhunderten zum Schutz gegen alle theologische, philosophische, historische oder ganz einfach methodologische Kritik herausgebildet hat, gut zum Ausdruck. Eine solche Problemstellung erfordert die Mitarbeit des Lesers. Diese eigene Bemühung des Lesers ist um so notwendiger, als ich hier die Fachterminologie mehrerer Sozialwissenschaften verwende, mit denen viele muslimische und nichtmuslimische Leser nicht vertraut sein werden. Viele dieser Leser sind nämlich mehr an raschen, »einfachen«, funktionellen Informationen über einen unveränderlichen Islam interessiert als an der Erweiterung ihres Horizonts im Sinne eines Verständnisses des Phänomens der Religion als wesentliche Dimension aller Gesellschaften (der archaischsten wie der modernsten). Ich hoffe, daß meine Leser angesichts der falschen Debatten über das, was man pauschal und in Abgrenzung zum »Westen« den »Islam« nennt, ermessen können, wie dringend ein tiefgehendes Nachdenken über eine wissenschaftliche und intellektuelle Neubewertung der Ausdrucksformen und geistigen Mittel sämtlicher Personen in der Gesellschaft ist, die sich mit dem Islam befassen oder im Namen des Islam sprechen und handeln.

Eine solche Neubewertung wird von den sozialen und politischen Kräften, die die Thematik und die ideologischen Orientierungen der vorwiegend gesellschaftlichen Debatte diktieren, unablässig verzögert oder abgelehnt. So kommt es, daß imaginären Konfrontationen mehr Platz eingeräumt wird als einer historischen, anthropologischen und philosophischen Klärung der Streitpunkte, die sich seit Jahrhunderten sowohl zwischen den drei monotheistischen Religionen als auch zwischen den Religionen auf der einen und der Moderne auf der anderen Seite angehäuft haben. Man muß sagen, daß durch das Fehlen von Alternativen – wozu die Moderne in den Bereichen Politik, Recht, Ethik, wissenschaftlicher Kenntnis, Wirtschaft und Technologie beigetragen hat – der Islam seinem aktuellen Funktionieren nach eine sowohl positive als auch negative Rolle spielt. Auf der einen Seite füllt er in beträchtlichem Maße die Lücken in bezug auf alles, was mit Formen sozialer Solidarität unter den benachteiligten, an den Rand gedrängten, das Land verlassenden, kurz, den aus der modernen Entwicklung ausgeschlossenen Bevölkerungsschichten zu tun hat. Andererseits bewahren seine rituellen, symbolischen, moralischen, politischen und identitätsstiftenden Funktionen ihre Wirksamkeit nur um den Preis eines Verzichts auf jede moderne Kritik der *Grundlagen*, die vom klassischen Denken die *usul* genannt wurden. Die Folge ist, daß die Werte der Demokratie in der Politik- und Rechtskultur der führenden Eliten und derer, die bis heute eher Untertanen als Bürger im wahrsten Sinne des Wortes geblieben sind, keineswegs fest verankert sind.

Der Leser wird bemerken, daß zu dem Thema des Terrorismus und der politischen Gewalt als Weg zur Ergreifung der Macht in diesem Buch keine Frage gestellt wurde. Das liegt daran, daß bis 1989 die Gewalt der Befreiungskämpfe durch ihre Funktion als historisch unvermeidliche und moralisch notwendige Antwort auf die Gewalttätigkeit der Kolonisation und des Imperialismus weitgehend gerechtfertigt war. Heute dagegen bringt die Gewalt die Mitglieder ein und derselben Gesellschaft und ein und derselben religiösen Gemeinschaft in Konflikt; es ist dies die Gewalt des Bürgerkriegs, die der Islam seit seinen Anfängen erlebt und unter dem Namen *al-fitna-l-kubra* angeprangert hat. Ich habe diese Frage in meiner Betrachtung über die Stellung der Person in den islamischen Gesellschaften angeschnitten; hier ist es jedoch notwendig, noch weiterzugehen, um die alten und neuen Ausmaße der Gewalt in die heutigen Ausdrucksformen der Religionen zu integrieren.

Der Koran liefert sehr explizite Grundlagen für das Studium der Beziehungen zwischen *Gewalt, Heiligem* und *Wahrheit.* Die gegenwärtige islamische Debatte rechtfertigt den Rückgriff auf die Gewalt durch Berufung auf einen ritualistischen Islam, der eher zum Aufstand der Massen paßt als zur Ausarbeitung einer Theologie, die sich den neuen Herausforderungen des wissenschaftlichen Denkens mehr öffnet. Während leicht zu begreifen ist, daß der die politische Gewalt begleitende Diskurs ungeschliffen bleibt, hat man doch das Recht, den kultivierten Eliten ihre Willfährigkeit gegenüber den apologetischen und selbstgerechten Äußerungen des heutigen Islam vorzuwerfen. Bis zum heutigen Tage könnte ich kein Werk in einer der Sprachen des Islam (Arabisch, Persisch, Türkisch, Urdu) zitieren, in dem eine Kritik der theologischen Vernunft, der juristischen Vernunft, der politischen Vernunft, der exegetischen Vernunft und der historischen Vernunft, wie sie in der islamischen Geistesgeschichte geschult werden, versucht würde. Zwei Bücher von Abdallah Laroui (*Mafhum al-aal* und *Mafhum al-ta rikh*) eröffnen zumindest Wege, die in die Richtung einer radikalen Neubegründung des Islam als »menschliche Erfahrung des Göttlichen« weisen. Dies setzt jedoch eine staatszersetzende Neulektüre der islamischen Tradition in demselben Sinne voraus, in dem Dichter, Maler, Architekten und Denker mit der redundant gewordenen Welt der Zeichen gebrochen haben, um innerhalb einer sich beschleunigenden Geschichte neue Horizonte von Sinn und Hoffnung zu erschließen.

Ungeachtet der Tatsache, daß ich meine Kritik auf die dogmatischsten Positionen und die heiligsten Betrachtungen der islamisch-»orthodoxen« Lehre konzentriere, haben manche westlichen Leser, darunter auch überzeugte Christen, die Ansicht geäußert, dieses Buch sei eine Sammlung von Argumenten für den Islam! Ich möchte daher zunächst auf eine Verwirrung aufmerksam machen, die sich oft bei Lesern einstellt, die wenig über die Analysen, die ich als Autor selbst verantworte, und meine erzählende Darstellung der von den gläubigen Muslimen verfochtenen Glaubensinhalte und theoretischen Positionen unterrichtet sind. Wenn der Autor oder die Autorin eines Werkes Mohammed, Ali oder Fatima heißt, werden diese beiden Ebenen der Ausdrucksform oder der Diskussion häufig selbst von den kultiviertesten westlichen Lesern verwechselt; wenn er oder sie dagegen den Namen Jean, Arthur oder Angelika trägt, sind sich dieselben Leser auf einmal der »Objektivität« des Autors vollkommen sicher. Zu diesen Aufnahmebedingungen, denen im Westen jeder Diskurs über den Islam ausgesetzt ist, kommen dann noch die Ablehnungsstrategien von Personen hinzu, deren Denken in starkem Maße von ideologischen und fideistischen Überzeugungen beherrscht ist. Die Westmächte, die von alten antiislamischen Vorurteilen beeinflußt sind, die Anhänger des weltlichen, antiklerikalen französischen Modells (das mittlerweile aus Opposition gegen den klerikalen Fundamentalismus selbst in islamischen Gesellschaften seine Verfechter hat) oder diejenigen Juden und Christen, die einer fundamentalistischen Theologie der religiösen Wahrheit anhängen, sind offenkundig nicht in der Lage, meine Analysen zum Säkularismus, zur Französischen Revolution, zur Vernunft der Aufklärung, zum prophetischen Diskurs und zu den Gesellschaften bzw. Völkern des Buches/der Bücher usw. auf der Ebene der anthropologischen Problemstellung und der erkenntnistheoretischen Kritik zu erfassen, auf der ich sie angesiedelt wissen möchte. Dabei muß ich jedoch eingestehen, daß meine Antworten nie so erschöpfend sind, wie ich mir das schon bei der ersten Auflage dieses Buches gewünscht hätte. Dafür habe ich in anderen Publikationen viele Gedanken ausführlich behandelt, die ich hier kaum habe streifen können. Leser, die den von mir vorgeschlagenen Weg weiterverfolgen wollen, haben die Möglichkeit, sich in meinen Büchern *Critique de la raison islamique* (1998) und *Introduction au Coran* (1998) ausführlicher zu informieren.

1. Kapitel

Vorstellungen vom Islam

Gibt es im Westen ein wissenschaftliches Verständnis des Islam, oder muß man statt dessen von einem westlichen »Imaginären« des Islam sprechen?

In einem kurzen, für ein westliches Publikum bestimmten Buch ist es nützlich und sogar notwendig, mit dieser Problematik zu beginnen. Wir können uns in der Tat fragen, ob das westliche Verständnis vom Islam gültig und objektiv ist. Seit dem Entstehen der nationalen Befreiungsbewegungen in den fünfziger Jahren hat es über dieses Thema ständig Debatten gegeben, die mitunter sehr lebendig und leidenschaftlich geführt wurden. Jeder Franzose, der die Zeit des algerischen Unabhängigkeitskrieges (1954-1962) miterlebt hat, wird sich an die Polemiken und unversöhnlichen Debatten nicht nur über den Islam, sondern über die arabische Welt und die arabische Kultur überhaupt erinnern, die diesen Krieg begleitet haben; Debatten, die vom damaligen Kontext des Nasserismus, des Entstehens der Dritten Welt auf der Bandungkonferenz von 1955 und des zionistischen Kampfes um die Etablierung des Staates Israel bestimmt waren. Die Polemik, die sich damals entspann, ist um so heftiger gewesen, als sie mit alten religiösen und politischen Streitfragen verknüpft

war, die bis auf das Mittelalter zurückgehen. Auch nach dem
Ende des Algerienkrieges ging der Streit aufgrund anderer
Ereignisse, wie etwa der Revolution im Iran, weiter. Der
Machtantritt Ayatollah Khomeinis löste weltweit neue Emo-
tionen aus, am heftigsten in den Vereinigten Staaten, deren
bedeutendes Gewicht im Nahen Osten bekannt ist. Die iranische Revolution berührte vitale westliche Interessen im
Nahen Osten, und die Reaktionen, die dieses Ereignis her-
vorrief und weiterhin hervorruft, haben die westliche Vorstellungswelt vom Islam neu belebt und bereichert. Der Golfkrieg bildete einen weiteren Höhepunkt der Konfrontation
zwischen zwei kollektiven Vorstellungswelten: der arabisch-
islamischen und der westlichen.

Der Begriff des »Imaginären«, den ich in meiner einleiten-
den Fragestellung verwende, ist neu, und so wird sich der
Laie wahrscheinlich wenig darunter vorstellen können, ist es
doch auch den Experten bisher nicht gelungen, Gestalt, Funktion und Mechanismen jenes Vermögens, das wir Imagination nennen, klar zu erfassen. Kurz gesagt stellt das Imaginäre eines Individuums, einer sozialen Gruppe oder einer Nation die Ansammlung von Bildern dar, die sich eine Kultur
von sich selbst oder einer anderen Kultur macht. Früher handelte es sich dabei um Epik, Poesie und religiösen Diskurs,
heute vor allem um die Medien und an zweiter Stelle um die
Schulen und Universitäten.[1] Von daher gesehen hat jedes Individuum und jede Gesellschaft natürlich ein ihm oder ihr
eigenes Imaginäres, das untrennbar mit der jeweiligen Sprache verbunden ist. Es gibt demzufolge ein französisches, eng-
lisches und deutsches Imaginäres hinsichtlich des Islam, genau wie es ein algerisches, ägyptisches, iranisches und indi-
sches Imaginäres vom Westen gibt.

Das westliche Imaginäre hinsichtlich des Islam ist seit den
fünfziger Jahren von den mächtigen und allgegenwärtigen
Medien bestimmt worden, die täglich über die turbulenten

aktuellen Ereignisse – nationale Befreiungsbewegungen, Proteste und Revolten in den zahlreichen und unterschiedlichen muslimischen Gesellschaften – berichten.

Die Fehleinschätzung beschränkt sich indes nicht auf die aktuellen Ereignisse. Seit der Entstehung der jeweiligen Nationalstaaten in den fünfziger und sechziger Jahren sind die Probleme der muslimischen Gesellschaften immer schwieriger und vielfältiger geworden. Aber schon innerhalb dieser kurzen Dauer hat sich eine schwerwiegende Verwirrung entwickelt, welche die konkrete Gestalt des westlichen Imaginären hinsichtlich des Islam direkt bestimmt: Sämtliche tiefgreifenden politischen, sozialen, ökonomischen und kulturellen Schwierigkeiten dieser Gesellschaften werden einzig und allein mit dem Islam in Verbindung gebracht, der auf diese Weise eine ein- und überdimensionale Rolle erhält. So wird der Islam zur Quelle und zum übernatürlichen Urheber der gesamten zeitgenössischen Geschichte einer Welt, die sich von Marokko bis zu den Philippinen und, wenn wir die muslimischen Minderheiten in Europa mit einrechnen, von Skandinavien bis Südafrika erstreckt. Es stimmt, daß der allgemeine islamische Diskurs der fundamentalistischen Bewegungen, besonders derjenigen, die an den entscheidensten politischen Kämpfen beteiligt sind, das mächtige Bild eines einzigen, ewigen Islam als ideales Modell für das historische Handeln zur Befreiung der Welt vom imperialistischen und materialistischen Modell des Westens propagiert. An dieser Stelle kann man Wesen und Funktionsweise der westlichen Medien beobachten: Sie übertragen ohne eine kritische Intervention durch die Sozialwissenschaften die monolithische, fundamentalistische Sicht vom Islam, die das muslimische Imaginäre von heute dominiert, auf einen dem sozialen Imaginären der westlichen Länder genehmen Diskurs. Beiden Seiten fehlt es an einer kritischen Haltung; der Raum der wechselseitigen Wahrnehmung wird daher zum Schauplatz der Kon-

frontation von zwei Vorstellungsweisen, die durch die Mißverständnisse, die sich auf beiden Seiten angehäuft haben,
überempfindlich geworden sind.

Dieser beständig vor sich gehende Prozeß der Anregung
und Erweiterung der beiden Vorstellungsweisen wird noch
komplizierter durch ein viel älteres und ernsteres Problem,
das auf die heiligsten Ursprünge der drei monotheistischen
Religionen zurückgeht. Seit der Entstehung des Islam zwischen 610 und 632 hat es eine beständige, nie überwundene
Rivalität zwischen drei religiösen Gemeinschaften – der jüdischen, der christlichen und der muslimischen – gegeben,
die alle danach gestrebt haben, ein Monopol über die Verwaltung des symbolischen Kapitals zu erlangen, das mit dem
verbunden ist, was diese drei Traditionen »Offenbarung«
nennen. Obwohl diese Frage von sehr großer und vordring-
licher Bedeutung ist, ist sie unter dem säkularisierten, ideologischen Diskurs der Bildung von Nationalstaaten im Europa des 19. Jahrhunderts und der Ideologien des wissenschaftlichen Fortschritts und des universellen Humanismus
begraben worden. Später, nach der Katastrophe des Natio-
nalsozialismus und seit Beginn der kolonialen Befreiungskriege, bildeten die nicht weniger trügerischen Debatten über
Entkolonialisierung, über Entwicklung und Unterentwicklung (in den sechziger Jahren) sowie über den Prozeß der
Staatswerdung in den Ländern der Dritten Welt, die gerade
ihre politische Souveränität wiedergewonnen hatten, den
Anlaß, die Frage weiterhin zu ignorieren.

Ich werde in Kapitel sechs noch einmal auf die entscheidend wichtige Frage der Offenbarung zurückkommen; hier
sei jedoch bereits gesagt, daß bis zum heutigen Tag *niemand*
die Offenbarung in ihren drei ursprünglichen sprachlichen –
hebräischen, aramäischen und arabischen – Manifestationen
und im Rahmen der historischen und anthropologischen Bedingungen für das Entstehen dieser drei Traditionen studiert

hat. Das ist ein großes Versäumnis der vergleichenden Religionswissenschaft sowie der Human- und Sozialwissenschaften, welche die Sorge um die »Verwaltung der Heilsgüter« den Theologen der jeweiligen Gemeinschaften überlassen haben, die dementsprechend den theologischen Diskurs im Sinne seiner Legitimationsfunktion für das Machtstreben jeder einzelnen Gemeinschaft fortgeführt haben. Letzteres verdammt den Diskurs zu einem kulturellen System, das all jene ausschließt, die den frevelhaften Anspruch erheben, mit dem gleichen symbolischen Kapital zu arbeiten.

Angesichts der Tatsache, daß eine gewaltige Menge von Literatur zu diesem Thema die Bibliotheken füllt, mag die Behauptung, die Offenbarung sei *nirgends* in ihren drei historischen Manifestationen studiert worden, übertrieben scheinen. Ich möchte jedoch folgendes hervorheben: Sowohl das katholische als auch das protestantische Christentum haben bei der Konstruktion einer jüdisch-christlichen Version ihrer Heilsgeschichte das Alte Testament in einer Weise den Evangelien untergeordnet, daß die Juden gegen die Auflösung ihrer talmudischen und prophetischen Tradition protestierten; was die Muslime betrifft, blieben sie von dieser theologischen Tradition schon deshalb ausgeschlossen, weil der Islam dem Christentum chronologisch gesehen folgt und weil Jesus Christus der höchste Ausdruck des Wortes Gottes ist. Schon zwischen 622 und 632 weigerten sich Juden wie Christen in Medina, Muhammad als Propheten in der gleichen spirituellen Linie der Heilsgeschichte wie Moses und Jesus anzuerkennen.[2] Genau das ist auch der Hintergrund, auf den der polemische Stil des Koran mit Blick auf die Christen und Juden zurückzuführen ist.

Zu diesen historischen Tatsachen kommt das Versagen der Human- und Sozialwissenschaften hinzu, die sich nicht bemüßigt gesehen haben, alle Streitfragen, die uns diese theologischen Gebäude hinterlassen haben, als Probleme der religiösen und anthropologischen Geschichte zu behandeln. Ich kann aus eigener Erfahrung bezeugen, daß diese Probleme an den religionsgeschichtlichen Instituten so berühmter Universitäten wie Princeton, Harvard, Chicago, der Sorbonne, London, Rom, München usw. bis zum heutigen Tag noch nicht aus dieser kritischen Perspektive – der Perspektive einer Kritik der theologischen Vernunft – angegangen worden sind. Der Islam wird immer gesondert von anderen Religionen und getrennt von der Kultur und dem Denken Europas betrachtet. Oft wird er sogar aus den Fakultäten für Religionswissenschaft herausgenommen und statt dessen als Teil der Orientalistik gelehrt.

Ein weiterer Faktor, der den alten Streit zwischen dem Islam und dem Westen noch verschärft, ist die Tatsache, daß der Islam als Kraft der im historischen Aufstieg begriffenen Gesellschaften vom 7. bis zum 12. Jahrhundert und ein weiteres Mal unter Leitung der osmanischen Türken vom 16. bis zum 18. Jahrhundert die Kontrolle über das Mittelmeergebiet übernahm.

Wir haben es hier mit einem gemeinsamen historischen Schicksal der Mittelmeerregion zu tun, welches von der Geschichtswissenschaft immer noch nicht unabhängig von den ideologischen Trennlinien zwischen dem Norden und dem Süden sowie dem Osten und dem Westen des Mittelmeers behandelt wird. Die Mittelmeerregion, von der ich hier spreche, ist eher kultureller als geographischer und strategischer Natur; sie umfaßt all jene Kulturen, die historisch von den großen Kulturen des Alten Orients beeinflußt wurden, einschließlich der iranischen Religionen sowie der mesopotamischen, chaldäischen, syrischen, aramäischen, hebräischen und arabischen Kultur vor der Intervention Griechenlands, Roms, Byzanz' und des »Islam«.

Ich sollte hier kurz die Rolle des Vokabulars erwähnen, das ich verwendet habe, um die Vielfalt der Kulturen des

Nahen Ostens zum Ausdruck zu bringen. Wenn ich hier vom Aramäischen, Syrischen und Byzantinischen spreche, ist damit zugleich das Christentum gemeint. Indem ich vom Hebräischen spreche, beziehe ich mich auf die jüdische Religion. Aber der Islam, der mit dem Arabischen verbunden ist, bezeichnet sowohl die von Muhammad begründete Religion als auch das gewaltige Reich, das von der neuen Macht binnen kürzester Zeit zuerst in Damaskus, dann in Bagdad und Cordoba aufgebaut wurde. Das ist der Grund, weshalb ich das Wort »Islam« in Anführungszeichen gesetzt habe.

Die Verwechslung des Islam als Religion mit dem Islam als historischem Rahmen für die Entfaltung einer Kultur und Zivilisation hat sich bis heute erhalten und ist überdies noch komplexer geworden. Es führt jedoch kein Weg daran vorbei, auch diese Gesellschaften *als Gesellschaften* zu untersuchen, genau wie man dies mit der französischen, deutschen, belgischen, US-amerikanischen oder polnischen Gesellschaft tut.

Es ist gewiß legitim, zu Forschungszwecken gemeinsame Faktoren auszumachen, die in sehr unterschiedlichen Gesellschaften einen einzigen islamischen Diskurs hervorbringen, aber zusätzlich dazu muß die Forschung auch auf die Geschichte und Kultur zurückkommen, die für jede einzelne Gesellschaft charakteristisch sind. Was die Frage der Mittelmeerregion betrifft, ist es wichtig, die ideologischen Hindernisse zu identifizieren, die das Studium dieses Raumes behindern und seine Bedeutung für eine moderne Renaissance der Religions-, Philosophie- und Kulturgeschichte verhüllen.

Die von Fernand Braudel in seiner hervorragenden Dissertation *Das Mittelmeer und die mediterrane Welt in der Epoche Philipps II.*[3] dargebotene Lektion hat leider nicht ausgereicht, um die Geschichtslehrpläne der Gymnasien und Universitäten zu verändern. Die südliche und östliche Küste des Mittelmeers bleiben weiterhin die Domäne von Spezialisten der Arabistik und der Türkologie – das heißt, jener nebulösen »Wissenschaft«, die wir Orientalismus nennen. Was über den »arabischen« oder »muslimischen« Mittelmeerraum gelehrt wird, ist in hohem Maße von einer europäischen Perspektive auf die mittelmeerische Welt bestimmt.

Dabei ist die europäische Perspektive selbst immer mehr in den Hintergrund gedrängt worden, seitdem die Siebte Flotte der US-Marine die strategische Kontrolle über den gesamten Mittelmeerraum bis hin zum Iran etabliert hat. In der Zwischenzeit hat Europa all seine Ressourcen und Energien dem Aufbau einer Gemeinschaft gewidmet, in der Deutschland, ein Land, dem die Kultur des Mittelmeers völlig fremd ist, einen zentralen Platz einnimmt. Wird es durch den Eintritt Griechenlands, Spaniens und Portugals in die Europäische Union gelingen, ein bleibendes und wirksames Interesse an der Dimension der Gemeinschaft im Mittelmeerraum zu schaffen, indem sie auch arabische und islamische Vorstellungen in die einflußreiche, dynamische Geschichte des Aufbaus von Europa mit einbezieht? Das sind entscheidend wichtige politische und kulturelle Fragen für das kommende Jahrzehnt. Ferner liegt auch auf der Hand, daß ein endgültiger Frieden zwischen Israel und den Palästinensern bei allen Völkern des Mittelmeerraums Hoffnungen von beinahe messianischer Tragweite auslösen würde.

Ich verfolge hier nicht nur das Ziel der Wiederherstellung einer angemessenen historischen Sicht der politischen, wirtschaftlichen und strategischen Interessen, die im Mittelmeerraum wieder und wieder zum Krieg geführt haben. Eine noch wichtigere Aufgabe der Religions-, Kultur- und Philosophiehistoriker besteht darin, zu zeigen, wie ethnokulturelle Gruppen von unterschiedlicher Größe und Dynamik sich eines gemeinsamen Bestands an Zeichen und Symbolen bedient haben, um Systeme des Glaubens und Nichtglaubens hervorzubringen, die, während sie der menschlichen Existenz einen letzten Sinn gegeben haben, gleichzeitig dazu verwendet wurden, das Machtstreben, hegemoniale Reiche und mörderische Kriege zu rechtfertigen. Sämtliche »Gläubigen«, ob sie nun Anhänger geoffenbarter Religionen oder zeitgenössischer säkularer Religionen sind, sollten sich demnach *gleichermaßen* dazu verpflichtet fühlen, die Frage von Sinn und Bedeutung nicht aus dem Blickwinkel unveränderlicher Transzendenz – das heißt, einer vor aller Geschichtlichkeit geschützten Ontologie – zu betrachten, sondern im Licht historischer Kräfte; Kräfte, welche die »heiligsten« Werte transformieren, auch die, die aufgrund ihres symbolischen Kapitals als die »göttlichsten« und als untrennbar von den – notwendigerweise mythischen – Erzählungen über die Gründung der jeweiligen Religion betrachtet werden und in denen jede ethnokulturelle Gruppe das, was sie als ihre Identität oder Persönlichkeit bezeichnet, zusammenfaßt und wiedererkennt.

Gerade in diesem neuen Deutungsfeld – jenseits der dogmatischen Definitionen, die weiterhin die mobilisierende, im wesentlichen ideologische Kraft dessen, was man als die geoffenbarten Religionen bezeichnet, sichern – muß das Phänomen der Offenbarung neu untersucht werden. Nur dann wird die multidisziplinäre und disziplinübergreifende Analyse eines Phänomens, das viele Gesichter und Funktionen hat, zu dem *radikalen Imaginären*[4] vordringen, das den Gesellschaften *des Buches/der Bücher* (ich werde auf diesen Begriff, der Historikern und Anthropologen noch unbekannt ist, noch zurückkommen) gemeinsam ist.

Dazu bleibt allerdings noch viel zu tun: Zuallererst müssen wir die Geschichtslehrbücher in Frankreich, Deutschland, den Vereinigten Staaten und anderswo einer Überarbeitung unterziehen. Wir müssen die intellektuelle und kulturelle Misere der kurzen Kapitel anerkennen, die im Geschichtsunterricht an den Gymnasien dem Islam gewidmet sind. Was die Universitäten betrifft, gibt es unter ihnen auch jetzt noch nicht viele, deren Historische Fakultäten die Präsenz eines Islamwissenschaftlers tolerieren.[5] Der Unterricht in der Geschichte »islamischer Kulturen«[6] wird allzuoft in die Fakultäten für »orientalische« Sprachen verwiesen, sofern diese existieren. Diese Beobachtung, die im großen und ganzen für die westlichen Universitäten insgesamt gültig ist, zeigt deutlich, wie die ideologische Version von der Geschichte der Mittelmeerregion in der Struktur der Universitäten selbst ihr administratives und institutionelles Gegenstück findet. Und so haben Essayisten und Journalisten freie Bahn, ein Bild vom Islam und den Muslimen zu schaffen, das auf den Geschehnissen des Augenblicks beruht und sich ausschließlich auf kurzfristige Perspektiven (wie den Nasserismus, Khomeini, Israel und die Palästinenser usw.) beschränkt.

Um dieser Beschreibung der gegenseitigen Wahrnehmungen des »Islam« und des »Westens« gerecht zu werden, muß ich kurz auf die Situation auf der muslimischen Seite zu sprechen kommen. Zuvor möchte ich aber noch einmal wiederholen, daß die pauschale Bezeichnung vielfältiger und unterschiedlicher Realitäten durch Wörter wie »Islam« äußerst gefährlich ist, weshalb ich dieses spezifische Wort mit Anführungszeichen versehen habe; dasselbe gilt für den »Westen«, eine weitere, nicht weniger gefährliche pauschale Bezeichnung. Ich würde zwischen dem christlichen Westen und dem laizistischen oder säkularen Westen unterscheiden, Begriffe, deren Inhalt indes durch das weltweit entstehende Informations- und Technologiesystem ebenfalls fragwürdig wird.

Was den Islam betrifft, muß zwischen den Zusammenhängen des klassischen Islam und denen des heutigen Islam unterschieden werden.

Für den klassischen Islam war die bewohnte Welt ähnlich wie im Christentum vor dem Zweiten Vatikanischen Konzil (1965) theologisch und juristisch in das »Gebiet des Islam« (*dar al-islam*), in dem das Göttliche Gesetz galt, und das

»Gebiet des Krieges« (*dar al-harb*) aufgeteilt, in dem immer, wie in Mekka und Medina zur Zeit des Propheten, die Gefahr bestand, daß die »Ungläubigen« ihre »heidnischen« Gesetze an die Stelle des Wahren Gesetzes treten ließen. Das im Koran geoffenbarte Göttliche Gesetz wurde von 622 bis 661 in Medina erst vom Propheten und danach von den sogenannten »rechtgeleiteten Kalifen« (für die Schiiten von der Nachkommenschaft der *imame*) klar formuliert und angewendet. Aus dieser Aufteilung der Welt in zwei Teile ergab sich ein Sonderstatus für »geschützte Völker« (*dhimmi*), unter denen die Juden und Christen als Völker des Buches (*ahl al-kitab*) anerkannt, aber theologisch gesehen nicht Bestandteil der »Gemeinschaft, der das Heil versprochen ist« (*al firqa al-najiya*) waren. Die Juden und Christen von heute tun unrecht, diesen Status als ein Thema der Polemik gegen die heutigen Muslime zu verwenden; sie sollten mit diesem Problem lieber so umgehen, wie Historiker es tun würden, und den Anachronismus vermeiden, die Philosophie der Menschenrechte und der religiösen Freiheit – die auch im Westen erst spät (durch die Französische Revolution) und vorerst nur auf der theoretischen Ebene etabliert wurde und in der Praxis immer noch unvollständig und willkürlich angewendet wird – auf eine theologische Haltung zu projizieren, die allen drei geoffenbarten Religionen *gemeinsam* ist.

Auf die gleiche Weise unterscheidet die theologische Vision zwischen der Zeit *vor* und der Zeit *nach* der Begründung der neuen Heilsgeschichte. So haben Juden, Christen und Muslime alle ihre jeweiligen Zeitrechnungen, und sie alle stellen die Frage nach dem theologischen Status der Menschen, die vor der Verkündigung der »letzten« Offenbarung gelebt haben.

Wenn man bedenkt, daß Raum und Zeit für alle Menschen die Koordinaten jeglicher Wahrnehmung eines Erkenntnisgegenstandes darstellen, kann man den Einfluß der theologischen Systeme auf alle Deutungsmuster ermessen, die für die Gesellschaften des Buches relevant sind, in denen das geoffenbarte, heilige *Buch* alle anderen Bücher, die ein für die jeweilige kulturelle »Tradition« konstitutives Wissen enthalten, hervorgebracht hat. Wir haben diesen Wahrnehmungszusammenhang noch nicht hinter uns gelassen, und das, was ich oben über die Geschichtsbücher und Historischen Fakultäten gesagt habe, zeigt, wie die Deutungsrahmen in einer entsakralisierten, säkularisierten Welt aus Raum und Zeit in ideologischer Form die von den Religionen etablierten vorherrschenden Unterscheidungen weiterführen.

Innerhalb ihres theologischen Raumes und ihrer theologischen Zeit haben die muslimischen Geographen der klassischen Epoche auch »profane« Zusammenhänge von Völkern und Kulturen außerhalb des muslimischen Bereichs beschrieben und weitergegeben.[7] Das Interesse an dieser umfangreichen geographischen Literatur zeigt, wie das Wunderbare – also das Imaginäre – in die Wahrnehmung und Definition des *anderen* eingeht. Die Beschreibung der Bildgestaltung des anderen als psychokultureller Prozeß, der an die jeweilige typische Geschichte und den Verständnisrahmen gebunden ist, ist eine faszinierende *neue* Richtung in der Geschichtswissenschaft.

Was läßt sich nach diesen Ausführungen über die Wahrnehmung des »Westens« durch den gegenwärtigen »Islam« aussagen? Einer der ersten Brüche mit den klassischen Zusammenhängen geht auf den Ägypter Rifa'a al-Tahtawi zurück, der im 19. Jahrhundert Frankreich bereiste und einen Rechenschaftsbericht über seine »Entdeckungen« in einem Land hinterließ, das gerade die revolutionären Kämpfe und die napoleonischen Kriege hinter sich hatte. Seine Sicht von Frankreich ist positiv, bewundernd und voller Sorge. Der Kontrast zwischen einer freien, dynamischen, für Veränderung offenen Gesellschaft und einer eintönigen, konformistischen und konservativen muslimischen Gesellschaft löste einen Wunsch nach Fortschritt, Reform und Revision aus. Ungeachtet ihrer brutalen kolonialen Eroberungspolitik, vor allem in Algerien, beeindruckte die westliche Zivilisation ihn zutiefst und nötigte ihm Bewunderung und Neid ab. In der muslimischen Gesellschaft rief sie einen unwiderstehlichen Wunsch nach Veränderung und Bewegung hervor. Personen des politischen, literarischen, künstlerischen und universitären Lebens öffneten sich den Lehren der Aufklärungsphilosophie. Sie glaubten, sie könnten für die muslimischen Gesellschaften den historischen Weg nachahmen, der den Westen zu einer Zivilisation geführt hatte, die man als »überlegen«, effizient und befreiend ansah.

In den Jahren zwischen 1920 und 1940 begann eine säkulare nationalistische Bewegung, die von einer reformistischen islamischen Strömung unterstützt wurde, sich den Liberalen entgegenzustellen, die eine Imitation des westlichen kulturellen Modells favorisierten. Die reformistische islamische Bewegung, deren Ursprünge bis auf Jamal ad-Din al-Afghani und Muhammad Abduh im 19. Jahrhundert zurückgingen, setzte sich fort und gewann als Muslimbruderschaft in Ägypten und der *Vereinigung der reformistischen ulema* in Algerien an Bedeutung. Die Rivalität zwischen der liberalen und der reformistisch-nationalistischen Position erreichte mit dem Ende des Zweiten Weltkriegs, der Gründung des Staates Israel und der Machtergreifung der Freien Offiziere und des Nasserismus im Juli 1952 in Ägypten einen entscheidenden Wendepunkt. Als im November 1954 der Algerienkrieg begann, verdrängte schließlich eine nationalistische, antikoloniale, antiimperialistische und antizionistische Strömung den liberalen Standpunkt der kleinen »verwestlichten« Gruppierungen mit ihrem naiven, entpolitisierten Begriff einer kulturellen Anpassung der muslimischen Gesellschaften an den Westen.

Um dieses Bild zu vervollständigen, müßte ich die Geschichte der nasseristischen Konfrontation mit den Forderungen der Muslimbrüder wiedergeben, ferner die der Konfrontation zwischen Atatürks Säkularismus und einem nach politischer Hegemonie und ökonomischer Herrschaft strebenden Europa, des Bourguibismus im Kampf für eine Anpassung an den Westen im Zusammenhang mit der wiedererworbenen politischen Souveränität Tunesiens, der populistischen Revolution in Algerien (die sämtliche Etappen überspringen wollte, um die algerische Gesellschaft in einer einzigen historischen Bewegung zu industrialisieren, zu arabisieren und zu islamisieren) und die des baathistischen Sozialismus in seinen syrischen und irakischen Versionen. Letzterer dachte an den Aufbau der arabischen Nation, indem er wie in Algerien Reste der Aufklärungsphilosophie mit einem romantischen Islam und einer Projektion der arabischen Kultur zurück auf das Erbe (*turath*) des klassischen, auch das Goldene genannten Zeitalters der arabisch-islamischen Zivilisation kombinieren wollte.

Aufgrund der Manipulierbarkeit von Völkern, die messianischen Versprechen und eschatologischen Erwartungen immer noch aufgeschlossen gegenüberstanden, hatten all diese Bewegungen vorübergehend auch Erfolg. Die Führer, die von dieser Aufgeschlossenheit profitierten, waren blind für die zersetzende Funktion und die zerstörerischen Wirkungen ihrer *ideologischen* Auseinandersetzungen, welche nicht realisierbare politische Programme durch tausendjährige, über der Geschichte stehende, vom *mythischen* Diskurs der traditionellen Religionen genährte Hoffnungen ersetzten.[8]

Das Auftauchen Khomeinis und der Ausbruch der »islamischen« Revolution 1979 im Iran erläuterte diesen Konflikt neu, der nicht nur für den Islam, sondern auch für den Weg anderer historischer Strömungen bedeutsam ist. Wenn Khomeini den »islamischen« Diskurs benutzte, um das Ethos des

schiitischen Bewußtseins neu zu beleben und das »phara-
onische« Regime des Schahs zu beseitigen, profitierte er von
den enttäuschten Hoffnungen arabischer und muslimischer
Völker, die seit den fünfziger Jahren von »sozialistisch« inspirierten Ideologien, wie den oben erwähnten, mobilisiert
worden waren. Die konfuse Vermischung von mythischem
religiösem Diskurs und mobilisierendem, entsakralisierendem
ideologischem Diskurs wirkte nicht nur maximal mobilisie-
rend, sondern auch höchst zerstörerisch auf die semantische
Ordnung der Gemeinschaft. Sie produzierte eine Umkehrung
der Werte, die um so gefährlicher war, als die engagiertesten
gesellschaftlichen Akteure diese Wiederbelebung des schiitischen Bewußtseins als soziale Beförderung verstanden. Was
als die Restauration »islamischer« Legitimität von Macht, Gesetz und ethischen Werten präsentiert wurde, erwies sich nur
als tragische Parodie der formalen Praktiken der »Demokratie«, die auf diese Weise sowohl von den islamischen Prinzipien der Autorität als auch von der grundlegenden Philosophie der Menschenrechte abgeschnitten wurden.

Mit der Auflösung der mythischen Kraft der arabischen
Nation und der arabisch-sozialistischen Revolution, die doch
– so das erklärte Ziel der algerischen Diplomatie zumindest
bis zu den Protestdemonstrationen vom Oktober 1988 – der
Befreiung anderer Völker der Dritten Welt als Modell hatten
dienen sollen, ist das religiöse Bewußtsein plötzlich entmy-
thologisiert worden, allerdings nicht durch historisierendes
religiöses Wissen[9], sondern durch ideologische Manipulation
des volkstümlichen Glaubens und der wichtigsten Traditions-
bereiche. Wir müssen uns, so gut wir können, bemühen, das
historische Drama der muslimischen Völker zu verstehen, die
brutal mit der materiellen Zivilisation und der intellektuellen
Moderne konfrontiert werden: Weder die »sozialistische Revolution« (in ihrer nasseristischen und algerischen Phase) noch
die »islamische Revolution« (in ihrer iranischen Phase) war

wie die Französische Revolution des 18. Jahrhunderts durch eine mächtige Bewegung der philosophischen und wissenschaftlichen Kritik der religiösen Tradition, der politischen Praxis der monarchischen Regime, der überkommenen Kultur oder der Problematik des Wissens überhaupt vorbereitet worden. Während Nasser in den fünfziger und sechziger Jahren die Muslimbrüder ins Gefängnis werfen oder sogar aufhängen ließ, tat er gleichzeitig nichts zur Ermutigung einer Modernisierung des islamischen Bewußtseins; ebenso propagierte Boumedienne in Algerien nach 1965 in einem Atemzug Losungen der sozialistischen Revolution und spektakuläre, offizielle Maßnahmen einer Traditionalisierung der Gesellschaft durch »Rückkehr« zu rituellen, fragmentarischen Ausdrucksformen des Islam. Bei der »islamischen Revolution« hat die Restauration von Gesetz und ritueller Praxis systematischeren Charakter, aber die entscheidenden Probleme, die von dem, was ich die »umfassende islamische Tradition«[10] nenne, ererbt sind, liegen weiter denn je fernab einer wissenschaftlichen und philosophischen Untersuchung.

Was ich mit dieser kurzen Darstellung ins Bewußtsein rükken möchte, ist die Akkumulation des *Ungedachten* und des *Undenkbaren* im islamischen Denken, seitdem die Ideologien des Kampfes für politische Befreiung den sozialen Raum für sich in Beschlag genommen haben. Während der Westen, nachdem er zur Aufgabe der kolonialen Herrschaft gezwungen worden war, seit den sechziger Jahren eine Suche nach neuen Ausdrucksformen der Moderne in Gang gesetzt hat, hat die muslimische Welt sich von der Moderne losgesagt, um ihr ein »islamisches« Modell entgegenzustellen, das sich jeder wissenschaftlichen Untersuchung entzieht. Dabei handelt es sich um den Triumph eines sozialen Imaginären, das wohl als »Islam« bezeichnet wird, aber in Wirklichkeit nur das irreversible Wirken politischer, wirtschaftlicher, sozialer und kultureller Säkularisierung sakralisiert. Die meisten Analytiker haben diese neue Rolle des Islam kaum bemerkt, die auf der kollektiven Ebene als Instrument zur Kaschierung von Verhaltensweisen, kulturellen Institutionen und wissenschaftlichen Aktivitäten verwendet wird, die von genau dem westlichen Modell inspiriert sind, das man ideologisch zurückweist.

Wir müssen im weiteren Verlauf dieses Buches versuchen, die historische Situation zu *überdenken*, die durch die Evolution der muslimischen Gesellschaften während der letzten 30 Jahre geschaffen wurde. Wir müssen uns mit all den Problemen befassen, die sich durch die Ideologie des Kampfes als *undenkbar* erwiesen: In der Hoffnung, eine neue historische Phase in diesem Evolutionsprozeß zu eröffnen, eine Phase, in der ein kritisches Denken (das in der Moderne verankert ist, aber die Moderne selbst kritisiert und, ausgehend vom Beispiel des Islam, zu ihrer Bereicherung beiträgt) das politische Handeln, die wirtschaftlichen Entscheidungen und große soziale Bewegungen begleitet oder ihnen sogar zum ersten Mal vorausgehen kann.

2. Kapitel

Der Islam und die Muslime

Was bedeuten die Wörter »Islam« und »Muslim«?

Im allgemeinen wird das arabische Wort *islam* mit »Hingabe«, »Unterwerfung unter Gott« oder sogar »Resignation« übersetzt. Letzteres ist gänzlich unangemessen. Der Gläubige resigniert Gott gegenüber nicht. Er empfindet Gott gegenüber eine Kraft der Liebe, eine innere Zustimmung zu dem, was Gott ihm sagt, weil Gott durch die Offenbarung die Menschen zu sich emporhebt. Dieses Emporheben löst bei den Menschen ein Gefühl der Dankbarkeit gegenüber dem Schöpfer aus, der die irdischen Geschöpfe mit Wohltaten überhäuft hat. So wird also eine Beziehung liebenden und dankbaren Gehorsams zwischen Schöpfer und Geschöpf hergestellt.

Etymologisch gesehen hat das Wort *islam* im Arabischen seinerzeit »jemandem etwas übergeben« bedeutet. Hier handelt es sich darum, »sich selbst Gott zu übergeben«, »sich ganz und gar Gott anzuvertrauen«. Eine andere Bedeutung des Wortes *islam*, auf die die Sprachhistoriker hingewiesen haben, paßt gut auf die ursprüngliche Anwendung im Koran: »den Tod mißachten«, indem man seine Seele, das heißt, sein Leben, für eine edle Sache hingibt. Seine Seele hingeben, zum Beispiel, indem man sich in einer Schlacht für Gott opfert, heißt, in äußerster Form jenes Überströmtsein von Liebe, jene innere Bewegung zu demonstrieren, die den Gläubigen dazu veranlaßt, Gottes Ruf und Gottes Gebote vorbehaltlos zu akzeptieren. Sich zu Gott hin zu bewegen, bedeutet, sich in Richtung auf das Absolute, auf die Transzendenz zu bewegen; es vermittelt dem Gläubigen das Gefühl, auf eine höhere Existenzebene gehoben zu werden. All diese Konnotationen stecken in dem Wort *islam*. Es gibt mehrere Verse im Koran, in denen Abraham als *muslim* bezeichnet wird. Als *muslim* gilt im Koran derjenige, der in liebendem Gehorsam zu Gott handelt, wovon Abraham mit seiner Einwilligung in Gottes Forderung, seinen Sohn zu opfern, ein Beispiel gibt. Wenn es im Koran heißt, Abraham sei weder ein Jude noch ein Christ, sondern ein *muslim* gewesen, bezieht sich das natürlich nicht auf den Islam, so wie er von Theologen oder Juristen in ihrer Auslegung des Koran und der Lehren Muhammads definiert wird, sondern das Wort *muslim* bezeichnet in diesem Kontext eine ideale religiöse Einstellung, die durch Abrahams Verhalten symbolisiert wird, mit dem er dem Pakt oder Bund (*mithaq*), von dem sowohl das Alte Testament als auch der Koran sprechen, Gehorsam erweist. Dieses Verhalten ist der Grund, weshalb Abraham der Vater der Gläubigen genannt wird. Er ist die Inkarnation der grundlegenden religiösen Haltung des Monotheismus *vor* der Etablierung der Rituale und der Gesetzgebung, die schließlich die drei monotheistischen Religionen definieren und voneinander absondern sollten. Diese ursprüngliche religiöse Haltung, die den Bund nicht in der geschichtlichen Zeit und einem erkennbaren Raum, sondern in der Unendlichkeit von Raum und Zeit des Bewußtseins begründet und die jenseits jedes Einflusses von Sprache, Gesetz oder Tradition durch das Absolute hervorgebracht wird – diese Haltung wird im Arabischen und im Koran *islam* genannt. Seien wir uns jedoch im klaren darüber, daß dieses Wort bereits im Koran einige rituelle, legislative und semantische Merkmale anzunehmen beginnt, die die Theologen und Rechtsgelehrten später zu einem Gebilde des Glaubens und Nichtglaubens vervollständigten und systematisierten, das zur muslimischen Religion werden sollte, die ebenfalls *islam* genannt wird. Diese Unterscheidung zwischen dem Islam Abrahams, der in der religiösen Erfahrung Muhammads erneut bestätigt wurde, und dem historischen Islam der Theologen und Rechtsgelehrten hat eine Parallele in anderen im Koran verwendeten Begriffen: Dort haben wir auf der einen Seite *umm al-kitab*, das himmlische oder archetypische Buch, das die unzugängliche, geheimnisvolle Ganzheit des Wortes Gottes enthält, auf der anderen Seite *al-kitab*, *al-qur'an*, *al-dhikr*, *al-furqan* und ähnliche, vergleichbare Begriffe, das heißt, das offensichtliche, historische Buch, das Wort Gottes, wie es den Menschen mitgeteilt und nunmehr an der irdischen Geschichte der Geschöpfe Gottes beteiligt ist. Das von menschlicher Hand auf Papyros oder Papier aufgezeichnete Wort wird in einem gebundenen Buch, einem *mushaf*, gesammelt, das der Gläubige berühren, mit sich führen, lesen und interpretieren kann, um den Islam, die von den Muslimen gelebte Religion, zu definieren, die ihrerseits untrennbar Gläubige *und* historisch Handelnde sind, die sich an den politischen, sozialen und ideologischen Auseinandersetzungen ihrer Zeit beteiligen.

Dieselbe Unterscheidung kann man auch zwischen Christus als dem fleischgewordenen Wort Gottes und den Evangelien als den Erzählungen über das Wort Gottes treffen, die in einem Buch von und für Christen gesammelt worden sind, die *sowohl* Gläubige *als auch* Teilnehmer an der Geschichte sind.

Ich bestehe deshalb so sehr auf diesen Unterscheidungen, weil sie heute von großer Tragweite für eine moderne, offene theologische Neubeschäftigung mit dem Phänomen der Offenbarung im Kontext einer vergleichenden Theologie sind, die über die Streitfragen oder den Austausch falscher Toleranz hinausgeht, wie sie für so viele Treffen zwischen Christen und Muslimen seit dem Zweiten Vatikanischen Konzil von 1965 charakteristisch waren. Vielleicht werde ich die Gelegenheit haben, später einmal auf eine weitere Unterscheidung zurückzukommen, die ich bereits an anderer Stelle entwickelt habe, nämlich die Unterscheidung zwischen der *koranischen Tatsache* und der *islamischen Tatsache* mit ihren Entsprechungen in der *Tatsache des Evangeliums* und der *christlichen Tatsache* sowie der *alttestamentlichen Tatsache* und der *jüdischen Tatsache*.[11]

Die Unterscheidung zwischen »Islam« und »Muslim« hat heute jedoch noch eine andere Bedeutung, über die man hier ein Wort sagen sollte. So spricht man unbekümmert von »islamischer Welt« und »muslimischer Welt«; noch schlimmer ist, daß Bücher unter dem summarischen Titel »Islam« erscheinen, welche die Geschichte, die Kultur und die gesellschaftlichen Institutionen eines Raumes behandeln, der von Marokko bis Indonesien reicht. Wer würde es wagen, die europäischen Gesellschaften, deren Bevölkerung ja immerhin vorwiegend aus Christen besteht, in Büchern wie »Das Christentum und seine Zivilisation« oder »Die Zivilisation des klassischen Christentums« als eine einzige Gruppe zu behandeln? (Für diese Beispiele habe ich die Titel zweier weit verbreiteter Bücher über den Islam abgewandelt.)[12] Es ist allerdings wahr, daß die religiöse Perspektive sich schon seit der frühen koranischen Phase des Islam mit der profanen Sphäre vermischte, so daß im islamischen Denken schließlich behauptet wurde, die Verflechtung des Religiösen (*din*) mit dem Profanen (*dunya*) und dem Politischen (*dawla*) sei ein charakteristisches Kennzeichen des Islam. Angesichts der Trennung zwischen Religiösem und Weltlichem im laizistischen Westen beharrt der Islam weiterhin darauf, die religiösen Lehren zur Grundlage von Politik und Gesellschaft zu machen. In der aktuellen Debatte über Islam und Laizismus bleiben viele Begriffe unter den Christen des Westens und innerhalb des Islam unanalysiert, ein Thema, auf das ich später noch zurückkommen werde. Halten wir hier zunächst lediglich fest, daß die Verwendung des Wortes »islamisch« zur Bezeichnung höchst unterschiedlicher und in sich differenzierter Gesellschaften vermieden werden sollte. Es ist an der Zeit, jede »muslimische« Gesellschaft zu einer kritischen, wissenschaftlichen Betrachtung ihrer selbst zu ermutigen. Auf diese Weise würde der Islam als Religion von Problemen und Verantwortlichkeiten befreit werden, wodurch ausschließlich die gesellschaftlichen Akteure an Ansehen gewinnen würden, was aber nicht Sache »Gottes« wäre. Indem die Gesellschaften von falschen Göttern befreit werden, kann gleichzeitig das Göttliche aus den Wahnvorstellungen herausgelöst werden, auf die die Menschen überall mit stets neuem Erfindungsreichtum verfallen.

3. Kapitel

Kirche und Staat

Hat die Trennung von Kirche und Staat, die für die säkulare Ideologie in der westlichen Welt grundlegend ist, ihren Ursprung in der Unterscheidung, die in den Evangelien versinnbildlicht ist: »Gib Gott, was Gottes, und dem Kaiser, was des Kaisers ist«?

Diese Redensart wird in der Tat häufig zitiert, wenn Christen und Muslime den Versuch unternehmen, die jeweiligen Erfahrungen von Islam und Christentum miteinander zu vergleichen. Daher ist es sehr wichtig, an die historischen Bedingungen zu erinnern, unter denen jede Religion und sogar jede Theologie im weitesten Sinne entsteht. Wir können diesen Ausspruch nur dann richtig verstehen, wenn wir uns vor Augen halten, daß sich Palästina zur Zeit Christi unter römischer Herrschaft befand. Die politische Ordnung unterstand dem Römischen Reich, und es gab einen römischen Statthalter in Palästina, der die legitime und legale Autorität repräsentierte – wenn ich hier von Legitimität spreche, meine ich natürlich den Standpunkt Roms. Dies brachte es mit sich, daß die religiöse Macht keinerlei politische Initiative ergreifen konnte, ohne sich dabei auf Rom zu berufen. In diesem Kontext bestand die einzige Möglichkeit eines religiösen Menschen, Anspruch auf eine wie auch immer geartete Autorität zu erheben, in einer völligen Beschränkung auf die geistige und religiöse Ebene. Unter solchen Umständen zielten die Worte Jesu darauf ab, das spirituelle Vorrecht einzufordern, das den Propheten oder der jüdischen priesterlichen Autorität, wie sie in der jüdischen Synagoge ausgeübt wurde, zukam. Indem er so vorging, konnte Jesus zwei entscheidend wichtige Dinge bewirken. Auf der einen Seite vermied er es, die römische politische Macht direkt zu attackieren, andererseits warf er implizit die Frage ihrer Legitimität auf, da diese Macht nicht auf der spirituellen Autorität des Gottes basierte, der in der Person Christi geoffenbart war. Auf diese Weise entwickelte sich eine wachsende Spannung sowohl gegenüber den Rabbinern als auch gegenüber der römischen Macht. Das römische Recht ist eine derart bedeutsame kulturelle Schöpfung, daß die gesamte Kirchengeschichte im Westen von ihm geprägt wurde. Auf der Basis der ihr von Christus verliehenen geistigen Autorität erhob die Kirche schließlich den Anspruch auf die Kontrolle der politischen Macht. Daraus resultierten dann wachsende Spannungen, die zur Revolution in England und der Hinrichtung Karls I. im Jahre 1649, zur Französischen Revolution und der Hinrichtung Ludwigs XVI. 1793 und am Ende zur rechtlichen Trennung von Kirche und Staat führten. Das radikalste Beispiel in dieser Hinsicht ist das französische.

Das, worum es bei dieser Entwicklung letztlich ging, war die Unterscheidung zwischen Macht und Autorität. Autorität entsteht aus Überzeugung, aus der Hinwendung des Bewußtseins zu Inhalten, die dem Dasein der Person Sinn geben. Der Gehorsam gegenüber einer Stimme, die das Individuum durch den Sinn, den sie seiner Existenz verleiht, erhebt, kann, wie der Koran sagt, nur durch die freie Entscheidung des Herzens erreicht werden. Diese Stimme ist sowohl die Stimme Gottes als auch die des Propheten, des Helden, des

Führers, des Wissenschaftlers, des spirituellen Meisters, des Heiligen oder des Philosophen.

In jedem Fall gibt es eine optimale Kommunikation zwischen zwei Gewissen, zwei Subjekten. Es kommt zu einer Verdichtung dessen, was Marcel Gauchet[13] die »Sinnschuld« nennt: ich verdanke den wahren Sinn meines Daseins einer Autorität, die zu einem Führer wird und der zu gehorchen ich zustimme. Ich verinnerliche die Gebote des Führers; ich gehorche seiner *Macht*, solange sie innerhalb der Grenzen des *Sinnes* ausgeübt wird, den er mir in seiner Funktion als *Autorität* offenbart. Das ist genau die Art von Verbindung, die ich in bezug auf den *Islam* Abrahams analysiert habe. Die geoffenbarten Religionen führten die Auffassung vom Bund als *Sinnschuld* ein, innerhalb deren Autorität und liebender Gehorsam sich gegenseitig vollständig bedingen und einander wechselseitig anerkennen. Eine Macht ist nur dann legitim, wenn sie im Rahmen eines solchen Bundes ausgeübt wird.

Was diesen Punkt betrifft, sehe ich keine Unterschiede zwischen Judentum, Christentum und Islam, und auf dieser Ebene von einer Trennung der Instanzen von Macht und Autorität zu sprechen, liefe darauf hinaus, auf einer Spaltung des Bewußtseins selbst zu bestehen. Jeder Versuch, das Bild eines Christentums, das diese Instanzen von Anfang an voneinander unterscheidet, und eines Islam, der sie miteinander vermischt, zu zeichnen, wäre voreilig, oberflächlich und inakzeptabel, weil damit weder die historischen Bedingungen noch die psychologische Analyse der wichtigen Erkenntnis der *Sinnschuld* und erst recht nicht die neuen Perspektiven berücksichtigt würden, die von der politischen und religiösen Anthropologie eröffnet worden sind.

Verweilen wir einmal für einen Augenblick beim Christentum und beim Westen. Was ist hier historisch im Hinblick auf die Instanzen des Spirituellen und des Weltlichen geschehen? Wir können hier nicht die Entwicklung der byzantinischen und der römisch-katholischen Kirche bis hin zu der großen Protestbewegung Luthers im 16. Jahrhundert verfolgen. Es ist jedoch eine wohlbekannte Tatsache, daß die Kirche in jedem dieser Fälle versucht hat, die kaiserliche oder königliche Macht zu bevormunden, indem sie ihr Privileg als legitimierende Instanz spiritueller Autorität aufrechterhielt. Es war dann die Handelsbourgeoisie und später die kapitalistische Bourgeoisie, die Stück für Stück die Autonomie des ökonomischen Bereichs eroberte und darum kämpfte, dem juristischen Bereich dieselbe Autonomie zu verschaffen und so den Staat aus dem Wirkungskreis der Religion zu befreien, deren ideologischer Charakter von den Verfechtern der aufstrebenden bürgerlichen Ideologie inzwischen als unerträglich empfunden wurde.

In dieser Konfrontation, die ich hier viel zu grob zusammengefaßt habe, verwischte sich die Trennlinie zwischen dem symbolischen Charakter der Religion und der weltlichen Macht. Das im religiösen Gespräch und in der religiösen Praxis im Stadium des Bundes (*mithaq*) enthaltene symbolische Kapital verkam zu rituellem Verhalten, Gesetzbüchern und Zwangsgewalten, welche die mit dem Staat verbundene Kirche für sich in Anspruch nahm. Der Aufstieg einer »weltlichen geistigen Macht«[14] in Gestalt der Bourgeoisie übertrug die Funktion der *Sinnschuld* vom symbolischen Kapital der Ordnung des Bundes auf die Institution des allgemeinen Wahlrechts. Das heißt vor allem, daß die Hinrichtungen Karls I. und Ludwigs XVI., ganz gleich, was die Mängel und politischen Schwächen dieser Monarchen gewesen sein mögen, einer religiösen Symbolik den Garaus machten, die das – hochgradig ideologische, verfälschte und entstellte – »Funktionieren« des Bundes sicherte, während eine neue Symbolisierung des auf das allgemeine Wahlrecht gegründeten »neuen Bundes« noch gar nicht stattgefunden hatte. Es fand ein brutaler Bruch mit dem Religiösen statt, der jedoch vereinzelte Gebiete religiöser Ausdrucksmöglichkeiten übrigließ, in denen ein mehr oder weniger versteckter Kampf zwischen einer Kirche, die wider Willen in eine nunmehr außerhalb ihrer Kontrolle stehende Säkularisierung hineingezogen wurde, und einem Staat fortgeführt wurde, der sich immer intensiver in das Abenteuer stürzte, das Fernand Braudel als die »materielle Zivilisation« beschrieben hat.[15]

Die historischen, theologischen, philosophischen, anthropologischen und semiologischen Funktionen von Mythos, Symbol, Zeichen und Metapher in der Entwicklungsgeschichte der Vernunft – also sämtlicher Bedeutungssysteme, durch die Menschen ihr Verhalten in der Gesellschaft »erklären« und »rechtfertigen« – sind in dem historischen Abenteuer, das im Westen zum Verlassen des traditionell religiösen Bereichs und zur »revolutionären« Einführung dessen, was Raymond Aron die säkularen Religionen genannt hat, völlig vernachlässigt und ignoriert worden.[16] Es liegt für jeden Beobachter auf der Hand, daß die Demokratien, seien sie nun liberal oder sozialistisch, wie Religionen ohne *Sinnschuld* funktionieren und daß ihre Sachwalter sich vorrangig mit Taktiken und Strategien zur Eroberung und Ausübung der Macht und mithin mehr mit Fragen der Legalität als mit denen der Legitimität befassen. Von daher ist es nicht überraschend, daß Kirche und Staat sich schließlich wieder einander annähern, um gemeinsam nach neuen, auf einem neuen Säkularismus beruhenden Übereinkünften zu suchen, die die Möglichkeit einer neuen Spiritualität schaffen sollen.

Sehen wir uns nun angesichts dieses raschen Überblicks über den historischen Werdegang des Christentums und des Westens an, wie es sich mit dem Islam und der muslimischen Welt verhält.

Die politische und religiöse Lage Arabiens zu Beginn des 7. Jahrhunderts weist gegenüber der Situation in Palästina zur Zeit Jesu wesentliche Unterschiede auf. In der arabischen

Welt führte das Bestehen der Stammessolidarität zur Fortsetzung unzusammenhängender, verstreuter, rivalisierender, mobiler Formen der politischen Macht, die mit jeweils unterschiedlichem Glauben, mit Gebräuchen und Gottheiten verknüpft waren. Die Rivalitäten der Stämme sparten auch Mekka, Yathrib und Taif nicht aus, die wichtigsten Städte, in denen der Prophet seine Bestrebungen zur Herstellung der Einheit und Überwindung genau dieser Konflikte entfalten sollte, die die Gesellschaft immer wieder spalteten und schwächten. Weit davon entfernt, eine starke, organisierte Zentralautorität zur Verfügung zu haben, war Muhammad gezwungen, ein neues politisches System einzuführen, das einer neuen religiösen Symbolik entsprach.

Für diesen Abschnitt der Geschichte Arabiens und angesichts der stammesgesellschaftlichen Zersplitterung eine Trennung des religiösen und weltlichen Bereichs zu reklamieren heißt, sich eines unerträglichen Anachronismus schuldig zu machen und die elementaren Postulate der politischen und religiösen Anthropologie außer acht zu lassen. Hier ist der richtige Ort, die skandalöse Ignoranz des militant säkularistischen Denkens zu korrigieren. Ich sage *säkularistisch* und nicht säkular, denn ich möchte sofort jedes Mißverständnis unterbinden, indem ich feststelle, daß ein geistig offenes säkulares Denken, das mit einer kritischen Sicht auf jeden Wissensaspekt angewendet und als die aus dem Respekt vor dem freien Willen des anderen unternommene Suche nach der neutralsten, am wenigsten ideologischen Form des Ausdrucks verstanden wird, einen wesentlichen Fortschritt des Geistes darstellt. Ich habe diese Methode seit Beginn meiner Lehrtätigkeit an der Sorbonne 1961 immer selbst angewendet, und die intellektuelle Atmosphäre an der Sorbonne hat mir dabei geholfen, diese *verantwortliche* Geisteshaltung weiter zu entwickeln und zu vertiefen.

Beim säkularistischen Denken handelt es sich dagegen um jene Haltung, die unter dem Vorwand der Neutralität jeden wissenschaftlichen Unterricht über die Geschichte der Religionen als permanente und universale Dimension der menschlichen Gesellschaft aus den öffentlichen Schulen verbannt hat. Dadurch ist die breite Öffentlichkeit, besonders in Frankreich, in allen Bereichen, die mit religiösem Leben und religiösen Ausdruckformen zu tun haben, zum Analphabetentum verurteilt worden. Dieser positivistische, wissenschaftsfetischistische Rationalismus[17] hat es vielen unmöglich gemacht, überhaupt über Phänomene wie Mythos, Symbol, symbolisches Kapital und Metapher nachzudenken, die in sämtlichen religiösen Ausdrucksformen eine entscheidende Rolle spielen.

Das hat dazu geführt, daß es bisher sehr wenige Werke gibt, die die Aufmerksamkeit auf eine einfache, aber höchst bedeutsame historische Tatsache richten: Die Tat des Propheten Muhammad bestand genau wie das Handeln der biblischen Propheten, die ihm vorausgingen, und auch das Handeln Jesu in der Begründung einer neuen politischen Ordnung für Arabien durch Artikulation der religiösen Symbolik des Bundes mit Gott. Der Prophet gestaltete in einem Atemzug sowohl den politischen als auch den religiösen Raum. Indem er die *qibla*, die spirituelle Orientierung auf einen heiligen Ort, von Jerusalem nach Mekka verlegte, indem er in nachahmender Rivalität zum Samstag und Sonntag der Juden und Christen den Freitag zum Tag der kollektiven Feier machte, indem er in Medina eine Moschee errichtete und den »Gläubigen« das Betreten jeder anderen Moschee untersagte, indem er nach Mekka zurückkam und sämtliche Rituale und physischen Strukturen der heidnischen *hadsch* (Pilgerfahrt) in die neue islamische Symbolik integrierte und indem er das Erb- und Eherecht innerhalb des Stammeskontextes umgestaltete, konstruierte er Schritt für Schritt ein *semiologisches System*, welches das System der *jahiliyya*, der vorherigen arabischen Gesellschaft, zum Anachronismus machte, den konkurrierenden (jüdischen, christlichen, sabäischen und manichäischen) Systemen überlegen war und die Errichtung eines Staates ermöglichte, der die neue politische Ordnung in die Realität umsetzte. All das war möglich, weil der Koran die neue religiöse Symbolik in einer nichtsystematischen Sprache aufzeichnete, die es erlaubte, die von ihr hervorgebrachten Bedeutungen den sich am meisten verändernden historischen Bedingungen anzupassen.

Es ist offensichtlich, daß die Symbolik des Islam ebenso wie die des Christen- und Judentums einem Prozeß unterliegt, der sie auf das Niveau von Gesetzbüchern, mechanischen Ritualen, scholastischen Doktrinen und Herrschaftsideologien absinken läßt. (Wenn ich die anderen großen Religionen hier beiseite lasse, dann nicht deshalb, weil ich den geoffenbarten Religionen einen wie auch immer gearteten privilegierten Status einräume, sondern weil meine Darstellung so klar und einfach wie möglich sein soll.) Diesen Verfall kann man schon seit dem Tod des Propheten im Jahre 632, besonders aber nach der Machtübernahme der Umayyaden im Jahre 661, beobachten. Die Historiker berichten über die politischen Ereignisse, die sozialen Veränderungen und die kulturellen Entwicklungen, die auf die Gründung eines imperialen Staates folgten, der sich auf den Islam berief. Was sie aber nur in ungenügendem Maße gezeigt haben, ist die *Verstaatlichung* des Islam zwecks Zentralisierung und Verwaltung des riesigen Reiches, das im Laufe von genau 100 Jahren begründet wurde: im Jahre 632 starb der Prophet; im Jahre 732 fand die Schlacht von Poitiers statt, bei der Karl Martell den aus Spanien kommenden arabisch-berberischen Vormarsch auf Europa zum Stehen brachte.

Die Verstaatlichung des Islam äußert sich in der Schaffung einer Rechtspflege und der Niederschrift eines Gesetzbuches, das schließlich den Rang eines »religiösen« Gesetzes erhielt, nämlich der *schari'a*. Sie signalisiert die Ausbreitung einer weltlichen Kultur und Zivilisation – all dessen, was der Koran »die Welt« oder das »irdische Leben«, *al-dunya*, nannte –, während der von Abraham verkörperte Islam auf vielfältige Weise von den Sufimystikern wiederaufgenommen, vertieft und interpretiert wurde. Die Unterordnung des Religiösen unter die Politik darf nicht mit der »Verwechslung« von Spirituellem und Weltlichem gleichgesetzt werden, die heute, ausgehend von der oben beschriebenen Konzeption und Entwicklung des westlichen Christentums, vielfach kritisiert wird. Seit dem Tod des Propheten hat der Islam nie wieder die einzigartigen Umstände vorgefunden, die seinen doppelten Ausdruck auf symbolischer und politischer Ebene erlaubten: Muhammad schuf eine politische Ordnung, indem er unmittelbar und in angemessener Weise einen Symbolisierungsprozeß in Gang setzte, durch den jede rechtlich-politische Entscheidung ihre Rechtfertigung und ihr Ziel aus einer lebendigen Beziehung zu Gott erhielt. Dieser Gott war keine Abstraktion oder geistige Vorstellung, sondern ein lebendiger Teilnehmer, der mittels Riten und beispielhafter Erzählungen (*qisas*) tätig war und sprach sowie einem mythischen Bewußtsein die großen Episoden der Heilsgeschichte und die heiligenden Handlungen in Raum und Zeit vor Augen hielt, wo das Verhalten einer kleinen, aber wachsenden Gruppe von »Gläubigen« (*muminun*) – Personen, die man heute »Militante« nennen würde – seine unauslöschliche Spur hinterließ. Der koranische Diskurs bewahrt in einer für unantastbar erklärten sprachlichen Form die lebendige Erinnerung an diese symbolische Kreativität, die die ethisch-rechtlich-politischen Verhaltensweisen der Gläubigen weiterhin in ein transzendentes Licht taucht. (Nebenbei bemerkt muß das Konzept der Transzendenz neu gefaßt werden, um auch jene Operationen der Transzendentalisierung mit einzubeziehen, die auftreten, sobald die symbolische Funktion verfällt.) Die immer wiederkehrende Kraft dieser Transzendenz geht weitgehend auf die ursprüngliche Verknüpfung jedes Verses mit konkreten existentiellen Situationen zurück, in denen der Prophet seine Erfahrung mit dem Göttlichen darlegt oder die Gemeinde seiner Schüler um das Fortbestehen dieser Erfahrung kämpft.

Mit dem Aufstieg des imperialen Staates der Umayyaden ist die Verknüpfung der politischen Aktion mit einer symbolischen Kreativität definitiv zu Ende. Statt dessen triumphiert ein entgegengesetzter Prozeß, mit dem das im Koran enthaltene symbolische Kapital zur Schaffung und Durchsetzung eines offiziellen, orthodoxen Islam verwendet wird: *offiziell*, weil er aus politischen Entscheidungen des Staates resultierte, der alle Gegner, die für andere Interpretationen und Verwendungen des symbolischen Kapitals eintraten (und damit vor allem die Proteste der Schiiten und Kharidjiten), physisch eliminierte; *orthodox*, weil die von der Macht zugelassenen Experten die Idee verbreiteten, es sei möglich, das Wort Gottes korrekt zu lesen und die prophetische Tradition erschöpfend zu kennen, um, ausgehend von diesen beiden grundlegenden Quellen (*usul*), sämtliche Rechtsbestimmungen (*ahkam*), die das Göttliche Gesetz (*schari'a*) bilden, abzuleiten (*istinbat al-ahkam*). So wurde während der ersten zwei Jahrhunderte nach der *hedschra*, das heißt, von 622 bis etwa 850, das entwickelt, was wir das muslimische Gesetz (*fiqh*) und die muslimische Rechtswissenschaft (*usul al-fiqh*) nennen. Bei der zuletzt genannten, typisch islamischen Wissenschaft handelt es sich um eine intellektuelle Bemühung (*ijtihad*), im nachhinein das *Corpus Juris* (Gesetzsammlung) zu sakralisieren und zu transzendentalisieren, das von den Gerichten im Zeitraum von 632 bis etwa 800 auf pragmatische Weise entwickelt worden war.

Die Begriffe der Sakralisierung und Transzendentalisierung eines Rechts und der staatlichen und administrativen Institu-

tionen zur Regelung persönlicher Angelegenheiten sowie der
Rolle des Kalifen sind von wesentlicher Bedeutung, wenn
wir die Frage des Islam und des Säkularismus (oder der Säkularisierung) richtig angehen wollen. Wenn man vom Islam
spricht – und mit »man« meine ich hier sowohl die Muslime
als auch jene Orientalisten, die dem anthropologischen Zugang gleichgültig gegenüberstehen – beansprucht man sofort
die Vorstellung eines allgegenwärtigen, unberührbaren, un-
beweglichen Bereichs des Heiligen und der Transzendenz.
Dabei wissen wir doch, wie veränderlich, relativ und mani-
pulierbar diese beiden Begriffe in jeder Gesellschaft sind. Der
koranische Diskurs hat von ihnen ausgiebig Gebrauch gemacht, um das alte arabische Götterpantheon zu entsakrali-
sieren und das Heilige von sämtlichen Assoziationen, die in
der heidnischen Religion eine Rolle spielten, zu reinigen.
Letztere verschwand jedoch auch nach der Ausbreitung des
Islam nirgendwo ganz, und dementsprechend vervielfältig-
ten und spalteten sich die Prozesse der Sakralisierung und
Transzendentalisierung, wobei sie sich jeweils unterschiedlicher koranischer Verse und Sprüche des Propheten (*hadith*)
bedienten. Daher können wir bis zum heutigen Tag in allen
muslimischen Gesellschaften einen umgekehrten Prozeß beobachten, der im Koran zur Reinigung des Heiligen und seiner Konzentration auf die Person Gottes führt. Dieses Heilige spaltet sich, splittert sich auf und verkörpert sich in allen
Gegenständen und Werken, die den Gläubigen vielfältiger kultureller und religiöser Herkunft den Zugang zum Göttlichen
vermitteln. Die jüngste, besonders bedeutsame Variante jener auf den Versen des Koran basierenden Zersplitterungs-
prozesse und Metamorphosen des Heiligen findet sich in einer apologetischen Literatur, die sämtliche modernen wissenschaftlichen Entdeckungen bereits im Koran angekündigt
sieht, sowie in Behauptungen, schon der Prophet und seine
ersten Gefährten hätten sich über Sozialismus, Demokratie

und die allgemeine Erklärung der Menschenrechte ausgelassen und praktisch damit experimentiert.

All das demonstriert, daß es illusorisch ist, die Beziehungen zwischen Religion und Säkularismus, zwischen Spirituellem und Weltlichem auf Fragen der rechtlichen Trennung dieser Bereiche oder auf eine Unterscheidung zwischen Theologie und Philosophie, Mythos und Geschichte usw. zu reduzieren. Selbstverständlich dürfen wir die Wichtigkeit der modernen Gewaltenteilung zwischen gesetzgebender, richterlicher, exekutiver und geistlicher Gewalt für den sozialen Frieden und die Respektierung der Menschenrechte nicht herunterspielen, aber wir sollten auch nicht vergessen, daß diese Mächte alle auf die grundlegenden Fragen zurückverweisen, die sich *oberhalb* all unserer politischen, juristischen und religiösen Diskurse befinden: Sein, Wert, Heiligkeit, Transzendenz, Liebe, Gerechtigkeit und das Verlangen nach der Ewigkeit werden immer zu den offenen Fragen zählen, die unser Streben, unsere Kämpfe und unsere Befriedigung motivieren.

4. Kapitel

Säkularismus

Atatürk nahm im Hinblick auf die Religion eine neutrale Position ein und führte in der Türkei das schweizerische Zivilrecht ein. Ist ein derartiges Vorgehen als isolierte Erscheinung zu werten oder als ein Hinweis darauf, daß sich die muslimische Welt auf einen pluralistischen, demokratischen Säkularismus hin entwickelt, wie es der christliche Westen getan hat?

Die Türkei und Atatürk (Mustafa Kemal, 1881-1938) verdienen eine ausführliche Analyse, weil der Westen die Türkei aufgrund ihres ungewöhnlichen Vorstoßes gegenüber dem westlichen Wert des Säkularismus oft wohlwollend betrachtet. Vom Rest der muslimischen Welt dagegen glaubt man, er habe nichts von der Bewegung der Zivilisation verstanden und sei gegenüber dem Fortschritt der Ideen und Institutionen verschlossen geblieben. Das ist also die Art von intellektueller Sensibilität in Europa, mit der selbst ein Land wie die Türkei sich auseinanderzusetzen hat! Wir kennen die Spannungen im Europarat, die das Bestreben dieses muslimischen Landes, zum integralen Bestandteil Europas zu werden, immer wieder auslöst. Ebenso möchte ich auch an die negative Reaktion Europas erinnern, als König Hassan II. die Kühnheit besaß, um Aufnahme Marokkos in die Europäische Union zu ersuchen. Ganz offensichtlich hat sich nichts daran geändert, daß der Islam eine Barriere für die Kommunikation mit dem Westen bildet.

Was geschah also unter Atatürk, nachdem er nach der Niederlage der osmanischen Türkei, die sich während des Ersten Weltkriegs mit Deutschland verbündet hatte, die Macht übernahm?

Man wird sich zunächst daran erinnern, daß Atatürk von den Bürgern der Türkei als ein Held der Zivilisation und als der Vater der modernen Türkei betrachtet wird. Es ist zweifellos richtig, daß er sein Land aus dem osmanischen Konservatismus herausgeführt hat, um es mit einer Methode von Überzeugungen und Modellen, an deren Fragwürdigkeit wir uns ebenfalls erinnern müssen, in die »Moderne« zu führen.

Um Tragweite und Konsequenzen dieses säkularisierenden Unternehmens richtig zu bewerten, müssen wir zunächst zwei Fragen beantworten.[18] Erstens: Mit welchem Typus von Islam konnte Atatürk in der Türkei zwischen 1881 und 1938, das heißt, im Verlauf seiner persönlichen Entwicklung und der Durchführung seines Programms, in Berührung kommen? Zweitens: Zu welchen Säkularisierungskonzepten hatte er während dieser Periode Zugang?

Atatürks Ansicht vom Islam auf der einen und vom Säkularismus auf der anderen Seite ist typisch für das naive Bewußtsein der meisten muslimischen Intellektuellen, die zwischen 1880 und 1940 im Laufe ihrer Ausbildung an europäischen Schulen und Universitäten einen Kulturschock erlebten, dessen sie auch in ihrem späteren Leben nur mit Mühe Herr wurden. Die muslimische Gesellschaft, der sie entstammten, war in der Türkei ebenso wie in anderen Ländern einer Vielfalt religiöser, abergläubischer und magischer Tabus, schreiender sozialer Ungleichheit, willkürlicher, unerträglicher Politik durch einheimische und koloniale Machthaber und bedrückender kultureller Rückständigkeit unterworfen. All das stand in heftigem Gegensatz zu den Errungenschaften des Westens: den republikanischen Freiheiten, der ökonomischen Dynamik, der kulturellen Kreativität, der Weite des historischen Blicks, der Lern- und Wissensbegierde, dem Komfort und der Sauberkeit der öffentlichen und privaten Gebäude, der Effizienz der Bodennutzung und dem Reichtum der Städte. Unter letzteren sind besonders Paris, London, Berlin, Brüssel, Rom, Amsterdam zu nennen, kurz, die großen Hauptstädte, in denen die jungen Muslime sich damals während ihres Studiums aufhielten. So besuchte zum Beispiel Atatürk die Militärakademie von Toulouse. Seine Begeisterung für das Neuentdeckte vermischte sich mit einer schleichenden Empörung gegen ein unverdientes historisches Schicksal. Der Ägypter al-Tahtawi und nach ihm Taha Hussein, der Algerier Kateb Yacine, der Tunesier Bourguiba und so viele andere haben jeder auf seine Art in ihren Schriften oder in ihrem Handeln ein historisches Drama zum Ausdruck gebracht, das in immer komplizierterer Form und unter Einbeziehung von immer mehr Menschen bis heute andauert.

Das war zumindest bis zum Ende des Zweiten Weltkriegs der gemeinsame psychokulturelle Hintergrund für das politische Handeln eines muslimischen Führers. Es war die Periode des naiven Bewußtseins, denn es herrschte der naive Glaube, es sei ausreichend, die »Rezepte«, die zum Erfolg der westlichen Zivilisation geführt hatten, auf die muslimischen Gesellschaften zu übertragen. Und angesichts von Gesellschaften, in denen die Religion jegliches Tun und Treiben des täglichen Lebens bestimmte, wurde der Säkularismus als eines dieser wirksamen Rezepte betrachtet. Diesen Generationen muslimischer Intellektueller fehlte das historische Verständnis, das ihnen erlaubt hätte, den ideologischen Werdegang, die soziopolitischen Funktionen und die philosophischen

Grenzen des Säkularismus im Westen nachzuvollziehen, wie ich das weiter oben getan habe. So schrieb Abdullah Cevet, der Herausgeber der türkischen Zeitung *Ictihad*, am Vorabend der Revolution Atatürks naiv: »Es gibt keine zweite Zivilisation; Zivilisation bedeutet europäische Zivilisation, und sie muß mit all ihren Rosen und Dornen importiert werden.«

Atatürk ging sogar noch weiter. Nicht zufrieden damit, das Sultanat abzuschaffen, das im kollektiven Bewußtsein in den heiligen Rang des Kalifats erhoben worden war (woraus sich der Protest der *ulema* der Al-Azhar-Universität in Kairo und die Erschütterung, die die Aktion Atatürks im muslimischen Bewußtsein auslöste, erklären), griff er das semiologische Universum der Muslime an, indem er das arabische Alphabet durch das lateinische Alphabet, den Turban und den Fes durch den Hut und die *schari'a* durch das schweizerische Zivilrecht ersetzte. Die früheren Formen offizieller Zeremonien, nämlich Küche, Mobiliar, Architektur, Städteplanung, Kalender – all diese semiologischen Systeme, die grundlegend für die individuelle und kollektive Empfindlichkeit sind und die unmittelbaren Formen des Weltverständnisses bestimmen, wurden abgeschafft und innerhalb weniger Jahre durch europäische Systeme ersetzt. Das erinnert an die französischen Revolutionäre, die glaubten, die christliche Religion durch den Kultus des Höchsten Wesens ersetzen zu können...

Es ist interessant, hier auf die Rolle der symbolischen Funktion beim Aufbau einer neuen semantischen und semiologischen Ordnung zurückzukommen, aus der dann die neue politische, soziale, rechtliche und ökonomische Ordnung hervorgehen sollte. Man könnte sogar eine Erklärung des dauerhaften und wiederkehrenden Erfolgs der traditionellen Religionen und des vollkommenen oder teilweisen Fehlschlags bilderstürmerischer Revolutionen versuchen, indem man in jedem dieser beiden Fälle die Handhabung der symbolischen Funktion durch den Propheten, beziehungsweise durch den

Führer analysiert. Symbole spielen offenbar eine sehr unterschiedliche Rolle, die davon abhängt, ob sie im Kontext einer mythisch strukturierten mündlichen Kultur oder innerhalb des logozentrischen Systems einer geschriebenen Kultur, die sich auf die Grenzen der historizistischen Sichtweise beschränkt, eingesetzt werden. Die Revolution Atatürks bestätigte den Triumph der positivistischen, historizistischen Vernunft, die vom mythischen Bewußtsein, in dem sich die große Masse der Gläubigen, gleichgültig, ob *ulema* oder Analphabeten, weiterhin bewegte, vollkommen abgeschnitten ist. Der ideologische Bruch zwischen den revolutionären Führern und den Massen, die zu emanzipieren sie vorgaben, beschädigte das in der lebendigen Tradition bewahrte symbolische Kapital: Die Symbole wurden plötzlich zu bloßen *Signalen*, an denen die »Modernen« und die »Konservativen« einander sofort erkannten. Die Bedeutung dieser *Signale* kehrte sich dann im antikolonialen Kampf in Algerien von 1954 bis 1962 und in der iranischen Revolution nach 1979 um, als die Verschleierung der Frauen und die Bärte und Schnurrbärte der Männer, die ums Vielfache gewachsene Zahl der Moscheen und die Rückkehr zu den in der *schari'a* geforderten Formen von Kleidung, Nahrung und Mobiliar außerhalb des symbolischen Machteinflusses die Wiedergewinnung der vom westlichen Imperialismus verfolgten und angegriffenen islamischen »Identität« *signalisierten*. Die Geschichte des zeitgenössischen »Islam« auf diese Weise, also nicht mehr auf dem Niveau politischer Ereignisse und mit dem ideologischen Vokabular einer nationalistischen Historiographie zu schreiben, sondern auf dem Niveau »anthropologischer Strukturen des Imaginären«, wo das Symbol zum *Zeichen* und zum *Signal* verfällt und wo das Signal vergeblich danach trachtet, eine symbolische Funktion wiederzugewinnen, heißt, das Schicksal aller Gesellschaften auf einem vollkommen neuen Verständnisgebiet *zu denken*. Die heutige wissenschaftliche Kultur erlaubt uns, die groben Umrisse eines solchen Erkenntnissprunges auszumachen, der eine Reihe mörderischer Führer und »Revolutionen« entmystifizieren würde. Aber die direkt mit der politischen Vision besagter Führer verbundenen schulischen Institutionen und Universitäten sind noch nicht dazu bereit, diesen neuen wissenschaftlichen Geist zu verbreiten.[19]

Das Beispiel der Türkei, das zutiefst vom Wirken Atatürks geprägt ist, bildet ein besonders fruchtbares Forschungsgebiet für das Studium des Verfalls von Symbolen zu Signalen und der Bemühungen, Signale wieder in Symbole zurückzuverwandeln – all das in einem ideologischen und kulturellen Kontext, der außerdem zu Betrachtungen über die Unaufhaltsamkeit der Geschichte von Gesellschaften einlädt. Es ist daher bedauerlich, daß ich mich hier nicht noch ausführlicher mit dem Fall der Türkei beschäftigen kann, steht doch gerade hier das Gewicht des Islam stärker denn je den Möglichkeiten einer Europäisierung des Landes entgegen. Alle Muslime, denen an der Bereicherung des heutigen islamischen Denkens gelegen ist, sollten sich die Zeit nehmen, das türkische Beispiel zu studieren. Dementsprechend müssen zwei Themenkreise, die alle muslimischen Gesellschaften stark beschäftigen und in direktem Bezug zu Atatürks ikonoklastischem Experiment stehen, mit den Mitteln der Kulturanthropologie untersucht werden. Ich spreche von dem, was im Arabischen der *turath* genannt wird, das kulturelle Erbe der klassischen Periode der muslimischen Geschichte (632-1258), und von *al-ghazw al-fikri*, dem kulturellen Angriff des Westens, wie er exemplarisch im Wirken Atatürks zum Ausdruck kommt. Die Nachwirkungen dieses Angriffs sind noch längst nicht zum Stillstand gekommen.

5. Kapitel

Nationalismus

Wie hat das nationalistische Modell nach Erlangung der Unabhängigkeit in den muslimischen Gesellschaften funktioniert?

Im Nationalismus haben wir ein weiteres Beispiel, das uns dabei helfen kann, das historische und semantische Phänomen des Verfalls eines symbolischen Universums zu einer Ansammlung von Signalen zu verstehen, die in den heutigen Gesellschaften operieren. In Wirklichkeit wurde das nationalistische Modell von den Nationalbewegungen, die sich in den europäischen Ländern im 19. Jahrhundert entwickelt hatten, übernommen. Nach der Erlangung der Unabhängigkeit bestand für jedes muslimische Land die unbedingte Notwendigkeit, einen Staat zu etablieren, der in der Lage war, nicht nur die vom Kolonialismus ererbten Probleme, sondern auch das globale historische Schicksal der Gesellschaft zu bewältigen und dabei die von seinen Bewohnern eingeforderte »Identität« und den kategorischen Imperativ moderner ökonomischer Entwicklung zu berücksichtigen. Diese – vielfältigen, schwierigen, alten wie neuen – Aufgaben sind in sämtlichen Fällen schwer zu umschreiben und mit Blick auf eine passende politische Handlungsweise zu identifizieren.

Es ist unmöglich, hier eine globale Analyse vorzulegen, die für alle muslimischen Gesellschaften gültig wäre: vom durch die Niederlande kolonisierten Indonesien über Pakistan, das sich von Indien trennte, um eine muslimische Nation zu bilden, Marokko, das seit der Gründung der Idrisidendynastie im Jahre 808 bis zur Etablierung des französischen Protektorats 1904 unter einem islamischen Staat gelebt hatte, bis hin zu Algerien, wo der Staat im Gegensatz zu den Behauptungen der Nationalisten immer ein räumlich und zeitlich gesehen unzusammenhängendes Gebilde war. Man könnte diese Aufzählung fortsetzen und jedesmal auf die Eigenheiten in der Typologie der Staaten und der nationalen »Einheit« hinweisen.

Man kann jedoch auch eine grobe Unterscheidung treffen zwischen den von der Kolonialisierung betroffenen Ländern, wie Algerien, Tunesien und Marokko, denen, die politisch bevormundet wurden, wie der Iran, der Irak und der Jemen, und denen, die eine relative Unabhängigkeit behalten hatten, wie die Türkei und der größte Teil Arabiens. Zusätzlich sollten wir zwei historische Tatsachen berücksichtigen, die das Funktionieren des nationalistischen Modells seit der Unabhängigkeit in wechselndem Maße bestimmt haben.

Das erste Ereignis war die brutale Ausschaltung des sunnitischen Kalifats durch das Eindringen mongolischer Invasoren in Bagdad im Jahre 1258. Allerdings war das Kalifat, das von den Sunniten als irdische Stellvertretung des Propheten betrachtet wurde (aber einen geringeren charismatischen Status genoß als den, der bei den schiitischen Anhängern des zwölften *imam* und den ismaelitischen Schiiten den *imamen* zuerkannt wurde), nach 945, als die Buyiden die wirkliche Macht in Bagdad und Rayy übernahmen, nur noch eine juristisch-religiöse Fiktion. Auch das fatimidische Imamat in Mahdiyya in Tunesien und später in Kairo war zwar glänzend, aber relativ kurzlebig (909-1171) gewesen. Die Osmanen haben versucht, das Kalifat wiederauferstehen zu lassen, insofern die Zentralmacht über die *dar al-islam* herrschte; aber sie haben es nie gewagt, den Titel des »Kalifen« oder gar den des »Imam« wiederzuverwenden, und so war es kein Kalifat oder Imamat, sondern das Sultanat, das 1923 von Atatürk abgeschafft wurde. Das Versagen der Osmanen war die zweite Tatsache, die für das nationalistische Modell bestimmend werden sollte.

Das Kalifat und das Imamat bewarben sich ebenso wie das osmanische Sultanat um einen politischen Raum, der früher *mamlaka* genannt und rechtlich und theologisch als die *dar al-islam* definiert wurde. Die muslimischen Untertanen, die diese Zentralmacht anerkannten, bildeten die *umma*, ein Gebilde, das seinem Wesen nach religiös war, weil seine Mitglieder durch eine spirituelle Bruderschaft verbunden waren, die vom Kalifen, dem *imam* oder dem »legitimen« Sultan beschützt und erhalten wurde. Das Bewußtsein der *umma* war im wesentlichen mythisch. Es nährte sich aus der geheiligten Anwesenheit des »spirituellen« Oberhauptes, insoweit dieser seiner Funktion als Stellvertreter des Propheten in angemessener Weise nachkam. Dieses Oberhaupt hatte also keine gesetzgebende Macht, sondern war verpflichtet, über die strikte Anwendung des »objektiven« Gesetzes, des Gesetzes Gottes, zu wachen, das den Propheten geoffenbart, von Gott selbst erläutert, von den Gefährten des Propheten getreulich überliefert, von den rechtswissenschaftlichen Theologen weiterentwickelt worden war und von den Richtern (Kadis) unparteiisch und den Buchstaben getreu angewendet wurde.

Potentiell und theologisch gesehen, nehmen alle Mitglieder der *umma* an diesem politisch-religiösen System teil. Vom ethnokulturellen und soziologischen Gesichtspunkt aus erstreckt sich die *mamlaka* oder das Reich auf eine derartige Vielfalt von Kulturen und ethnischen Gruppen, daß viele von ihnen bis heute immer außerhalb des politisch-rechtlichen Wirkungskreises des Kalifats, Imamats oder Sultanats geblieben sind. Ein typisches Beispiel hierfür war Algerien unter der osmanischen Herrschaft, ebenso Marokko im 19. Jahrhundert, als das Land in *blad al-makhzan* und *blad al-siba*, das vom Staat kontrollierte Territorium und das der Rebellion, gespalten war. Es ist zwar wahr, daß die Staaten, die nach der Unabhängigkeit gebildet wurden, der ethnologischen und anthropologischen Forschung mißtrauten, die sie als »koloniale« Wissenschaft verurteilten und ablehnten. Um auf einer territorialen Basis, die von den nunmehr zu zwischenstaatlichen Trennlinien gewordenen Landesgrenzen definiert wird, die nationale Einheit zu errichten, muß man jedoch das Erwachen kultureller und sprachlicher Identitäten vermeiden, die versucht sein könnten, sich dieselben nationalistischen Ansprüche zunutze zu machen, die einstmals gegen die fremde koloniale Macht gerichtet worden waren. Die Entwicklungsgeschichte der nationalen Einheit in Frankreich, Italien, Spanien und Deutschland mußte sich mit denselben Spannungen, denselben Widersprüchen auseinandersetzen. Wir erinnern uns der nationalistischen Härte des französischen jakobinischen Beispiels, das von sämtlichen aus dem kolonialen Kampf hervorgegangenen Staaten der Dritten Welt mit einer sogar noch größeren Entschlossenheit zur Zentralisierung übernommen wurde.

Der institutionellen Vorbilder einer lange zuvor beseitigten »islamischen« Vergangenheit beraubt und fasziniert von der Macht und Effizienz nationaler Modelle, wie sie in Frankreich, Italien, England usw. anzutreffen waren, haben die heutigen »muslimischen« Staaten einen Prozeß der Staatsbildung improvisiert, ohne sich um die von der Geschichte des Kalifats, Imamats oder Sultanats hinterlassene institutionelle Leere, um die legitimen Erwartungen der in Rückständigkeit und an den Rand zurückgedrängten ethnokulturellen Gruppen, um die Exzesse und negativen Konsequenzen des jakobinischen Beispiels oder um die politische Philosophie, die das föderale Modell inspiriert, zu kümmern.

Es ist ratsam, hier das gegenseitige Interesse der politischen Führer und intellektuellen Eliten an der Durchsetzung des nationalistischen jakobinischen Beispiels und der Zurückweisung jeglichen Korrektivs zu unterstreichen, sei es nun durch die Geschichte, die Anthropologie, die politische Philosophie oder die Rechtskritik. Alle diese Disziplinen werden in den noch jungen Universitäten der muslimischen Länder bis heute nur wenig gepflegt. Darüber hinaus gruppieren sich die bekanntesten Intellektuellen immer um den Staat und werden dann zur intellektuellen Solidarität mit der Politik verpflichtet, die von der Einheitspartei, dem Präsidenten oder dem König festgelegt wird. Während der nasseristischen Periode hat man gesehen, wie höchst renommierte Intellektuelle nicht nur den nationalen Aufbau im Innern jedes einzelnen Landes, sondern auch die große arabische Nation verteidigten, deren getreuer Verfechter heute weiterhin Oberst Gaddafi ist.

In ähnlicher Weise berufen sich die maghrebinischen Führer periodisch auf den Aufbau eines großen arabischen Maghreb, wann immer innere Probleme es notwendig machen, länderübergreifende Horizonte zu eröffnen, die dann stets ein starkes Echo im Bewußtsein der Völker hervorrufen. Dasselbe gilt für die Bestrebungen zugunsten der Einheit der *umma*, wobei es allerdings weder der Organisation der Islamischen Konferenz noch der Liga der Islamischen Welt gelingt, diese sonderlich glaubwürdig zu machen. All das zeigt, daß die Schaffung von Nationen sich immer noch im Stadium von Versuchen, Improvisationen und Entscheidungen, die von oben ausgehen, befindet. Dabei verfügen diese Völker über Reichtümer, die immer noch kaum wahrgenommen, verstanden und genutzt werden. Sie fordern vergeblich Wege eines demokratischen Ausdrucks; Explosionen der Wut werden rasch unterdrückt, als »Verrat« an der nationalen Sache abgetan oder von Mächten, die nur ihr eigenes Fortbestehen sicherstellen wollen, für andere Zwecke eingespannt. Ich wäre nicht überrascht, wenn durch diese Überlegungen – ungeachtet ihres gemäßigten, kaum zu widerlegenden Charakters – von »authentischen« militanten oder »orthodoxen« Verteidigern der nationalen Einheit Rufe nach Vergeltung laut würden. Diese Einheit kann jedoch nur das Resultat des frei zum Ausdruck gebrachten Willens aller Bürger sein; aber der Weg, der dorthin führt, bleibt lang, sandig, schwierig...

6. Kapitel

Offenbarung

Der Islam basiert auf einem Buch der Offenbarung, dem Koran. Was ist mit »Offenbarung« gemeint, und was bedeutet das Wort »Koran«?

Beginnen wir mit der Bedeutung des Wortes »Koran« (arabisch *qur'an*), einem Partizip des Wortes *qara'a* (»lesen«). Im Koran selbst hat *qur'an* eher den Sinn des Rezitierens als des Lesens, denn der Koran geht nicht von einem geschriebenen Text zur Zeit seiner ersten Verkündigung durch Muhammad aus. So heißt es in Vers 16 und 17 von Sure 75:

> Rühre nicht deine Zunge mit dieser (Offenbarung), sie zu beschleunigen. Uns obliegt ihre Sammlung und ihre Verkündigung (*qur'anahu*). Drum, wenn Wir sie verkündet haben, rezitiere sie getreulich; dann obliegt Uns ihre Erläuterung.[20]

Mehrere Verse unterstreichen die Pflicht des Propheten, sich bei der Aussage der Verse an die *Rezitation*, die er vernommen hat, zu halten. Die orientalistischen Philologen vermuten, daß das Wort *qur'an* syrischen oder hebräischen Ursprungs ist, aber das ändert nichts an der Bedeutung, die aus dem Text des Koran selbst hervorgeht. Der Grundgedanke ist der einer Rezitation, die mit einer gehörten, nicht einer gelesenen Abhandlung übereinstimmt. Deshalb ziehen wir es vor, im Anfangsstadium der Verkündigung der Offenbarung durch den Propheten vom koranischen *Diskurs* statt von einem koranischen *Text* zu sprechen. Die Niederschrift sämtlicher Teile der geoffenbarten Rede fand unter der Herrschaft des dritten Kalifen Uthman zwischen 645 und 656 statt. Die Unterscheidung zwischen Diskurs und Text gewinnt im Licht der modernen Linguistik eine noch größere Bedeutung.[21]

Daneben gibt es für den Koran noch andere Bezeichnungen wie *al-kitab*, das Buch, das die im Laufe der »Gesegneten Nacht« vom Himmel »herabgestiegene« Schrift enthält, sowie *al-dhikr*, »die Warnung«. Und so werden die Völker des Buches *ahl al-kitab* oder auch *ahl al-dhikr* genannt, nämlich Völker, welche die Warnung erhalten haben oder dafür eintreten, daß man die Namen Gottes und seine Lehren verinnerlicht. Eine weitere Bezeichnung des Koran ist *al-furqan*, »die Unterscheidung« oder der unterscheidende Beweis, das heißt, die Offenbarung.[22]

Schwieriger ist die Behandlung der Frage der Offenbarung, besonders, wenn man sich das Ziel steckt, über »orthodoxe« Lehren, die innerhalb jeder monotheistischen Tradition fromm wiederholt werden, hinauszugelangen und sie zu erneuern. Dabei handelt es sich nicht darum, diese Lehren zu ignorieren oder umzustürzen; ganz im Gegenteil versucht die Religionswissenschaft heute, die theologische und historische Entwicklungsgeschichte der Religionen, ihre ideologischen und psychologischen Funktionen, ihre semantischen und anthropologischen Grenzen und Unzulänglichkeiten zu verstehen. Es würde zu weit führen, hier die entsprechenden Analysen und Richtigstellungen vorzulegen. Ich möchte an dieser Stelle lieber auf eine Forschungsrichtung hinweisen, die unter Vermeidung aller dogmatischen Definitionen das Verständnis der Offenbarung als ein sprachliches und kulturelles Phänomen ermöglichen würde, und zwar vor jedem Versuch, sie zum Ausgangspunkt theologischer Konstruktionen zu machen.

Rufen wir uns zum Zweck der Orientierung zunächst die islamische Konzeption der Offenbarung in Erinnerung. Sie wird als *tanzil* (»Herabkunft«) bezeichnet; dabei handelt es sich um eine grundlegende Metapher für den senkrecht nach oben gerichteten Blick des Menschen, der eingeladen ist, sich zu Gott, zur Transzendenz, zu erheben. *Tanzil* bezieht sich auf den *Gegenstand* einer Offenbarung; der Koran spricht außerdem auch von *wahy*, womit der *Akt* der Offenbarung bezeichnet wird, den Gott gegenüber den Propheten vollzieht. Im folgenden eine Stelle aus dem Koran (Sure 42, Vers 51/52), in der die Mechanismen des *wahy* präzisiert werden:

Keinem Menschen steht es zu, daß Allah zu ihm sprechen sollte, außer durch *wahy* oder hinter einem Schleier oder indem Er einen Boten schickt, den *wahy* zu senden auf Sein Geheiß, der ihm gefällt; Er ist erhaben, allweise.

Also haben Wir dir ein Wort (*ruh*, wörtlich »Atem«) offenbart nach Unserem Gebot. Du wußtest nicht, was das Buch war noch was der Glaube. Doch Wir haben sie (die Offenbarung) zu einem Lichte gemacht, mit dem Wir jenen von Unseren Dienern den Weg weisen, den Wir wollen. Wahrlich, du leitest auf den geraden Weg.

In der folgenden Sure (43, Vers 1-5) bestimmt der Koran dies genauer:

Ha Mim (der Preiswürdige, der Erhabene!). Bei dem deutlichen Buch, wir haben es zu einem arabischen Koran in fehlerloser Sprache gemacht, auf daß ihr es (die Zeichen einer ewigen Botschaft) verstehen möchtet.

Wahrlich, er ist bei Uns, in der Mutter der Schrift (*umm al-kitab*), erhaben, voll der Weisheit.

Sollen Wir da die Ermahnung (*al-dhikr*) von euch abwenden, weil ihr ein zügelloses Volk seid?

Das Vokabular der Offenbarung, das im Koran selbst verwendet wird, ist schwer in unsere entsakralisierten Sprachen zu übersetzen, die vom System der Konnotationen abgeschnitten sind, das dem religiösen Diskurs in den semitischen Sprachen eigen ist. Darum habe ich auch den Schlüsselbegriff, *wahy*, nicht übersetzt. Die Exegeten sprechen von einer sich selbst darstellenden Inspiration, sei es als Suggestion, die Gott im Geist eines Menschen auslöst, damit dieser den Inhalt der Botschaft erfassen kann, sei es als eine in einer menschlichen Sprache artikulierten Äußerung, die den Propheten mit Hilfe eines Engels oder auf direktem Weg übermittelt wird: so nimmt der Ausdruck *qur'an* die Bedeutung einer Rezitation an. In ähnlicher Weise wird *ruh*, das eigentlich für den Lebensatem steht, als der von der Offenbarung beförderte Geist oder als der Engel verstanden, der die Offenbarung überbringt.

Der Begriff der Urschrift – transzendent und ganz und gar Weisheit, bewahrt in der Gegenwart Gottes – ist ebenfalls unentbehrlich für eine richtige Definition des Status des Koran als Verkündigung; eine Verkündigung, die in arabischer Sprache geäußert wird, um den Menschen die Wahrheiten und Gebote klar zu erklären, an die Gott die das Gebot übertretenden Völker *erinnern* möchte – genau wie er es bereits auf dem Wege über die Propheten vor Muhammad getan hatte.

Diese Definitionen, die kein Muslim anzweifeln kann, erlauben es, einen ersten Schritt zu einer vergleichenden Theologie der Offenbarung anzudeuten. Während Juden und Muslime darin übereinstimmen, daß Gott den Menschen seinen Willen durch Vermittlung der Propheten kundtut (mit dem

Unterschied, daß die Muslime alle Propheten Israels anerkennen, während die Juden es immer abgelehnt haben,
Muhammad diesen Status zuzubilligen), erheben die Christen einen Anspruch, der mit der jüdisch-islamischen Position unvereinbar ist: Jesus Christus, so sagen sie, ist das fleischgewordene Wort Gottes, die Inkarnation Gottes, Gottes Sohn,
der herabgestiegen ist, um unter den Menschen zu leben und
ihnen direkt, ohne Vermittlung eines Engels oder Propheten,
das göttliche Wort zu übermitteln. In dieser Konzeption sind
die Evangelien lediglich Erzählungen der Jünger von den Lehren des Sohnes Gottes, der im Namen des Vaters sprach.

Lassen wir hier die komplexe Frage der Trinität beiseite,
die unter Christen, Juden und Muslimen überhaupt nur dann
sinnvoll diskutiert werden kann, wenn wir uns jenseits der
dogmatischen Definitionen, wie sie in allen Traditionen überliefert sind, über den semantischen Status von *Metapher* und
Symbol in der Bedeutungsstruktur natürlicher Sprachen ei-
nigen. Das Problem ist eher linguistischer als theologischer
Natur. Wir haben bis jetzt noch keine Theorie der Metapher
und des Symbols, die es uns erlauben würde, eine Bestands-
aufnahme der streng linguistischen Entwicklungsgeschichte
von Bedeutung *und* des philosophischen Status der auf diesem Wege hervorgebrachten Bedeutung vorzunehmen. Der
willkürliche Charakter der traditionellen theologischen Definitionen basiert auf der Tatsache, daß sie eine Lösung des
Problems der Metapher und des Symbols im religiösen Diskurs voraussetzen: Die Metapher fügt einem Diskurs, der sich
direkt auf Gegenstände, Substanzen und geistige Gebilde bezieht, die mit Namen bezeichnet werden, die Gott uns selbst
gelehrt hat (laut einem Bibelvers, der im Koran wiederaufgenommen und auf linguistischer Ebene von der klassischen
Philologie bestätigt wird), eine ästhetische Verzierung hinzu.
Mit einer Sprachphilosophie, wie sie in der theologischen
Lehre weiterhin betrieben wird, werden die aufeinanderfol-

genden Offenbarungen substanzialisiert, essentialisiert und in Kontexten fixiert, die untrennbar zu dem Zeichensystem gehören, das die lexikologischen und semantischen Operationen der jeweiligen Sprache bestimmt. Dieses Problem ist in der Tradition des arabischen Denkens klar erkannt und diskutiert worden, so zum Beispiel im 9. und 10. Jahrhundert von dem Grammatiker as-Sirafi und dem Logiker Matta Ibn Yunus.[23]

Es ist offensichtlich, daß jede moderne Neuinterpretation des Begriffs der Offenbarung nur von Lösungen der ursprünglichen linguistischen und logischen Probleme der Benennung in den natürlichen Sprachen abhängen. Ohne vorwegnehmen zu wollen, wie solche Lösungen schließlich aussehen könnten, können wir für die drei Traditionen theologischer Forschung ein gemeinsames Studienprogramm eröffnen, indem wir die koranische Unterscheidung zwischen der Urschrift und dem arabischsprachigen Koran verwenden.

Wäre die christliche Theologie bereit, anzuerkennen, daß der zu einer bestimmten Zeit und an einem präzisen Ort auf aramäisch (und nicht auf griechisch; die Unterscheidung ist wichtig) stattfindende Diskurs Jesu Christi in derselben Beziehung zu Gott Vater steht wie der von Muhammad übermittelte, arabischsprachige koranische Diskurs zu der in Gegenwart des übersinnlichen Gottes aufbewahrten Urschrift?

Auch wenn diese Analogie Einwände von der einen oder anderen Seite auslösen könnte, kann niemand – weder Christen noch Juden noch Muslime – die folgende historische, linguistische und kulturelle Beschränkung einfach ignorieren: Die von den Propheten Israels, von Jesus Christus und Muhammad übermittelten Botschaften waren zunächst mündliche Äußerungen, die von Jüngern gehört und auswendig gelernt wurden, die später als übermittelnde Zeugen dessen auftraten, was sie gehört und gesehen hatten. Wie immer der theologische Status der ersten Verkündigung der Botschaft

gewesen sein mag, es gab in jedem Fall einen Übergang zum
Text, zu einem Festhalten der Botschaft durch Niederschrift,
die unter historischen Bedingungen zustande kam, die von
den Historikern überprüft werden müssen, was ja auch bereits auf mehr oder weniger zufriedenstellende Weise geschehen ist.

Die so gebildeten Texte, das Alte Testament, die Evangeli-
en und der *mushaf* (also das gebundene Buch, in dem der
koranische Diskurs niedergeschrieben ist), wurden entsprechend den von Gelehrten entwickelten und überwachten Verfahren jeweils in den Stand eines *Geschlossenen Offiziellen
Korpus* (Kanon) erhoben: *offiziell*, weil es aufgrund einer Reihe von Entscheidungen, die durch von der Gemeinschaft anerkannte »Autoritäten« getroffen wurden, zustande kam; *geschlossen*, weil es danach niemandem mehr gestattet war, auch
nur ein Wort hinzuzufügen oder wegzulassen oder eine Lektüre des Werkes zu ändern, die zur einzig authentischen erklärt worden war.

So kommt es zu der unabwendbaren und entscheidenden
historischen Tatsache, die diesen drei Schrifttraditionen gemeinsam ist, daß die Offenbarung den Gläubigen nunmehr
nur noch auf der Basis des geschlossenen offiziellen Werkes,
das im allgemeinen Heilige Schrift oder Wort Gottes genannt
wird, zugänglich ist. Hier muß jedoch ein wichtiger Unterschied gemacht werden, nämlich zwischen den Juden und
Muslimen, die weiterhin die Sprache der ursprünglichen Verkündigung verwenden, und den Christen, die das Aramäische
zugunsten des Griechischen, des Lateinischen und nach dem
16. Jahrhundert der verschiedenen Nationalsprachen aufgegeben haben.

Die Ersetzung der mündlichen Auseinandersetzung durch
Texte hat zwei Phänomene von großer kultureller und historischer Bedeutung hervorgebracht. Sie versetzte die Völker
des Buches in eine hermeneutische Position; das heißt, sie

mußten die heiligen Texte *lesen*, um daraus ein Gesetz sowie Gebote und Systeme von Glauben und Nichtglauben ableiten zu können, die dann die moralische, rechtliche und politische Ordnung bis zum Triumph der Säkularisierung beherrschten. (Wie oben bereits beschrieben, brachte erst die Englische und dann die Französische Revolution einen abrupten Bruch mit sich, aber nirgends führte dieser Bruch zur vollständigen Beseitigung der hermeneutischen Situation.) Zweitens ist dadurch die Heilige Schrift alltäglich geworden, da sie nun jedem zugänglich war, besonders nach der Erfindung des Papiers und später der Kunst des Buchdrucks. Die Entwicklung des Buches zum Instrument der Kultur- und Zivilisationsförderung trug zu seiner Verbreitung als Quelle der Offenbarung und weiterer, auf ihm basierender Bücher (für Exegese, Theologie, Recht, Glaubensberufe, Katechismen, Übersetzungen usw.) bei. Gerade in diesem Sinne spreche ich von Gesellschaften des Buches/der Bücher, in denen die Heilige Schrift auch unter stark sakralisierten Bedingungen weiterhin die Herstellung von Büchern und damit auch den gesamten Lern- und Wissensbereich inspiriert und mitlenkt. Umgekehrt wurde die Heilige Schrift durch ihre kulturelle Ausbreitung in die Geschichte hineingezogen und mehr und mehr ihres transzendenten Charakters beraubt. Diese Interaktion zwischen dem Buch und den Büchern ist ein charakteristisches Kennzeichen der Gesellschaften geblieben, in denen die Legitimität des Staates historisch an das Phänomen des Buches, das sich auf die Offenbarung bezieht, gebunden war und immer noch ist. Aus diesem Grund muß eine Geschichte dieser Gesellschaften diese Dimension in eine globale Umstrukturierung ihrer Entwicklungsmechanismen integrieren, statt die Religion von den anderen Faktoren, die die Gesellschaft gestalten, abzutrennen. Erst dann kann man erkennen, wie die gesellschaftlichen Akteure sich ununterbrochen der Hilfe des Buches bedient haben, um ihr Verhalten, ihre Arbeit, ihre Werke, selbst noch die profanste ihrer Visionen zu sakralisieren oder zu transzendentalisieren. Ich bestehe deshalb so sehr auf diesem Aspekt, weil er in den heutigen muslimischen Gesellschaften vorherrschend, unübersehbar und unerträglich geworden ist. Vergessen wir jedoch nicht, daß in den westlichen Gesellschaften die Trennung des religiösen und weltlichen Bereichs die Mechanismen, die in den Gesellschaften des Buches/der Bücher immer am Werk sind, dem Blick des Beobachters entzieht. Im Kontext der um sich greifenden Abwendung von Ideologien, die seit dem 19. Jahrhundert an der Verwirklichung eines wissenschaftlichen Sozialismus gearbeitet hatten, hat Papst Johannes Paul II. ein weiteres Mal sehr zur Popularisierung des religiösen Phänomens beigetragen. Der Wettbewerb bleibt also offen; die Gesellschaften des Buches/der Bücher bedürfen ebenso wie die sozialistischen oder liberalen Gesellschaften neuer Analysen, die sich eines neuen wissenschaftlichen Rüstzeugs bedienen.

Wir können also das Thema der Offenbarung keinesfalls ad acta legen. Angesichts der Erfahrungen, die in den Gesellschaften des Buches/der Bücher gemacht worden sind, könnte man sagen, daß wir es jedesmal mit einer Offenbarung zu tun haben, wenn eine neue Sprache, ein neues Vokabular einen radikalen Wandel der Sicht bewirkt, die der Mensch von seinem Leben, seinem *Sein-in-der-Welt*, seiner Beziehung zur Geschichte, seiner Teilhabe an der Hervorbringung von Sinn hat. Offenbarung ist der Zugang zum Innern des Menschen – zum Herzen oder *qalb*, wie der Koran sagt –, zu einem Sinn, der unbegrenzte, immer wiederkehrende Möglichkeiten der Bedeutungen für die menschliche Existenz eröffnet.

Die im Alten Testament, in den Evangelien und im Koran gesammelten Offenbarungen entsprechen weitgehend diesen Definitionen. Sie sollten nicht mit den theologischen Systemen, Exegesen oder Gesetzbüchern verwechselt werden, die

die Sachwalter des Heiligen zu unterschiedlichen Zeiten aus ihnen abgeleitet haben. In diesen offiziösen Äußerungen finden sich nur einige unter vielen anderen Bedeutungen, die potentiell in der Offenbarung enthalten sind. Letztere nährt sich aus einer lebendigen Tradition, die es der Gemeinschaft erlaubt, sich periodisch in dem radikalen Neuen der ursprünglichen Botschaft zu regenerieren, und zwar immer dann, wenn Sakralisierung und Transzendentalisierung die Tendenz entwickeln, die befreiende Sicht der Offenbarung zu pervertieren und erstarren zu lassen.

Als Beispiel der dynamisierenden Funktion der Offenbarung in der Geschichte könnte ich die Erfahrung des Exils im Judentum, die Erlösung und Wiederauferstehung im Christentum und die *hedschra* (»Wanderung«) hin zur Absolutheit Gottes im Islam nennen. Über diese Themen ist innerhalb jeder dieser drei Gemeinschaften so viel gesagt worden, daß wir uns hier nicht damit aufhalten müssen. Die befreiende Zielrichtung der drei begründenden Ereignisse dieser Religionen ist offenkundig genug, um unsere Unterscheidung zwischen der offenbarenden und transformierenden Kraft der Offenbarung und dem von monotoner Wiederholung bestimmten Verhalten zu rechtfertigen, das gesellschaftliche Akteure dann aus ihm ableiten.

Unsere Definition der Offenbarung hat den Vorteil, auch den Lehren des Buddha, des Konfuzius, der afrikanischen Weisen und all der großen Stimmen, die die kollektive Erfahrung einer Gruppe zusammenfassen, um sie auf neue Horizonte zu projizieren und die menschliche Erfahrung des Göttlichen zu bereichern, einen Platz einzuräumen. So kann es uns gelingen, zu einem anderen religiösen Denken überzugehen, das jenseits aller bisherigen Erfahrung mit dem Heiligen liegt.

7. Kapitel

Der Koran

Wann und von wem wurde der Koran geschrieben?
Was beinhaltet dieses Buch?

Einige Grundgedanken zur Beantwortung dieser Frage finden sich bereits auf den vorangegangenen Seiten, aber ich möchte jetzt noch einmal von einem strikt anthropologischen Standpunkt aus auf das Thema der mündlichen und schriftlichen Überlieferung zurückkommen. Ich hoffe, dadurch nicht nur mehr Klarheit in die Frage des zum Buch (*mushaf*) gewordenen Koran zu bringen, sondern auch den Gegensatz zu beleuchten, wie Gesellschaften ohne Schrift und Gesellschaften des Buches/der Bücher generell mit dem Gebrauch von Bedeutungen umgegangen sind.

Der muslimischen Überlieferung zufolge begann die Zusammenstellung des Koran direkt nach dem Tod des Propheten im Jahre 632; es scheint allerdings, daß bestimmte Verse schon zu seinen Lebzeiten schriftlich aufgezeichnet wurden. Dementsprechend wurde die Offenbarung zunächst nur in Bruchstücken schriftlich niedergelegt, wobei die materiellen Bedingungen für diese Niederschrift höchst unbefriedigend waren, da Papier bei den Arabern noch unbekannt war und ihnen nicht vor Ende des 8. Jahrhunderts zur Verfügung stand.

Der nach und nach eintretende Tod der Gefährten des Propheten und die heftiger werdenden Diskussionen unter den Muslimen der ersten Stunde, die Muhammad überlebt hatten, veranlaßten den dritten Kalifen, Uthman, die gesamte Offenbarung in einer einzigen Kompilation zusammenstellen zu lassen, die als *mushaf* bezeichnet wird. Diese Sammlung wurde als abgeschlossen und der niedergeschriebene Text als *nicht veränderbar* erklärt. Um Meinungsverschiedenheiten über die Authentizität der so ausgewählten Offenbarungen vorzubeugen, wurden die Teilkompilationen vernichtet, und genau dieser Prozeß von Auswahl und Vernichtung berechtigt uns, von einem *Geschlossenen Offiziellen Korpus* zu sprechen.

Die moderne Geschichtsschreibung beleuchtet die Entstehungsgeschichte des Koran textkritischer, und zwar nicht zuletzt deshalb, weil der Koran inmitten eines sehr unruhigen politischen Klimas zusammengestellt wurde. 1860 führte der deutsche Arabist Theodor Nöldeke die erste kritische Untersuchung der Geschichte des Korantextes durch.[24] Danach unternahm Régis Blachère den Versuch, diese Forschungsergebnisse zu verfeinern, indem er eine chronologische Ordnung für die Suren vorschlug – eine Frage, die zuvor schon die muslimischen Rechtsgelehrten beschäftigt hatte, die auf diesem Wege nicht mehr gültige Verse und Verse, mit denen die Gültigkeit anderer Verse aufgehoben wurde (*al-nasikh wal-mansukh*), identifizieren wollten.[25]

Es ist bedauerlich, daß die philologische Kritik heiliger Texte, die schließlich auch auf das Alte Testament und die Evangelien angewendet worden ist, ohne daß dies negative Konsequenzen für den Begriff der Offenbarung gehabt hätte, von der muslimischen wissenschaftlichen Meinung weiterhin abgelehnt wird. Die Arbeiten der deutschen Wissenschaftler werden weiterhin ignoriert, und obwohl eine derartige Forschung es ihnen ermöglichen würde, die wissenschaftlichen

Grundlagen der Geschichte des *mushaf* und der Theologie der Offenbarung zu stärken, wagen die muslimischen Gelehrten es nicht, sich damit zu befassen. Die Gründe für diesen Widerstand sind politisch und psychologisch. In politischer Hinsicht spielt der Koran für die neuen Staaten die Rolle einer Legitimationsinstanz, die um so unentbehrlicher ist, als demokratische Legitimationsmechanismen fehlen. Psychologisch gesehen, ist es nach dem Mißerfolg der Schule der Mutasiliten hinsichtlich des erschaffenen Koran (*mushaf*)[26] immer integraler Bestandteil des muslimischen Bewußtseins gewesen, daß sämtliche als *mushaf* im Koran zusammengefaßten Seiten das Wort Gottes selbst darstellen. Dementsprechend ist der geschriebene Koran mit der koranischen Rede oder dem Koran als Rezitation gleichgesetzt worden, wobei diese Rezitation als unmittelbarer Ausdruck der Urschrift des Buches gesehen wird.

Das bedeutet, daß das Phänomen der Niederschrift als Übergang zu einer anderen Funktionsweise der Sprache und als Begründung einer mit der Staatsmacht verbundenen Schriftensammlung verleugnet wird, und zwar im Namen einer theologischen Position, die im Widerspruch zu zahlreichen und expliziten Koranversen steht. Es ist bekannt, daß die arabische Schrift sich mit dem Wachstum des Staates der Umayyaden schnell entwickelte. Es entstand eine funktionale Solidarität zwischen dem Staat, der Schrift, der Gelehrtenkultur (derjenigen der Staatsfunktionäre und -schreiber) und der religiösen Orthodoxie (die von den staatlich anerkannten Rechtsgelehrten und Theologen definiert wurde). Diese Solidarität entwickelte sich auf Kosten einer rivalisierenden Solidarität, die der Zentralstaat im Namen der geoffenbarten Wahrheit, deren er sich bemächtigt hatte, zu überwinden suchte. Die um den Staat gruppierte Solidarität stand gegen die Solidarität der segmentären Gesellschaft (Stämme, Clans, patriarchale Familien), der mündlichen Kultur der Irrlehre oder der populären Religionen. Schon im Koran finden sich Spuren des Kampfes gegen diese zweite Solidarität, die summarisch unter Bezeichnungen wie Heidentum (*jahiliyya*), Polytheismus (*mushrikun*), Heuchler (*munafiqun*) und Beduinen (*a'rab*) verurteilt wird. An die Stelle der »Finsternis« (*zulumat*), der Unwissenheit und der willkürlichen Bräuche und Glaubensformen früherer Zeiten (*taghut, asatir al-awwalin*) setzte der Koran das wahre und erleuchtende Wissen (*ilm*), das im »Buch« erhalten ist, welches wiederum als geschriebene Botschaft, als das gerechte Gesetz, als Sammlung von Erzählungen (*qisas*) über die Heilsgeschichte und als der ewige Bund zwischen dem Menschen und Gott verstanden wird, in dessen Rahmen sämtliche politischen und juristischen Verträge (*ahd*) in der irdischen Stadt abgeschlossen werden müssen.

Die Trennlinie, die vom Koran eingeführt und politisch auf den Staat, juristisch auf die *schari'a* und theologisch auf die geistlichen Berufe (*aqida*) übertragen wird, ist, wie man sieht, von anthropologischer Bedeutung. Seit dem Triumph des Modellstaats in Medina ist die zweite, alternative Art der Solidarität im gesamten Herrschaftsbereich des Islam von der offiziellen Solidarität bekämpft, abgelehnt, an den Rand gedrängt und, wann immer möglich, eliminiert worden. Umgekehrt ist die segmentierte Gesellschaft, wie schon Ibn Khaldun klar erkannt hat, in der Lage, dem Staat Niederlagen zu bereiten und ihn zu schwächen.[27] Und in dieser beständig wiederkehrenden Rivalität zwischen dem, was in der offiziellen Terminologie Marokkos im 19. Jahrhundert als die Domäne des Staates (*blad al-makhzan*) und die Domäne der Rebellion (*blad al-siba*) bezeichnet wurde, erweist sich das geschriebene Wort, indem es im kollektiven Bewußtsein durch die Allgegenwart des *mushaf* geheiligt wird, als effizientes Machtinstrument. Es muß nicht erst erwähnt werden, daß die hier für das Beispiel des Islam beschriebene Situation auch für das gesamte Christentum und erst recht für den imperialistischen

Westen gilt, der seine Modelle den Gesellschaften ohne geschriebene Sprache übergestülpt hat, genau wie es die heutigen »muslimischen« Staaten gegenüber den Minderheiten tun, für deren »Dialekte« es bisher noch keine Schriftsprache gibt.

Die Betrachtung der »Heiligen Schriften« aus dieser historischen, soziologischen und anthropologischen Perspektive bedeutet offensichtlich eine Herausforderung aller sakralisierenden und transzendentalisierenden Interpretationen, wie sie vom traditionellen theologischen Diskurs produziert werden. Die bewußte Entmystifizierung und Entmythologisierung des Phänomens des Buches/der Bücher ist heute unvermeidlich, um so mehr, als viele Gesellschaften den Prozeß selbst schon seit Jahrhunderten durchlaufen, ohne ihn zu bewältigen. Damit ziele ich jedoch nicht auf die Art von Entmythologisierung ab, die den Mythos auf einen Gegenstand rationalistischen, ausschließlich geschichtlich zu verstehenden und positivistischen Wissens reduziert, wie das zum Beispiel Rudolf Bultmann tut.[28] Das moderne Denken rehabilitiert die psychologischen und kulturellen Funktionen des Mythos und entwickelt eine globale Erkenntnisstrategie, die davon ausgeht, daß das Rationale und das Imaginäre sich in beständiger Wechselwirkung miteinander befinden und so unsere individuelle und geschichtliche Existenz hervorbringen. Wir müssen den dualistischen Erkenntnisrahmen verlassen, in dem die Vernunft der Einbildungskraft, die Geschichte dem Mythos, das Wahre dem Falschen, das Gute dem Bösen, die Vernunft dem Glauben gegenübergestellt wird, und statt dessen zu einer pluralistischen, wandelbaren, offenen Rationalität übergehen, die all die psychologischen Vorgänge erfassen kann, die der Koran dem Herzen zugeordnet hat und die die heutige Anthropologie unter dem Namen des »Imaginären« wiedereinzuführen versucht.

Kommen wir noch einmal auf den *mushaf* zurück, um eine Lage zu klären, die von der seit dem 11. Jahrhundert vom

Azharismus, Hanbalismus und Ishraqismus[29] verbreiteten Theologie völlig in Unordnung geraten war.

Infolge von Verwirrungen, wie sie für die Funktionsweise des religiösen – und, da beides im Gegensatz zu den Behauptungen der säkularistischen Ideologie untrennbar ist, weitgehend auch des politischen – Imaginären charakteristisch sind, werden die je eigenen Werte und auf nichts anderes übertragbaren Funktionen der Urschrift, der koranischen Auseinandersetzung, des *Geschlossenen Offiziellen Korpus* und des Korpus der interpretierenden Werke alle auf den *mushaf* projiziert.[30] Dadurch wurde dieser zum Gegenstand grenzenloser Manipulationen, die von jedem »Gläubigen« vorgenommen werden konnten, und so ersetzten ideologische Konstruktionen Theologie und »orthodoxe« Wahrheiten.

Die Bedeutungsebenen und Funktionen dessen, was man geläufigerweise und sehr allgemein den Koran nennt, können in Form eines Diagramms beschrieben und dargestellt werden (siehe Seite 80). Auf der vertikalen Achse – die die »Herabkunft« der Offenbarung und den Wiederaufstieg zur Transzendenz symbolisiert – habe ich die Bewegung, durch die Gott den Menschen einen Teil des Himmlischen Buches offenbart, dargestellt, auf der horizontalen Achse – derjenigen der irdischen Geschichte – die *menschlichen* Tätigkeiten, die von der koranischen Rede (also den anläßlich bestimmter Situationen gemachten mündlichen Äußerungen des Propheten, *asbab al-nuzul*, von denen nicht alle getreulich aufgezeichnet wurden) zum *Geschlossenen Offiziellen Korpus* und von da aus zum Korpus der Auslegungen führen; das heißt, zu den zahlreichen Kommentaren, die von einer Reihe höchst unterschiedlicher Kommentatoren verfaßt worden sind, um die geoffenbarten Wahrheiten zu erläutern, die das Verhalten der Menschen im Verlauf der irdischen Geschichte in dieser Welt (*al-dunya*) erleuchten sollen. Diese irdische Geschichte wird demnach gänzlich als ein Übergang zum Jenseits (*al-*

akhira) gelebt, das auf die letzte Prüfung der Wiederauferstehung und des Jüngsten Gerichts folgt. So kehren die Menschen am Ende in Übereinstimmung mit seinem im Koran geoffenbarten Plan zu Gott zurück.

Es ist leicht zu verstehen, weshalb diese Entwicklungswege, diese kulturellen und geistigen Vorgänge und diese Vorstellungen im *mushaf* ihre konkrete Stütze und ihr Projektionsfeld finden. Der *mushaf* ist das gebundene Buch, das ich als Gläubiger berühre, mit mir trage, lese und interpretiere, nachdem ich rituelle Waschungen zur Reinigung vorgenommen habe (*la yamussuhu illa-l-mutahharun*). Auch das Heilige, das die strukturierende und treibende Kraft des religiösen Bewußtseins bildet, kann nicht ohne materielle Beförderungsmittel auskommen. Solange es zu keiner kritischen Analyse kommt, nimmt das Imaginäre ungehindert all diese Darstellungen auf, die so am Ende ein System plausibler Wahrheiten darstellen. Auf diese Weise kommen mit der Zeit Übereinstimmungen der Gemeinschaft zustande und bereichern die lebendige »orthodoxe« Tradition. Ich denke hier zum Beispiel an die Aufnahme interpretierender Werke wie desjenigen von al-Tabari, die schließlich mit dem Inhalt des *mushaf* gleichgesetzt wurden – und damit auch mit dem »Koran«, verstanden als jener Raum, in dem die in dem Diagramm unterschiedenen Ebenen konzentriert und zusammengefaßt sind.

Die psycho-kulturelle Überlegenheit des materiell vorhandenen Buches, in dem die Worte der Offenbarung aufgezeichnet sind, wird durch die byzantinische Ikonographie bestätigt, die Christus als König auf einem prachtvollen Thron (im Koran *arsh*) zeigt, wie er mit der rechten Hand seinen Segen erteilt und in der linken das aufgeschlagene Evangelienbuch hält.[31]

Wenn man alle diese analytischen Gesichtspunkte berücksichtigt, muß man zugeben, daß es schwierig ist, den Inhalt

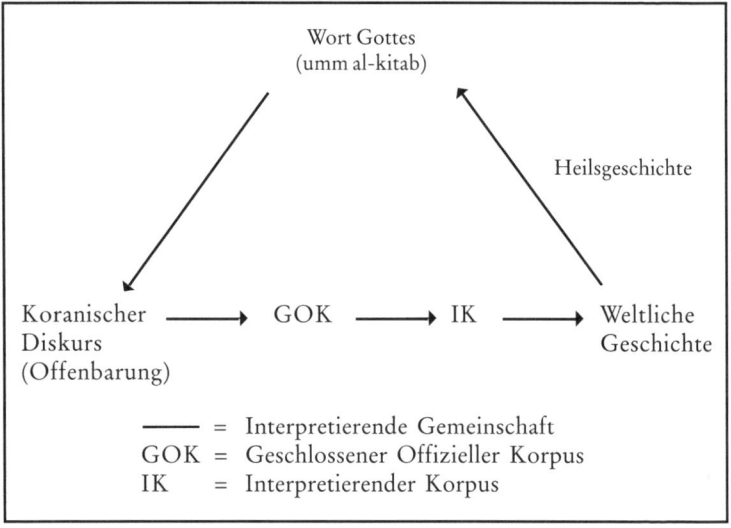

Wort Gottes
(umm al-kitab)

Heilsgeschichte

Koranischer ⟶ GOK ⟶ IK ⟶ Weltliche
Diskurs   Geschichte
(Offenbarung)

————— = Interpretierende Gemeinschaft
GOK = Geschlossener Offizieller Korpus
IK = Interpretierender Korpus

des Koran zu beschreiben, denn sobald man den Versuch dazu unternimmt, läuft man sofort Gefahr, in die Verfahrensweise des interpretierenden Korpus zu verfallen und so wieder beim traditionellen religiösen Imaginären anzukommen. Darüber hinaus folgt die Reihenfolge der Suren und Verse im *mushaf* weder einem chronologischen noch einem rationalen oder formalen Kriterium. Aufgrund unserer westlichen Denkweise, die uns einen Rhetorikaufbau und eine Darstellungsweise erwarten läßt, mit der ein »Argument« ausgeführt werden soll, überrascht uns der Text des *mushaf* durch seine »Unordnung«.

Diese »Unordnung« verhüllt indes eine tiefgehende semiotische Ordnung, woraus sich die Notwendigkeit ergibt, die im Koran verwendeten Redetypen zu ermitteln. Ich möchte hier fünf verschiedene Typen unterscheiden[32]: den prophetischen Diskurs, den gesetzgeberischen Diskurs, den erzählenden Diskurs, den Diskurs der Weisheit und die Hymne. Die Inhalte und Bedeutungsebenen dieser Redetypen sind leicht zu unterscheiden, aber sie sind alle von der Absicht der Offenbarung bestimmt, was sich daran zeigt, daß die Gesamtheit der koranischen Äußerungen der gleichen Struktur grammatikalischer Beziehungen im Hinblick auf das Merkmal der Person folgt: Ein göttliches *Ich/Wir* spricht in der Form des Imperativs (*qul*, »sprich«) zu einem übermittelnden *Du* (Muhammad), um das *Sie* (3. Person Pl.) der Menschen zu erreichen, die ihrerseits in *Ihr*, die Gläubigen, und *Sie*, die Ungläubigen, unterteilt sind. Dies ist der Bereich der Kommunikation, wie er im gesamten koranischen Diskurs definiert ist. Innerhalb dieses Bereichs sind Verkündigungen mit profanem Inhalt, wie die Erbschaftsgesetzgebung und die Vorschriften über die gesetzlich festgelegten Almosen (*zakat*), in die göttliche Instanz des *Ich/Ihr* eingebunden, die Sprecher, Empfänger und Absender zugleich ist.

Es gibt bereits thematische und begriffliche Analysen des Koran, aber sie sind noch weit von einer erschöpfenden Behandlung des gesamten Netzwerks von Beziehungen innerhalb des koranischen Vokabulars entfernt, das sich zwar sehr häufig wiederholt, aber ständig durch die Schaffung von Metaphern, Symbolen und Mythen (was etwas anderes ist als Mythologie) bereichert wird. Hier haben wir ein sehr fruchtbares Feld der Forschung für eine moderne Theorie der religiösen Auseinandersetzung, die ihrerseits eine notwendige Vorbedingung für jede Theologie ist, die sich von traditionellen Dogmen befreien will.

Die praktische und existentiell bedeutsame Lektüre des Koran nach seiner Annahme durch die Muslime liefert uns ergiebiges dokumentarisches Material für eine Phänomenologie des religiösen Bewußtseins, das seine Kraft aus einem Text bezieht und dafür beständig von ihm bearbeitet wird. Dementsprechend bringt dieser Text unablässig und mittels wechselnder Verfahren und Strategien sekundäre, integrierende Texte hervor, nämlich die Texte aller Kulturen, in denen

»der Islam« sich durchsetzen konnte. Und hier liegt ein weiteres faszinierendes, bisher aber noch kaum berührtes Forschungsfeld, das den Text des Koran innerhalb des äußerst komplexen Rahmens der Intertextualität behandelt. Jeder Vers kann als Beginn einer kulturellen Lehre dienen, ebenso wie jedes Denksystem, wie der aus der Philosophie Aristoteles' hervorgegangene Logozentrismus, den koranischen Diskurs in einer abstrakten und logikfixierten Begrifflichkeit einschließen kann. Die gesamte Geschichte der Koranexegese muß aus dieser dynamischen Perspektive der Intertextualität wieder aufgenommen werden.

8. Kapitel

Exegese

Welche Art von Exegese wurde am Text des Koran vorgenommen, nachdem er zum Buch wurde?

Zu den bisherigen Ausführungen möchte ich hier lediglich folgende Feststellungen hinzufügen: Es liegt bis jetzt noch keine erschöpfende Geschichte der Koranexegese (*tafsir*) vor, die die beiden folgenden Gesichtspunkte miteinander verbinden würde:

1. Eine Bestimmung der Entstehungsgeschichte, der Herkunft und der historischen Differenzierung einer sehr umfangreichen Literatur, wobei man sich besonders auf die Anfänge konzentrieren müßte. Es gibt bereits zahlreiche Teilstudien, die versuchen, unsere Neugier in dieser Hinsicht zu befriedigen. I. Goldziher hat hier den Weg für die orientalistische Forschung bereitet. Aber um zu zeigen, wieviel hier noch zu tun bleibt, genügt es, darauf hinzuweisen, daß der große *tafsir* von al-Tabari (839-923) bis heute nicht Gegenstand einer wissenschaftlichen Studie gewesen ist, die seines Ranges in der Geschichte der Exegese würdig wäre. Dieses Versäumnis deutet darauf hin, daß die Muslime sich lieber dem »Konsum« des Koran im Alltagsleben widmen, als ihn modernen wissenschaftlichen Untersuchungen zu unterzie-

hen. Auch ein anderer großer *tafsir*, der ebenfalls von einer sunnitischen Autorität, Fakhr ad-Din al-Razi (1149-1209), verfaßt wurde, wartet noch immer darauf, wissenschaftlich erforscht zu werden.

2. Eine Untersuchung der Bedingungen für die Ausübung der islamischen Vernunft in den jeweiligen alten und zeitgenössischen Kommentaren. Es ist nämlich von höchster Wichtigkeit zu zeigen, wie die theologischen, historischen und sprachlichen Postulate dieser Form der Vernunft zur Verwirrung der oben genannten Bedeutungsebenen des »Koran« geführt haben. Genau dieser Mühe habe ich mich in meinen beiden Büchern *Lectures du Coran* (ich bestehe auf den Plural) und *Pour une critique de la raison islamique* unterzogen.[33]

Letzteres ist unentbehrlich für die (Neu-)Bestimmung der theoretischen Bedingungen für jegliche »Lektüre« des Koran im heutigen sprachwissenschaftlichen Sinne, die nicht mit den Lesarten oder Textvariationen verwechselt werden darf, über die die Tradition nach der Zusammenstellung des *mushaf* berichtet hat. Die so festgehaltenen Lesarten, *qira'at*, die auf diese Art anerkannt wurden, stellen sieben oder vierzehn Wiedergaben des Ausgangstextes dar und werden selbst für »orthodox« und geschlossen erklärt.

Der klassischen Exegese waren die moderne Textlinguistik und Interpretationstheorie natürlich unbekannt, und so konnte al-Tabari jeden seiner Kommentare naiv mit der Formel »Gott sagt...«, *yaqulu allah*, einleiten, womit er implizit eine vollständige Deckungsgleichheit seiner Exegese mit der beabsichtigten Bedeutung und natürlich auch mit dem semantischen Inhalt der Worte jedes Verses postulierte. Offensichtlich hat sich auch die heutige Exegese noch nicht von dieser Naivität befreit. Ganz im Gegenteil: Die Alphabetisierung der Masse der Bevölkerung, die größere Verbreitung von Büchern und die neuen Publikationsmöglichkeiten in Zeitschriften und Magazinen haben die Exegese für jedermann zugänglich gemacht. Dies geht so weit, daß wir einen Niedergang der Wissensnormen beobachten können, die die klassischen Exegeten für unerläßlich hielten. Die sprachwissenschaftlichen Einführungen zu den klassischen Werken der *usul al-fiqh* demonstrieren ein scharfes, klares Bewußtsein im Hinblick auf die sprachlichen Bedingungen jeder Exegese. Die heutigen Exegesen liefern dagegen ein weiteres Beispiel für die semantische Unordnung und die gefährlichen Verwirrungen, die im aktuellen Kontext der Ideologien der Befreiung in bezug auf den Koran und unter Berufung auf ihn um sich greifen. Diese Art von Exegese führt dazu, daß man die primäre Funktion der Offenbarung vergißt, nämlich die Bedeutungen zu enthüllen, ohne dabei das Geheimnis, den unaussprechlichen Charakter dessen, was enthüllt wird, gänzlich zu zerstören sowie die Mittel der Erkenntnis zu zeigen, ohne sie zu beweisen oder gar auszuschalten; kurz, eine Beziehung der Menschen zu Gott herzustellen, die keine Beziehung von Frage und Antwort ist, sondern im Empfangen einer außerordentlichen Fähigkeit besteht, den Dingen und sogar der Wahrheit des Seins eine Bedeutung zu geben. Die klassischen Exegeten glichen das, was ihnen durch die Mängel ihrer Exegese entging, durch die Echtheit ihrer religiösen Erfahrung aus, während die Militanten von heute sich sowohl vom Göttlichen als auch von den Bedingungen für den Empfang des Wortes, welches das Göttliche offenbart, entfernen.

9. Kapitel

Muhammad

Was wollte Muhammad?

Der Zugang zur Person und Persönlichkeit Muhammads (den man im Westen weiterhin Mohammed oder Mahomet nennt) ist ebenso schwierig und von Kontroversen begleitet wie der zum Koran selbst. Die Divergenz zwischen der Haltung der Muslime und der Haltung der Orientalisten ist ebenso himmelschreiend wie hinsichtlich der Geschichte des Korantextes oder der Entstehung des muslimischen Rechts (*fiqh*). Genau wie die Muslime weiterhin eine Literatur der Heiligenverehrung kultivieren, in der sich oft eine gefühlsbetonte Frömmigkeit entfaltet, möchten die Orientalisten ihre bewährten Methoden der philologischen und historisch orientierten Kritik auf die Biographie Muhammads anwenden. Im einen wie im anderen Fall gibt die Darstellung Muhammads mehr Auskunft über die Psychologie einer Epoche sowie die Erkenntniszusammenhänge und stillschweigenden Voraussetzungen einer Kultur als über die Person des Propheten selbst.

Wie bei jeder anderen großen Persönlichkeit der Religionsgeschichte muß jeder Versuch einer Biographie Muhammads mit der Klärung der Beziehungen zwischen der mythischen und der historischen Erkenntnis beginnen, um sowohl die von der Überlieferung als historische Tatsachen präsentierten mythischen Erzählungen als auch eine abgestumpfte Kritik hinter sich lassen zu können, die das religiöse Bewußtsein seiner lebendigen Substanz beraubt. Die erste von Muhammad Ibn Ishaq (704-767) zusammengestellte und unter dem Titel *Sira* bekannte Biographie konfrontiert uns bereits mit einer Schrift, die Mythos und Geschichte miteinander vermischt. Die mythische, auf den Zeugnissen der Generation Ibn Ishaqs basierende *Sira*, die die Person und historische Persönlichkeit Muhammads bereits verklärt, muß daher in eine Geschichte integriert werden, die stark von den Mechanismen gekennzeichnet ist, welche Gegenstand der historischen Psychologie sind. Zu diesen Mechanismen gehören die rationale und die imaginäre Wahrnehmung der Vergangenheit, die Beziehung zum Heiligen, zum Wunder, zum Natürlichen und zum Übernatürlichen; die Allgegenwart der göttlichen Macht Gottes, die schöpferische Macht des Wortes und die Kommunikation mit unsichtbaren Wesen: Engeln, *dschinn*, Gott usw.

Unsere Kultur kann sich nicht mehr in jenem Universum bewegen, da sie als magisch, abergläubisch, irreal, irrational, eingebildet, wunderbar, märchenhaft und legendär bezeichnet: ein Vokabular also, das eher Differenz, Ablehnung, Distanz und Disqualifizierung zum Ausdruck bringt als die Integration in einen umfassenden Verständnisrahmen, der die Gesamtheit der zu analysierenden Tatsachen und Phänomene in sich aufnimmt.

Aber es war gerade dieses semiologische Universum, das wir nicht mehr verstehen, in dem die religiöse Erfahrung und danach das historische Handeln Muhammads entstanden sind und sich entfaltet haben. Wenn man von den unwiderlegbaren, aber kaum mehr als Fingerzeige gebenden Zeugnissen des Koran und den in der Überlieferung enthaltenen Erzählungen ausgeht, schöpft diese Erfahrung sowohl aus der kollektiven Erinnerung des Alten Orients (siehe Sure 18) als auch aus den großen Lehren, die von den Völkern des Buches (*ahl al-kitab*) verbreitet wurden, und der lebendigen Tradition des arabischen Volkes, insbesondere aus der Hedschas-Region der arabischen Halbinsel.

Innerhalb von etwa 20 Jahren kam es zu einem Erwachen von Werten, zu einer fortwährenden Kreativität, in der die symbolische Sprache unaufhörlich das soziale und politische Verhalten in den Bereich übergeschichtlicher Bedeutungen emporhob und es für diese Bedeutungen öffnete. (Dies war die Rolle des koranischen Diskurses, der immer von dem *hadith* – den schriftlichen Berichten über das, was Muhammad und seine Gefährten sagten oder taten – unterschieden werden muß.)

Wir müssen uns nun überlegen, worauf die Frage: »Was *wollte* Muhammad?« überhaupt abzielt. Der Wille setzt Reflexion, Überlegung, Strategie und Taktik zur Verwirklichung eines ins Auge gefaßten Ziels voraus. Nachdem er die Verantwortung für die Gemeinschaft der Gläubigen übernommen hatte, mußte der Prophet über Wege nachdenken, wie er sie schützen konnte, um die Botschaft in die Herzen eindringen zu lassen und die politischen und sozialen Bedingungen für eine dauerhafte Verbreitung der neuen Religion zu schaffen. Aber dieser Wille wurde im psychologischen Kontext von *wahy* – Inspiration, Hervorbrechen, Offenbarung – ausgeübt, wobei gleichzeitig das »Ich« im kommunikativen Raum der koranischen Auseinandersetzung (Ich/Wir – Du – Sie/Ihr) beibehalten wurde.

Unter diesen Gesichtspunkten lenkt die Frage, ob Muhammad lesen und schreiben konnte (*al-nabiyy al-ummi*), nur vom psychologischen und kulturellen Kontext des *wahy* ab. Lesen und schreiben zu können, schreibt in der Tat eine unterschiedliche Übung der Vernunft vor bei den Improvisationen, Erfindungen, freien Assoziationen und Geistesblitzen der koranischen Rede. Jack Goody hat gezeigt, welche großen mentalen Räume die »schriftliche Vernunft« im Vergleich zur mündlichen Vernunft eröffnen kann.[34] Aus dieser Perspektive der anthropologischen Analyse schriftlicher und mündlicher Kulturen muß auch die gesamte Biographie (*Sira*) Muhammads wieder aufgenommen werden. Die Methode, die sämtliche großen Errungenschaften des historischen Islam rückwärts projiziert, um die Biographie des Propheten zu rekonstruieren, ist nur insoweit von Interesse, als die Gemeinschaft das Bedürfnis hat, sich von Mythologien zu ernähren. Und natürlich gibt es keine einzige religiöse oder nationale Gemeinschaft, die ohne solche Mythologien auskäme.

Was ich gerade über Muhammad gesagt habe, gilt für sämtliche Religionsstifter. Ganz allgemein erfordern Personen wie die *mahdis*, die *imame* und die Heiligen, die immer dem Modell des Gründers nacheifern, von uns dieselbe Herangehensweise; indem wir sie studieren, sollte es uns gelingen, unser Wissen von der »menschlichen Erfahrung des Göttlichen« zu bereichern.[35]

10. Kapitel

Die Hadithe

*Welche grundlegenden Texte gibt es
neben dem Koran im Islam?*

Die wichtigste, fundamentalste Quelle der islamischen Religion ist natürlich der Koran. Aber neben dem Koran gibt es eine zweite Quelle oder Grundlage (im Arabischen *asl*): die prophetische Tradition (*sunna*), die durch die *hadithe* überliefert ist, das heißt, die Äußerungen, die der Prophet in seiner Rolle als Führer der Gemeinschaft der Gläubigen und nicht als Werkzeug des göttlichen Willens und Mittler des Wortes Gottes getan hat.[36] Aber da der Prophet immer von der göttlichen Inspiration bewegt war, trug alles, was er sagte, gewissermaßen eine ontologische Garantie in sich. Und so wurden seine Worte von seinen Gefährten und nachfolgenden Anhängern befolgt, getreulich gesammelt und überliefert, wodurch im Laufe der Zeit für jede Äußerung eine Kette von Zeugen (*isnad*) entstand, welche die Echtheit der berichteten Reden (*matn*) garantierte. Daher wurde dann nach dem Tod des Propheten leidenschaftlich nach solchen *hadithen* gesucht, um sie zu sammeln und, wie es mit dem Koran geschehen war, schriftlich niederzulegen. Auch hier finden wir also den Übergang von der mündlichen zur schriftlichen Tradition. Die Niederschrift dieser prophetischen Überlieferungen dauerte wesentlich länger als die des Koran. Die großen Sammlungen, die als authentisch betrachtet werden und in denen die prophetischen Überlieferungen zusammengefaßt sind, wurden erst Ende des 9. Jahrhunderts bzw. im 3. Jahrhundert der *hedschra*, also lange nach dem Tod des Propheten, redigiert. Es ist daher nicht weiter erstaunlich, daß die Zusammenstellung und Bearbeitung dieser Sammlungen zu Kontroversen zwischen den drei großen muslimischen Gemeinschaften führten, die bis heute andauern. So haben die Sunniten schließlich die Sammlungen al-Bukharis (810-870) und Muslims (820-875) anerkannt, die von ihnen als die echten (*al-sahihayn*) bezeichnet werden. Die Schiiten der Zwölfer-Schia berufen sich auf die Schrift *al-Kafi fi'ilm al-din* (»Das Ausreichende in der Religionswissenschaft«) von al-Kulaini (gest. 939), die durch Sammlungen Ibn Babuyas (gest. 991) und Tusis (gest. 1067) ergänzt wird. Die Kharidjiten legen die Sammlung *Al-Jami al-Sahih al-Rabi* (»Die Wahrhaftige des Frühlings«) von Ibn Habib Ende des 7. Jahrhunderts zugrunde.

Die offenkundigen Unterschiede zwischen den drei traditionellen Richtungen innerhalb des Islam erklären sich aus den kulturellen Ursprüngen von Gruppen, die miteinander konkurrieren, um sich das Monopol der Kontrolle über die Tradition zu sichern, die ihrerseits Grundlage für die Legitimität der Macht ist (diejenige des Kalifats wird von den Schiiten und Kharidjiten bestritten). Diese Rivalität war letztlich auf die Führung der muslimischen Gemeinschaft – des Kalifats oder Imamats – gerichtet und kam selbst noch in den Titeln der Sammlungen zum Ausdruck, die für jede der drei Gemeinschaften Autorität sind und von den jeweils anderen als unecht angesehen werden (*mukhtalaq*).

Im Bewußtsein dieser Situation arbeiteten die muslimischen Weisen – die Hüter der Tradition oder *muhaddithun* – eine

Wissenschaft zur Kritik der *hadithe*, das heißt, zur historischen Verifizierung der Überlieferungsketten (*isnad*) und des darin Überlieferten (*matn*) aus. Aber wenn man von den polemischen Standpunkten innerhalb der einzelnen Traditionen einmal absieht, ist bis heute noch keine globale Untersuchung sämtlicher Sammlungen vorgenommen worden, um sich dem im wesentlichen historischen Problem einer erschöpfenden Darstellung der islamischen Tradition zu stellen. Das würde einen systematischen Vergleich sämtlicher *isnad* und sämtlicher in den drei Traditionen anerkannten Texte voraussetzen, um die Frage der Authentizität unter Anwendung moderner Forschungsmittel (z.B. Computer zur Textverarbeitung) sowie der Methode der historischen Kritik neu stellen zu können.

Vorschläge zu einer solchen Kritik, wie sie bereits im Rahmen der orientalistischen Philologie formuliert wurden, sind von den Muslimen bisher heftig zurückgewiesen worden. Die *hadithe* bilden zusammen mit dem Koran, der *schari'a* und der vorislamischen Poesie im Bewußtsein der Muslime einen neuralgischen Punkt. Für dieses Bewußtsein ist die Kritik, wie sie vor langer Zeit von al-Bukhari, Muslim, al-Kulaini und Tusi geäußert wurde, ausreichend und definitiv, und die Sammlungen, die auf der Basis dieser Kritik zusammengestellt wurden, werden genau wie der Sammelband des Koran als *offiziell* und *abgeschlossen* betrachtet. Das theologische Problem, das sich durch das gleichzeitige Vorhandensein der drei offiziellen, geschlossenen Sammlungen stellt, wird entweder mit Schweigen übergangen oder mit Hilfe des orthodoxen Prinzips umgangen, das von jeder Tendenz verteidigt wird.

Das ist der heutige Stand der Dinge. Nur eine streng historisch vorgehende Sichtung der Quellen, die sich von allen theologischen Vorbedingungen unabhängig macht, kann einen Zustand der Blockade aufheben, der mittlerweile durch mehr als zehn Jahrhunderte der scholastischen Wiederholung und der gemeinschaftlichen Ergebung sakrale Weihe angenommen hat.

Die prophetischen Traditionen (*hadithe*) bilden eine zweite Grundlage (*asl*) für die Ausarbeitung des Rechts. Eine kritische Sichtung der Sammlungen würde mit Sicherheit theoretische und praktische Konsequenzen für die beiden Rechtswissenschaften, *usul* und *furu*, nach sich ziehen. Hier sind wir am Puls jeder modernen Kritik der islamischen Vernunft: eine begeisternde Aufgabe, die von den muslimischen Forschern Interesse an der Epistemologie und von den muslimischen Regimes die Garantie der Gedankenfreiheit, des Schreibens, der Veröffentlichung und Verbreitung sowie der Lehre verlangt.

Die Kritik der erschöpfenden islamischen Tradition wirft auch die Frage der Sekten (*firaq*) und der geschichtlichen Betrachtung des Ketzertums (*kutub al-milal wal-nihal*) und damit zugleich die der Orthodoxie auf. Ich muß daher über dieses Thema einige Bemerkungen machen, um die kulturelle, theologische und philosophische Bedeutung einer Kritik der islamischen Vernunft zu umreißen.

Es existiert ein berühmter *hadith*, in dem der Prophet ankündigt, seine Gemeinschaft werde sich in 73 Sekten aufteilen, die alle dazu bestimmt seien, in die Hölle zu kommen. Nur eine einzige sei davon ausgenommen, und dieser werde das Heil versprochen. Die Sunniten machen von diesem *hadith* Gebrauch, um zu behaupten, bei dieser einzigartigen Gemeinschaft namens *ahl al-sunna wal-jama'a* handele es sich um sie: diejenigen, die der prophetischen Tradition folgen und innerhalb der Gemeinschaft verbleiben.

Dagegen lehren die Schiiten ihrerseits, sie seien aufgrund des Charismas und der Unfehlbarkeit der *imame* die einzigen, die das authentische Erbe des Koran und der prophetischen Tradition bewahrt hätten. Sie nennen sich selbst *ahl al-*

isma wal-adala, das heißt, »die, die im Besitz von Unfehlbarkeit und Gerechtigkeit sind«.

Die Kharidjiten schließlich erheben Anspruch auf eine größere chronologische Nähe zur Gründungszeit (610-632), was als Garantie größerer Glaubwürdigkeit aufzufassen sei. Sie weigerten sich, die Umayyaden anzuerkennen, die sie als Usurpatoren des Kalifats betrachteten, und zogen darum aus, um im Namen des koranischen Prinzips, nach dem es keine Autorität gibt außer Gott (*la hukma illa li-llah*), zu kämpfen. Das – »in den Kampf ziehen« – ist im übrigen auch die Bedeutung von *kharidji*, die von den Sunniten irrigerweise als der Auszug aus der Gemeinschaft ausgelegt worden ist. Die Kharidjiten lehnen das Privileg der Herkunft (also der Abstammung vom Stamm der Quraisch oder von der unmittelbaren Familie des Propheten, den Haschemiten) als Bedingung für den Antritt des Kalifats oder Imamats ab. Sie nennen sich selbst *al-shurat*, »die, die ihr Leben opfern«, um die Überlegenheit der Autorität Gottes aufrechtzuerhalten.

In allen drei Fällen sind wir Zeuge der Entstehung eines religiösen Bewußtseins, das seine Ansprüche aus den Lehren des Koran und dem Vorbild des Propheten ableitet. Gleichzeitig strebt dieses Bewußtsein danach, sich in einer politischen Institution zu verkörpern und zu verwirklichen, nämlich in dem Führer der von dem Koran und dem Propheten verkündeten Gemeinschaft der Muslime.

Diese Tatsachen werden durch die im nachhinein aufgezeichneten Erklärungen von Geschichtsschreibern bestätigt, die jedoch selbst Akteure innerhalb der drei ideologischen Richtungen sind, deren historischer Weg jeweils in einem spirituellen Epos verklärt wurde. Diese Verklärung der Geschichte der Muslime im 7. und 8. Jahrhundert verschönt weiterhin die Geschichtsschreibung, auch noch bei den heutigen Historikern. Damit möchte ich sagen, daß sie die psychologische Dimension jeder Geschichte des »Islam« bildet; die

Kritik der islamischen Vernunft jedoch ist verpflich,
ideologischen Auswirkungen dieser Verklärung aufzeige.

Keine der drei Fraktionen, die als »orthodoxe« Gemeinschaft auftreten, könnte diese »Orthodoxie« ausschließlich auf
die einzige Autorität gründen, die von allen Muslimen ein-
hellig anerkannt wird, nämlich den Koran. *La hukma illa li-
llah!* (»Es gibt keine Autorität außer der Gottes!«) Aber wir
haben auch gesehen, welche Unterschiede es in der Exegese
gibt und wie schwierig es ist, den Koran auf eine eindeutige
Weise zu lesen, die zu einer für alle Gläubigen und für alle
Streitfragen verbindlichen Orthodoxie führen könnte. Diese
Unmöglichkeit, die Vielzahl der Orthodoxien und deren Rivalität untereinander zu überwinden, erklärt sich aus der ideologischen Funktion jeder Religion. Eine Religion dient gesellschaftlichen Akteuren, die sich zu rivalisierenden Gruppen zusammenschließen, um sich der Kontrolle über die symbolischen Güter zu bemächtigen, ohne die die politische
Macht weder erobert noch ausgeübt werden kann. Das, was
das theologische Denken als eine religiöse »Orthodoxie« darstellt, wird von der Soziologie und Religionsanthropologie
als die jeweilige Ideologie enthüllt, derer sich jede Gruppe
bedient, um ihre Überlegenheit durchzusetzen. Für die ideologische Funktion der Orthodoxie, die auf diese Weise offen
dargelegt wird, gibt es in der theologischen Auseinandersetzung keine Bezeichnung. Wir benötigen daher ein Konzept,
mit dem wir das symbolische Kapital erfassen können, das
»expliziter« Gegenstand der Konkurrenz politischer und ökonomischer Mächte ist, wobei dieser Gegenstand zwar kon-
kreter Natur ist, aber durch das »religiöse« Vokabular ver-
borgen bleibt. Eine solche Analyse ist für das erste Jahrhundert des Islam ebenso erforderlich wie für die gegenwärtigen
politischen Vorhaben der islamistischen Bewegungen.

11. Kapitel

Tradition

Was versteht man unter der Tradition?

Auf dem Hintergrund dessen, was ich gerade über die *sunna* und den *hadith* gesagt habe, ist es notwendig, noch einmal auf das Konzept der Tradition zurückzukommen. Zumindest dem Anspruch nach hat die prophetische Tradition für die Muslime alle anderen Formen der Tradition ersetzt, insbesondere die willkürlichen Gewohnheiten (*taghut*), die der Offenbarung Muhammads vorausgingen und folglich keine Beziehung zum göttlichen Gesetz hatten. Hier begegnen wir ein weiteres Mal dem vom Koran verkündeten Konflikt zwischen *ilm*, der Wissenschaft und dem Wissen, die in ihrer weiteren Entwicklung durch die Offenbarung enthüllt und garantiert werden, und den alten Traditionen aller Gesellschaften – im Fall Arabiens also der *jahiliyya*.

Wie wir gesehen haben, hat die schriftliche Tradition der Religionen des Buches Kenntnis und historische Praxis dessen durchgesetzt, was wir als die Gesellschaften des Buches/der Bücher bezeichnen. Die etablierten Mächte innerhalb des Christentums wie des Islam (eine Ausnahme bildet das Judentum, das bis zur Gründung des Staates Israel im Jahre 1948 keinen eigenen Staat hatte) haben sich bemüht, die ungeschriebenen Gewohnheiten der lokalen und regionalen Traditionen durch ein geschriebenes, religiöses oder weltliches Recht zu ersetzen. Auch hier muß der Anthropologe in Zukunft seine Aufmerksamkeit auf diese von der religiösen oder weltlichen Zentralmacht abgelehnten oder verleugneten Traditionen lenken. Wir haben hier also geschichtete Traditionsebenen von uralten Sitten und Glaubensrichtungen, die in die schriftliche Tradition integriert und von ihr sakralisiert worden sind. Eine Soziologie der Anwendung der *schari'a* in den heutigen muslimischen Gesellschaften würde in dem, was man pauschal als die islamische Tradition bezeichnet, drei Ebenen aufdecken, die indes nicht immer übereinanderliegen, sondern sich häufig in einer Wechselbeziehung befinden:

1. Die tiefe Ebene als kultureller und herkömmlicher Sokkel einer Gesellschaft, der von der ethnographischen Untersuchung und anthropologischen Auseinandersetzung entbindet.

2. Die Ebene des »expliziten Wissens« in der angemessenen Sprache des Rechts, das muslimisch genannt wird, aber auf ein »implizit Gelebtes« zurückführt, das aufgrund seiner ursprünglichen Verbindungen zur ethnographischen Ebene von großer Komplexität ist. So illustriert zum Beispiel alles, was mit der Stellung der Frau zu tun hat, die Erfordernisse eines weiten Bereichs des implizit Gelebten, die im expliziten Wissen ausgelöscht sind und nicht anerkannt werden. Im Zusammenhang mit einer kritischen Neubewertung des als muslimisch bezeichneten Rechts bildet die Erforschung dieser zweiten Ebene ein weiteres entscheidendes Kapitel in der Kritik der islamischen Vernunft.

3. Die Ebene der modernen Gesetzbücher, die unter unterschiedlichen Bedingungen mit den beiden anderen zuvor genannten Ebenen koexistieren, wobei die Vielfalt der Formen dieser Koexistenz die Türkei und den Sudan umfaßt, aber auch Arabien, Pakistan, Algerien und Tunesien. So wird zum Beispiel im Sudan und in Ägypten trotz einer proklamierten

Rückkehr zur *schari'a* und der für viele gesellschaftliche Bereiche maßgeblichen Einführung einer modernen Gesetzgebung weiterhin die Beschneidung der Frauen praktiziert.

Diese Frage ergibt sich natürlich aus dem vorher Gesagten. Da die Tradition für die Gemeinschaft der Gläubigen alle von Gott geoffenbarten und vom Propheten gelehrten Wahrheiten, Werte und Verhaltensnormen enthält, kann ihr von außen nichts mehr hinzugefügt werden. Jede von der Tradition nicht sanktionierte Praxis, jeder neue Gedanke muß als Neuerung (*bid'a*) zurückgewiesen werden. Aber die Geschichte und die Vielfalt der sich zum Islam bekennenden Völker haben offensichtlich zu vielerlei Situationen geführt, die weder im Koran noch im *hadith* vorhersehbar waren. Um die entsprechenden Reaktionen in den Rahmen der Tradition integrieren zu können, mußten sie durch einen Entschluß des Propheten oder anhand einer Schlußfolgerungsmethode der rechtlichen Analogie (*qiyas*) sanktioniert und sakralisiert werden. Mit diesem Verfahren werden neue Rechtsnormen aus ähnlich gelagerten grundsätzlichen Fällen (*asl*) erschlossen, die sich schon während der Gründungsperiode, der Zeit des Propheten und der frommen Vorväter, *al-salaf al-salih*, gestellt hatten.

Der Kampf der Rechtsgelehrten und Theologen gegen die Neuerungen zielte darauf ab, die »orthodoxen« Dogmen und die Integrität der islamischen Tradition vor genau jenen Ideen, Gewohnheiten und Verhaltensweisen zu schützen, die doch in der Zeit der bedeutenden Kalifate (661-1258) die »Zivilisation des klassischen Islam« ausgemacht haben. Es lassen sich zwei grundlegende Haltungen gegenüber dem historischen und soziologischen Phänomen der Neuerung unterscheiden. Die Verfechter des reinen Prinzips, die sich seinerzeit vor allem in der Schule der Hanbaliten sammelten, werden heute durch die wahhabitischen *ulema* Saudi-Arabiens vertreten, nach deren Meinung die Tradition, die *sunna*, vor jeder Neuerung den Vorrang haben muß. Auf der anderen Seite haben wir die Gemäßigten, die bereit sind, Neuerungen zuzulassen, sofern sie nicht in direktem Widerspruch zu einem expliziten Text des Gesetzes, das heißt, einer bekannten Lehre der Tradition, stehen.

Das Gegensatzpaar von Tradition und Neuerung darf nicht ausschließlich in rechtlicher und theologischer Hinsicht analysiert werden, sondern verweist uns viel allgemeiner auf die Dialektik, die jeder Gesellschaft innewohnt, in der unterschiedliche ethnokulturelle Gruppen untereinander streiten, um entweder ihre Vorherrschaft zu sichern oder um sich vor dem Eindringen fremder Elemente zu schützen. Die politische Gemeinschaft der Muslime sah sich abwechselnd allen beiden Situationen ausgesetzt: Zur Zeit der Eroberungen versuchten die Rechtsgelehrten und Theologen, das umfangreiche kulturelle Erbe der Völker, die sich zu der neuen Religion bekehrt hatten, zu islamisieren. Dabei kam es darauf an, den Vorrang des religiösen Gesetzes gegenüber abweichenden »Identitäten« aufrechtzuerhalten, die als gefährliche, die Grundfesten des Islam zersetzende Neuerungen betrachtet wurden. Nach dem Verschwinden des Kalifats und dem Aufstieg fremder Mächte im Osten und Westen des islamischen Reiches mußte die geschwächte, auf einige städtische Zentren beschränkte politische Gemeinschaft der Muslime ihren Schutzwall verstärken, indem sie auf dem Begriff der Orthodoxie bestand. Die Bewegung der Wahhabiten in Arabien setzte dann im 18. Jahrhundert die Dialektik zwischen Tradition und Neuerung wieder in Gang, um der politischen Vereinigung einer Gesellschaft, in der die segmentären Strukturen ihre gesamte einstige Bedeutung zurückgewonnen hatten, eine religiöse Basis zu geben. Ebenso war der Kampf gegen die während der Kolonialherrschaft vom Westen aufgezwungenen Neuerungen ein Mittel, die Identität des Islam zu schützen. Mit den islamistischen Bewegungen, die in den dreißiger Jahren mit den Muslimbrüdern in Ägypten begannen, nahm die vehemente Verurteilung der Verwestlichung die Ausmaße eines politischen Kampfes an, in dem die an sich religiösen Fragen der Dialektik von Tradition und Neuerung nur in Form von Signalen zur Mobilisierung militanter Kämpfer auftauchten.

Wie immer können wir in der Geschichte des Juden- und Christentums Haltungen finden, die dem, was gerade im Hinblick auf den Islam gesagt wurde, vergleichbar sind. Die Juden, die über Jahrhunderte hinweg in die Ghettos eingesperrt waren, führten ihre rabbinische Tradition weiter, indem sie eine strenge Kontrolle über das Eindringen von Ideen oder Verhaltensweisen ausübten, die sie als nicht integrierbar ansahen. Die Christen haben seit dem 16. Jahrhundert ihren wohlbekannten Kampf gegen die Moderne und die Kräfte der Säkularisierung geführt. Die psychokulturellen Zusammenhänge jener Haltung sind die gleichen, die wir bereits für die Gesellschaften des Buches/der Bücher beschrieben haben.

12. Kapitel

Die ideale Gemeinschaft und die Frage der Toleranz

Wie definieren der Koran und die Tradition die ideale menschliche Gemeinschaft?

An diese Frage schließen sich sofort weitere Fragen an, nämlich die nach der Toleranz, nach der Wahrnehmung der Nichtmuslime durch die Gemeinschaft und nach dem Status der unter Schutz stehenden Völker (*ahl adh-dhimma*), den die Juden und Christen besonders zur Zeit des Kalifats genossen. Auch das Problem der Menschenrechte, das heute im Westen wie in der muslimischen Welt und in sämtlichen Gesellschaften überhaupt so aktuell geworden ist, kann nicht mehr übergangen werden.

Die große Bedeutung und mitunter tragische Aktualität dieser Fragen würden schon für sich genommen genügen, um ein dickes Buch zu füllen. Dabei schwebt mir ein Buch vor, das den pathetischen Aufschrei von Abu Hayyan al-Tauhidi im 10. Jahrhundert: »Der Mensch ist für den Menschen ein Problem« im Licht der gesamten kulturellen, politischen und sozialen Geschichte des »Islam« wieder aufnehmen würde.

Wir müssen uns zunächst fragen, von welchem intellektuellen Verständnisbereich wir ausgehen müssen, um sinnvolle

Antworten auf so bedeutsame Fragen wie die nach der idealen menschlichen Gemeinschaft, nach der religiösen Freiheit und nach den Menschenrechten geben zu können. Aufgrund meiner bisherigen Antworten wird der Leser bereits bemerkt haben, daß die theoretischen Bedingungen des Wissens bzw. des erkenntnisorientierten Stellenwertes des Diskurses, die bei der Behandlung einer großen religiösen Tradition zumeist ins Spiel gebracht werden, mich stark beunruhigen. Es ist mittlerweile vollkommen klar, daß die islamische Tradition ebenso wie die christliche oder jüdische das Privileg besitzt, die geistige Macht auf alle aus der Geschichte entstehenden Fragen auszuüben. Nur die Tradition ist im Besitz der »korrekten« Prinzipien und Methoden, um Anworten geben zu können, die mit der Gesamtheit der Werte, Überzeugungen und Handlungsmodelle zur Leitung der Gläubigen auf dem rechten Weg zum diesseitigen und jenseitigen Heil vereinbar sind. Indem sie sich des Monopols der »korrekten« Methodologie bemächtigt, verkündet die Tradition gleichzeitig ihre Herrschaft über sämtliche wissenschaftlichen Disziplinen, die somit verpflichtet sind, an der Ausübung ihrer geistigen Macht mitzuwirken. Aus all dem entsteht eine unversöhnliche Spannung zwischen den Schriftgelehrten, welche die geistige Macht ausüben, und den Gelehrten so wichtiger Disziplinen wie der Geschichte, der Soziologie, der Psychologie, der Sprachwissenschaft und der Semiologie.

Um diese Spannung zu überwinden, werde ich die Argumentationstechniken und Traditionsinhalte weiterhin in eine allgemeine Analyse integrieren, die sowohl für die frommen Vorfahren als auch für uns heute die Rechte der kritischen Erkenntnislehre überlegen sein läßt. Diese Rechte sind auf derselben Ebene der Transzendenz, ich möchte sagen der Unabhängigkeit gegenüber ideologischen Verpflichtungen angesiedelt wie die »Rechte Gottes« (*huquq allah*), die in der inneren Reise der Sufis so vollkommen definiert und so gewissenhaft respektiert werden.

Beginnen wir also mit den Antworten des Koran und der Tradition: Die ideale menschliche Gemeinschaft ist die *umma muhammadiyya*, die anfangs sehr kleine, schwache und bedrohte Schar der Schüler, die dann aufgrund der direkten Hilfe Gottes und des Handelns des beständig durch den *wahy* erleuchteten Propheten immer größer wurde. Nach dem Tod des Propheten haben die Stellvertreter (Kalifen und/oder *imame*) fromm und streng das spirituelle Erbe geschützt, den Islam weiter verbreitet und die Berufung der *umma* gefestigt, innerhalb der irdischen Geschichte als Sachwalterin, Zeugin und Akteurin der letzten Offenbarung aufzutreten, die dem Siegel der Propheten (*khatam al-anbiya*) zuteil geworden war.

Wir haben gezeigt, wie diese *umma* allmählich innerhalb des spezifischen kommunikativen Raums der koranischen Auseinandersetzung ihren Platz gefunden hat: nämlich den des »Sie«, das zunächst die Gegner Muhammads bezeichnete, später dann theologisch auf alle Nichtmuslime ausgeweitet wurde, aber bereits im koranischen Stadium zwischen einem »Ihr«, Gläubigen und Nichtgläubigen, und einem »Sie«, das den Leugnern Gottes und Verstockten galt, differenzierte. Solcherart sind also die Ursprünge der *umma*, der idealen Gemeinschaft; sie liegen soziologisch in Arabien, historisch in der zum Reich gewordenen politischen Gemeinschaft der Muslime und theologisch im koranischen Diskurs und seiner juristisch-theologischen Ausdehnung.

Die Mitglieder dieser *umma* sind gehalten, sämtliche die koranische Anthropologie ausmachenden Wesenszüge in idealer Form zu reproduzieren. Im koranischen Diskurs werden der Mensch, die Menschen, das menschliche Geschlecht (*insan, al-nas, banu adam, al-bashar*) beständig angesprochen. Mehr als die Engel, die *dschinn* oder der Teufel sind die Menschen dauernd Gegenstand der Aufmerksamkeit Gottes. Gerade innerhalb dieser gelebten, erfahrenen Beziehung, die im koranischen Diskurs in idealer Form dargestellt, von dort übertragbar und durch genau diese Erörterung in der Erfahrung jedes einzelnen reproduzierbar ist, nimmt das ideale Mitglied der *umma* psychologisch, spirituell und körperlich (auf dem Wege der rituellen Handlungen) Gestalt an. Für einen solchen Menschen ist das Herz das innerste »Ich«, das Zentrum aller Kräfte des Geistes (*ruh*), der Seele (*nafs*) und des Körpers. Im Herzen wird das Wort Gottes festgehalten, und der Sinn für das Spirituelle erwacht in dem Maße, wie die anderen Sinne diszipliniert und verfeinert genug sind, um sämtliche religiösen Bedeutungen, die in den Versen enthalten sind, zu erfassen: die Zeichen und Symbole, die den Kosmos, die äußere Welt und die profane Geschichte mit Gott verbinden und so die Kluft zwischen dem Akt der Schöpfung, Gottes »Es geschehe« (*kun*) und der geschaffenen Welt überbrücken.

Der so postulierte Begriff der idealen Gemeinschaft, der aufgrund der Vorbilder und Definitionen der koranischen Anthropologie möglich wird, erinnert uns in entscheidenden Punkten an den Gemeinschaftsbegriff der Kirchenväter der Ostkirche.[38] Diese Gemeinschaft bezieht ihre Energie, ihren Zusammenhalt, ihre langfristige historische Beständigkeit und ihre Fähigkeit zu partieller, sporadischer Aktualisierung (in den kontemplativen Orden und im Sufismus) aus der mythischen Bezugnahme auf eine Gründungszeit und ein Gründungsereignis, die Raum und Zeit in einen heiligen und einen profanen Bereich, in ein Davor und ein Danach aufteilen. Die mythische Vision wird vervollständigt durch das Postulat einer idealen Überlieferung sämtlicher Ereignisse, sämtlicher Äußerungen und sämtlicher Vorbilder, die eine privilegierte Generation während der Gründungsphase noch selbst miterleben konnte: die Schüler und Gefährten, denen aufgetragen war, all das, was sie gesehen und gehört hatten, zu erzählen und so den Fortbestand und die spirituelle Qualität der idealen Gemeinschaft zu ermöglichen. Ein weiteres Postulat mythischer Natur ist die intellektuelle Fähigkeit, die jenen Gelehrten zugeschrieben wurde, denen die »wissenschaftliche« Verantwortung zufiel, sämtliche Bedeutungen des Wortes Gottes darzulegen und sie in der scharfen, unzweideutigen Form des juristischen Diskurses zu artikulieren.

Ohne diese konstituierenden Postulate eines mythischen Bewußtseins kann die ideale *umma* keine historische Existenz haben. Das mythische Bewußtsein besitzt eine historische Effektivität und Ausdruckskraft, die auf die Darstellung der Gründungsphase zurückfallen. Genau deshalb versteift sich der gesamte gegenwärtige islamische Diskurs darauf, die »historische« Gültigkeit des aus der Gründungszeit überlieferten Vorbilds durchzusetzen. Indem sie sich weigern, die spezifische Funktion des Mythos anzuerkennen, der zwar dem Bewußtsein der handelnden Personen Spannkraft gibt, aber nicht mit den konkreten historischen Produkten dieses Bewußtseins verwechselt werden darf, entfernen sich die militanten Islamisten sowohl von der Gründungszeit, in der sie ihre Inspiration suchen, als auch von den positiven Kräften des historischen Handelns.

Nach dem bisher Gesagten können wir uns nun den Fragen der Toleranz, der Stellung der Nichtmuslime sowie den Menschenrechten zuwenden, ohne in den nur allzu häufig begangenen Irrtum einer anachronistischen Sicht zu verfallen. Angesichts des unversöhnlichen Kampfes zwischen Arabern und Israelis projizieren westliche Beobachter ihre Klagen über Intoleranz, Gewalttätigkeit und Verletzung der Menschenrechte oftmals auf die klassische Periode des Islam zurück, indem sie einfach übersehen, daß sie dabei von modernen, erst seit neuerer Zeit relevanten und keineswegs gesicherten Definitionen dieser Begriffe ausgehen. Darüber hinaus ignorieren Polemiker jeder Couleur und jeder Glaubensrichtung geflissentlich die historische Realität, die ich hier so hartnäckig zu erklären versuche. Die mythischen Strukturen, die semiologischen Grundlagen, die hermeneutischen Bedingungen, die spirituellen Disziplinen, das nachahmerische Übertrumpfen anderer, die einerseits das Bewußtsein der idealen Gemeinschaft schufen und kräftigten und andererseits die Geschichte der Gesellschaften des Buches/der Bücher hervorbrachten, sind den Juden, Christen und Muslimen gemeinsam. Jede Kritik, sei sie nun anachronistisch oder zutreffend, die gegenüber einer dieser Traditionen erhoben wird, trifft notwendigerweise auch die beiden anderen (wobei zumindest in gewissen Punkten, wie etwa der Sklaverei und dem Status von Fremden, das Judentum ausgenommen werden muß, da es soziologisch gesehen immer eine Minderheit gewesen ist und nie die Unterstützung des Staates genoß).

Das Konzept der Toleranz ist eine moderne Errungenschaft, die untrennbar mit der philosophischen Kritik der Wahrheit verbunden ist. Die Muslime gründeten ihre Gesetzgebung ebenso wie die Christen auf einen Anspruch auf die geoffenbarte Wahrheit, die sie als einzigartig, absolut, unveränderlich und übergeschichtlich ansahen und die nur von denen verstanden und richtig zum Ausdruck gebracht werden konnte, die sich zum Glauben an sämtliche diese Wahrheit konstituierenden Dogmen bekannten. Die Juden und Christen weigerten sich jedoch, das erste Dogma des Islam anzuerkennen, nämlich den Koran als Wort Gottes, das den Menschen durch die Vermittlung Muhammads, des Botschafters Gottes, geoffenbart wurde. Dieselbe Weigerung finden wir bei den Juden gegenüber den Christen, die es ihrerseits in bezug auf die Juden und Muslime genauso halten. Die Theologien und soziopolitischen Ordnungen, die mittels einer solchen Definition der Wahrheit geschaffen werden, können nur als *sich gegenseitig ausschließende kulturelle und rechtliche Systeme* funktionieren. Dieser wechselseitige Ausschluß ist total und kennt keine Ausnahme. Eine Wechselseitigkeit des Bewußtseins, die zu einem Austausch von Rechten und Pflichten auf der Ebene rechtlicher Gleichheit führt, wird erst nach einem epistemologischen und daher geistigen Bruch mit dem Konzept der theologischen Wahrheit zustande kommen, wie es in den drei geoffenbarten Religionen entwickelt wurde.

Man kann natürlich auf Anwendungen der von jeder Religion definierten rechtlich-theologischen Ordnungen verweisen, die mehr oder weniger human und offen für keineswegs unwesentliche Formen der Toleranz gewesen sind, andererseits aber auch auf solche, die gewalttätig und inquisitorisch waren. Dabei rangiert der Islam auf der Skala der Toleranz mit Sicherheit nicht an letzter Stelle. Ohne in die Art von Selbstzufriedenheit zu verfallen, die den Islam von den für bestimmte Perioden der Geschichte typischen Praktiken und Konzeptionen freisprechen will, müssen wir mit den Historikern anerkennen, daß es in der muslimischen Ethik ein Bemühen um die Milderung des Schicksals der Sklaven sowie eine Achtung für die religiöse Würde der *ahl al-kitab*, der Völker des Buches, gegeben hat – und zwar über die rechtlichen Regelungen hinaus, die zwar die Religionsfreiheit anerkannten, dabei aber die soziale und historische Unterlegenheit eindeutiger Rivalen der »wahren Religion« (*din al-haqq* im Koran) hervorhoben. Nach ihrer Verwandlung in den historischen Islam war die »wahre Religion« zum Zusammenleben mit den Völkern des Buches gezwungen. Dabei dürfen wir nicht vergessen, daß die Juden und Christen, auch wenn ihnen nur der Status von *dhimmi* zugewiesen war, nie aufgehört haben, in einer Flut polemischer Literatur ihre Berufung als ideale Gemeinschaft zu verkünden, der das Heil versprochen war. Es ist dieser Kontext nachahmerischer Rivalität, die »wahre Religion« zu verkörpern, zu leben und zu verteidigen, in der man sämtliche Beziehungen der gegenseitigen Beherrschung und manchmal auch der Kommunikation zwischen den drei monotheistischen Familien interpretieren muß. Die Idee der Toleranz entwickelte sich nur sehr langsam, unter großen Schwierigkeiten und unterbrochen von den Exzessen der Inquisition, von Verfolgungen und von den – im Westen so genannten – Religionskriegen.

Was ich gerade über die Toleranz gesagt habe, gilt ebenso für die Gesamtheit der Menschenrechte. Es ist unleugbar, daß sich in der Offenbarung, wie sie in die Heiligen Schriften aufgenommen ist, hoffnungsvolle Anfänge, starke Wurzeln und allgemeine Konzepte finden, die die Entwicklung der menschlichen Person zum Rechtssubjekt und Handelnden begünstigen, der für die Einhaltung seiner Pflichten gegenüber Gott und gegenüber seinen Nächsten in der politischen Gemeinschaft verantwortlich ist. Die Idee des Nächsten ist natürlich nicht deckungsgleich mit der modernen Idee des Bürgers, bei der von den jeweiligen religiösen Überzeugungen und philosophischen Positionen abstrahiert wird. Wir haben gerade gesehen, daß die von der Offenbarung postulierte Person der Gläubige ist, der sich zu einem Komplex von Dogmen bekennt und dieses Bekenntnis in eine strenge Einhaltung der »Rechte Gottes« umsetzt. Die solcherart definierten Rechte des »Nächsten« werden um so mehr als Pflichten integriert, als jeder Gläubige zunächst einmal die Rechte Gottes respektieren muß. Das System aus Rechten und Pflichten gewinnt an Wirksamkeit und spirituellem Gehalt, was es soziologisch an Ausbreitung verliert: Der Ungläubige muß als solcher bekämpft und auf einen unterlegenen Status reduziert werden.

Sure 9 des Koran illustriert sehr klar den theologischen und politisch-sozialen Rahmen für die Anwendung von Rechten und Pflichten, die für die Menschen in der Gesellschaft (Gläubige unter sich, Gläubige und Nichtgläubige, Gläubige und *ahl al-kitab*) gelten, aber ihren vollen Wert und ihre volle Tragweite erst annehmen, wenn zunächst einmal die Rechte Gottes respektiert werden.

Sure 9 ist chronologisch gesehen eine der letzten. Muhammad war gerade mit seinen Getreuen siegreich nach Mekka zurückgekehrt. Die Muslime konnten jetzt die gesamte Symbolik der alten arabischen Religion in die neuen religiösen Ausdrucksformen integrieren. Hinzu kam die Verbindung der alten Religion mit der *ka'ba*, die nun zum »Haus Gottes« geworden war. Die Gefahr eines Sieges der Polytheisten über die Gläubigen war abgewendet, und so war es möglich, die Rechte und Pflichten der anwesenden Gruppen festzulegen: der Gläubigen, die den Kern der neuen *umma* bildeten, der *ahl al-kitab* und schließlich der Polytheisten, besonders der Beduinen (*a'rab*), die sich geweigert hatten, sich dem Propheten im Kampf (*jihad*) anzuschließen, als er und seine Sache bedroht waren. Hier die Verse:

> Und wenn die verbotenen Monate verflossen sind, dann tötet die Götzendiener [die Polytheisten, A. d. Ü.], wo ihr sie trefft, und ergreift sie, und belagert sie, und lauert ihnen auf in jedem Hinterhalt. (Vers 5)

> Würden sie doch, wenn sie über euch obsiegten, weder ein Verwandtschaftsband noch einen Vertrag gegen euch achten. Sie würden euch mit dem Munde gefällig sein, indes ihre Herzen sich weigerten; und die meisten von ihnen sind tückisch. (Vers 8)

> Die, welche glauben und auswandern und mit ihrem Gut und ihrem Blut kämpfen für Allahs Sache, die nehmen den höchsten Rang ein bei Allah, und sie sind es, die Erfolg haben. (Vers 20)

> O die ihr glaubt, nehmt nicht eure Väter und eure Brüder zu Freunden, wenn sie den Unglauben dem Glauben vor-

ziehen. Und die von euch sie zu Freunden nehmen – das sind die Ungerechten. (Vers 23)

Bitte für sie um Verzeihung oder bitte nicht um Verzeihung für sie; ob du auch siebzigmal für sie um Verzeihung bittest, Allah wird ihnen niemals verzeihen. Dies, weil sie nicht an Allah und an Seinen Gesandten glaubten. Und Allah weist dem treulosen Volk nicht den Weg. (Vers 80)

Und wenn Allah dich heimkehren läßt zu einer Anzahl von ihnen, und sie bitten dich um Erlaubnis, auszuziehen, dann sprich: »Nie sollt ihr mit mir ausziehen und nie einen Feind bekämpfen an meiner Seite. Es gefiel euch, daheim zu sitzen das erste Mal, so sitzet nun mit denen, die zurückbleiben.« (Vers 83)

Vorwurf trifft nur jene, die dich um Erlaubnis bitten, wiewohl sie reich sind. Sie sind es zufrieden, mit den zurückbleibenden (Stämmen) zu sein. Allah hat ein Siegel auf ihre Herzen gelegt, so daß sie nicht wissen. (Vers 93)

Man sollte diese Sure vollständig lesen. Sie wirft äußerst heikle Probleme auf, indem sie in einem direkten, konkreten, manchmal fast juristischen oder militärischen Stil mittels unmißverständlicher juristisch-theologischer Regelungen soziale Kategorien definiert. Man ist dadurch versucht, all ihre Erläuterungen vollkommen wörtlich zu nehmen und so ein negatives Bild vom Islam zu gewinnen, der die Gesamtheit dieser Verse in ein Gesetzbuch verwandelt habe. Aber eine solche Lektüre wäre vollkommen anachronistisch, da sie die heutige Philosophie der Menschenrechte in die Vergangenheit zurückprojizieren und die fundamentale Lehre der gesamten Sure, die *nicht überholt* ist, außer acht lassen würde. Und es muß hinzugefügt werden, daß das muslimische theologische Denken sich auch selbst nicht auf jene moderne Form der

Lektüre eingelassen hat, die die zentrale Schwierigkeit zum Vorschein bringen würde, die auch heute noch in den Diskussionen über die Menschenrechte fortbesteht.

Man kann sich einen Eindruck davon verschaffen, welche Dimensionen dieses Problem hat und wie häufig es wiederkehrt, indem man die Beiträge zu dem von der UNESCO publizierten Band *Philosophical Foundations of Human Rights* liest.[39] Sämtliche Autoren stimmen ungeachtet ihrer unterschiedlichen nationalen und ideologischen Herkunft darin überein, daß die aufeinanderfolgenden Erklärungen der Menschenrechte seit 1789 für Millionen von Menschen keine Auswirkungen gehabt haben, weil die Verkündigung dieser Rechte nicht von Sanktionen und der Einrichtung eines von allen Mitgliedsstaaten unabhängigen Gerichtshofs begleitet war, der diese Sanktionen aussprechen und in die Tat umsetzen und sich dabei über die Tabus und Rechtsdefinitionen sämtlicher lokaler Kulturen hinwegsetzen müßte. Aber die Einrichtung eines solchen Gerichts stößt auf die bisher nicht überwundene und vielleicht unüberwindliche Schwierigkeit, die sehr klar in der gesamten Sure 9 dargelegt wird.

Der Koran äußert sich unzweideutig über die »Kriterien«, die nicht nur die Rechte, sondern auch das Heil des Menschen für alle Ewigkeit garantieren. Das ist der Gegenstand der Verse 20, 71-72 und 112, die noch durch all jene ergänzt werden müssen, welche direkt an die Gläubigen in der privilegierten Beziehung des *Ich/Wir-Ihr* gerichtet sind. Die in Sure 9 enthaltenen Kriterien sind eindeutiger, weil sie die positiven, von den Gläubigen erfüllten Kriterien den negativen Haltungen aller Widersacher gegenüberstellten, die ihrerseits keinerlei Rechte besitzen: Sie müssen bekämpft und aus der Gemeinschaft ausgestoßen werden, weil sie sich in dem Augenblick, als die Gläubigen noch nicht die Macht erobert hatten, weigerten, spontan für die Gemeinschaft einzutreten.

111

Das Interessante an Sure 9 ist die Tatsache, daß im Verlauf der sozialen Auseinandersetzungen zwischen den sozialen Kategorien der Armen, Mittellosen und Beherrschten, die bereit sind, in den Kampf zu ziehen[40], den Reichen, die allerlei Ausflüchte finden, um sich von ihrer Verpflichtung zu befreien, und den Beduinen, die sich weigern, ihre falschen Überzeugungen aufzugeben, eine Diskussion der Menschenrechte entsteht. Die Proklamation der Menschenrechte 1789 in Frankreich ereignete sich unter ganz ähnlichen Umständen. In beiden Fällen handelt es sich um den universalen, abstrakten Menschen und um die konkreten, sozial und ideologisch definierten Menschen inmitten einer unversöhnlich gespaltenen Gesellschaft: die Gläubigen und die Nichtgläubigen im Koran, die aufsteigende Bourgeoisie und die privilegierten Klassen (Adel und Geistlichkeit) in der Französischen Revolution.

Im Koran werden konjunkturell zufällige Kriterien (Armut, auf der Geburt begründete soziopolitische Hierarchie, Auflösung und Entwertung des vormals Heiligen) durch die Einführung »absoluter« Kriterien transzendiert: die Sache Gottes, Einziger, Lebendiger, Gerechter, Wachsamer, Hilfreicher, Vergebender, Allmächtiger und Aufnahmebereiter gegenüber allen, die bereit sind, ihr Herz zu öffnen und dem Bund beizutreten. Kriege sind nur dann wirksam, gültig und geheiligt, wenn sie für die Sache Gottes geführt werden.

Der Diskurs der Transzendenz und des Absoluten eröffnet einen unendlichen Raum für die Erhebung des Individuums über die Beschränkungen durch Väter und Brüder, Klans und Stämme, Reichtümer und Tributzahlungen; das Individuum wird zu einer autonomen und freien Person, deren Freiheit durch den Gehorsam und die Liebe, die im Bund gelebt werden, garantiert ist. Das Bewußtsein der auf diese Weise befreiten Person bedarf nicht einmal der Vermittlung eines anderen menschlichen Bewußtseins wie im Christentum; der ontologische Zugang ist direkt, vollkommen und unwiderruflich. So steht auch das Urteil des muslimischen Richters in einem gegebenen Kontext außerhalb seines Bewußtseins. Es versetzt das Bewußtsein des Beschuldigten wieder in direkten Kontakt mit dem *hukm allah*, dem göttlichen Urteil; dem Richter kommt lediglich die Funktion zu, das Urteil zu formulieren, während der Kalif oder *imam* nur der Garant für seine Anwendung ist.

Der koranische Diskurs hat in vielfältiger Weise seine Wirksamkeit als Raum für die Entstehung, Ausbildung und Entfaltung der freien Person demonstriert, deren Leben, Eigentum, Familie und privates Heim garantiert sind – nicht aufgrund ihrer Eigenschaft als »Bürger« einer Zivilgesellschaft, die durch gewählte Repräsentanten oder durch allgemeines Wahlrecht (Souveränität der durch die Französische Revolution 1789 gegründeten Nation) geleitet wird, sondern als Partner Gottes in einem ewigen Vertrag.

Was geschah mit der Englischen und der Französischen Revolution? Die Franzosen feierten 1989 den zweihundertsten Jahrestag der Französischen Revolution. Es war interessant, den Zeremonien, Reden, Initiativen und Aufrufen beizuwohnen, um die Wahrnehmungsformen und Beziehungen zu identifizieren, die zwischen dem Gründungsereignis, den historischen Vorläufern, die es auslösten, und der Anwendung in Frankreich, Europa und dem Rest der Welt entstanden waren.

Ich möchte außerdem darauf hinweisen, daß der Präsident des Komitees der Zweihundertjahrfeier, Edgar Faure, kurz vor seinem Tod die hervorragende Idee hatte, die obersten Würdenträger der großen in Frankreich vertretenen Religionen einzuladen, ihre *heutige* Sicht und Bewertung der Revolution darzulegen. Der neue Vorsitzende des Komitees hat es dagegen unglücklicherweise für überflüssig gehalten, diesen Gedanken wiederaufzugreifen. Dennoch besteht im kultu-

rellen, intellektuellen und historischen Klima von heute die
grundlegende und dringliche Notwendigkeit eines Nach-
denkens über die symbolischen Einsätze beim Übergang von
Menschenrechten, die an den Respekt jedes Bewußtseins für
die Rechte Gottes gebunden sind, zu Menschenrechten, die
der Einschätzung und Bewertung anderer Menschen, die sich
aufgrund des allgemeinen Wahlrechts an der Macht befinden,
überlassen sind. Als Historiker, Soziologen und Anthropologen können wir vergleichende Darstellungen dieser beiden
Systeme entwerfen, die zeitlich aufeinander gefolgt sind und
auf unergründliche Weise im geheimen Bereich des Bewußtseins jener miteinander koexistieren, die immer noch gläubig
sind, aber sich seit dem großen Bruch von 1789 einer ungleichen Konfrontation zwischen der unvollendeten Struktur der
Demokratie auf der einen und der spirituellen geistigen Macht
auf der anderen Seite gegenübersehen. Dabei ist es letzterer
nicht gelungen, der Offenbarung ihre Rolle der Enthüllung,
des Erscheinens, der Einführung eines Raumes für die Verwirklichung der menschlichen Person wiederzugeben, in dem
nunmehr die dogmatische Abschottung zwischen Gläubigen
und Nichtgläubigen zugunsten der Prinzipien der Freiheit,
Gleichheit und Brüderlichkeit – der Prinzipien, die das revolutionäre Wesen auch der Offenbarung zum Ausdruck bringen – beseitigt wäre.

Was die geoffenbarten Religionen uns im Hinblick auf das
Phänomen der Revolution, das ihre Symbolik zurückwies,
um sozialen und politischen Ungleichheiten ein Ende zu bereiten, lehren können, ist die Tatsache, daß jede Revolution
zwangsläufig von einem konkreten historischen Kontext ausgehen muß, der die transzendentale oder transhistorische Fas-
sungskraft der revolutionären Absichten begrenzt. Die kämpferische Position des Propheten gegenüber seinen Widersa-
chern, die danach trachteten, ihn zu beseitigen, waren ebenso unvermeidlich wie der größte Teil der von den französi-

schen Revolutionären ausgesprochenen Todesurteile: Historisch gesehen handelt es sich hier um den menschlichen Preis, der für das *Überleben* einer fortschrittlichen Vision des menschlichen Zustands gezahlt wird. Die gemeinsame Schwierigkeit, die die Religionen ebenso wie die großen säkularen Revolutionen anerkennen und überwinden müssen, besteht darin, daß die positive Einschätzung der menschlichen Person regelmäßig von kirchlichen und staatlichen Institutionen beschlagnahmt wird, um alte Hierarchien und Ungleichheiten wiederherzustellen oder neue entstehen zu lassen, ganz gleich, ob es sich dabei um die Überflußgesellschaft, die gegenwärtigen »islamischen« Republiken oder die liberalen Demokratien des Westens handelt, ganz zu schweigen von den niederschmetternden Fehlschlägen der sogenannten Volksdemokratien.

Die gewiß gewagten Parallelen, die ich hier zwischen dem spirituellen Ethos jeder großen Revolution und jenem der Offenbarung aufzuzeigen versuche, werden von den Theologen beider Seiten, nämlich den Verwaltern des Heiligen und den Priestern laizistischer Militanz, als unannehmbar betrachtet. Dadurch leben sofort wieder sämtliche Konzepte auf, die von beiden Seiten manipuliert, aber nie in gemeinsamen Verständnisschranken gebändigt worden sind, die das Ergebnis einer globalen Wiederaufnahme des historischen Weges wären, der von der Offenbarung (Geschichte des Heils außerhalb jeder dogmatischen Geschlossenheit) zu den mit der Englischen, Amerikanischen und Französischen Revolution beginnenden säkularen Revolutionen führt. Wer wird heute auf die Fragen antworten, die ich hier noch einmal etwas provozierend in fünf Punkten neu formuliere:

1. Welche philosophischen Kriterien hat die weltliche Revolution anstelle der Kriterien der Offenbarung gesetzt, um eine neue politische, soziale und symbolische Ordnung durchzusetzen?

2. Die Offenbarung vermittelte der Person eine Erfahrung des Göttlichen, bei der die Respektierung ihrer Rechte durch die Verinnerlichung des ontologischen Vorrangs und der ethischen Priorität der im geoffenbarten Diskurs erläuterten Rechte Gottes garantiert wurde.

3. Der theologische Diskurs verwandelt den geoffenbarten Diskurs in eine dogmatische Geschlossenheit, in der nur die »orthodoxen« Gläubigen vollständig der durch die Offenbarung anerkannten Rechte teilhaftig werden. Auf diese Weise werden die sozialen Hierarchien und die politischen, ökonomischen und kulturellen Ungleichheiten, die durch die Offenbarung beseitigt werden sollten, wiederhergestellt. Die theologische und juristische Lektüre von Sure 9 resultiert in einer dogmatischen Geschlossenheit, während durch die Eingliederung jener Sure an die allgemeine Ordnung des koranischen Diskurses die Öffnung gegenüber der spirituellen Berufung der Person beibehalten würde.

4. Die säkulare Revolution[41] zerschlägt die Hierarchien und die unerträglichen Ungleichheiten, die mit Hilfe der sakralisierenden Macht geschaffen wurden, einer Macht, die von Kräften zur Kontrolle der dogmatischen Geschlossenheit ausgeübt wurde, die vorgaben, als die autorisierten Interpreten der Offenbarung zu handeln. Auf diese Weise enthüllen die Revolutionen eine verborgene Funktion des durch die Religionen vermittelten Heiligen, nämlich den beständigen Übergang von der Transzendenz, die eine Unendlichkeit der Bedeutungen eröffnet, zur Transzendentalisierung, die die Bedeutung innerhalb doktrinärer Systeme, politischer Ordnungen und Gesetzbüchern fixiert. Es ist die von einem offenen Säkularismus untrennbare intellektuelle und wissenschaftliche Moderne, die diese Enthüllung der verborgenen Einsätze sämtlicher abschweifender Praktiken der Menschen in der Gesellschaft ermöglicht.

5. Das Beispiel der Französischen Revolution von 1789-1792 zeigt, wie die abschweifende Tätigkeit der sozial han-

delnden Personen die Funktionen der Sakralisierung und Transzendentalisierung in einen von den traditionellen Religionen »befreiten« Kontext wiedereinführen kann. Das republikanische Frankreich ist aufgrund der (Re-)Konstruktion eines säkularen nationalen Imaginären resakralisiert worden. Die Nationalismen des 19. Jahrhunderts und ihre darauf folgende Ausdehnung über Europa hinaus im 20. Jahrhundert haben einen doppelten Prozeß verallgemeinert, nämlich den des Bruches mit dem althergebrachten religiösen Heiligen (Entsakralisierung und Enttranszendentalisierung) und den der Einführung eines »weltlichen«, republikanischen Heiligen zusammen mit dem ihm entsprechenden Imaginären.[42]

13. Kapitel

Die Frau im Islam

Die Stellung der Frau im Koran und in der durch verschiedene »Orthodoxien« erweiterten Tradition.

Dieser Aspekt taucht unvermeidlich auf, sobald vor einem westlichen Publikum vom Islam die Rede ist. Es ist indes bemerkenswert, daß sich mittlerweile auch die Muslime selbst verstärkt mit diesem Thema befassen, das Gegenstand scharfer Auseinandersetzungen und – leider seltener – einer neuen Betrachtung besonders über den Beitrag des Koran ist.

Über die Stellung der Frau im »Islam« sind so viele betrübliche Verallgemeinerungen in Umlauf, daß ich an dieser Stelle einige bisher vernachlässigte Bereiche untersuchen und analysieren möchte. Man sollte sich davor hüten, die wirklichen Probleme zu umgehen, indem man stets wiederholt, der Koran habe die Stellung der Frauen verbessert und ihnen dieselbe spirituelle Würde wie den Männern verliehen oder die Frau im »Islam« sei, anders als ihre Schwestern im Westen, nicht dem harten sozialen und wirtschaftlichen Wettbewerb mit den Männern ausgesetzt. Das sind die »Argumente«, die man oft von militanten Muslimen hört, die für ein islamisches Modell der Menschenrechte eintreten.

Umgekehrt unterstreichen westliche Beobachter häufig die unerträgliche Benachteiligung der Frau in den muslimischen Gesellschaften. Sie verweisen dabei auf Erscheinungen wie die Polygamie, die Scheidung durch Verstoßung, den Schleier, die Trennung der Geschlechter, die Beschränkung der Frau auf häusliche Aufgaben, die strikte Abhängigkeit vom Ehemann und das Fehlen legaler Rechte.

All diese positiven und negativen Bilder versäumen es jedoch, von gegebenen Tatsachen bezüglich der Stellung der Frau auszugehen, die in allen Gesellschaften gemeinsam sind und trotz zahlreicher, vor allem im Westen unternommener Emanzipationsversuche auch heute noch weiterbestehen.

Das geschichtliche Wirken des Koran begann in einer Situation, die seit Jahrhunderten so fest etabliert war, daß er zwei wesentliche Zustände nicht verändern konnte: die elementaren Verwandtschaftsbeziehungen und die Kontrolle der Sexualität. Darüber hinaus gibt es noch andere wichtige Bereiche, wie das Erbrecht, die Unverletzlichkeit des Körpers und den Zugang zu sozialen, kulturellen und politischen Vorteilen, die in vielen sozialen Gruppen weiterhin durch Gewohnheiten geregelt werden, die den Vorschriften des Koran und den Normen des muslimischen Rechts gänzlich fremd sind. Die Situation muß daher nicht nur für jede einzelne Gesellschaft, sondern auch für jede ethnokulturelle Gruppe, die sich noch bis vor kurzem außerhalb des Anwendungsbereichs des muslimischen Rechts befunden hat, gesondert untersucht werden. Die kabylische Region Algeriens, in der das muslimische Recht erst seit 1962 angewendet wird, wäre hierfür ein gutes Beispiel.

Claude Lévi-Strauss hat schon vor längerer Zeit die Rolle der elementaren Verwandtschaftsbeziehungen für den Kreislauf von Gütern, Macht und Menschen innerhalb einer Gesellschaft aufgezeigt. Der Tausch von Frauen gehorcht Strategien der Bereicherung, der Herrschaft und des Selbstschutzes, die vor den Interessen der getauschten Person den Vorrang genießen. Die Sicherheit des Individuums ist an die Macht des Klans geknüpft, die den Schutz der einzelnen garantiert. Während der Mann die Familie nie verläßt, kann die Frau zur Festigung eines Bündnisses in einen anderen Klan hinüberwechseln. Das ist der Grund für die rigide Festlegung der Kontrolle über die Sexualität der Frau in dem Ehrenkodex, der in vielen mediterranen Gesellschaften christlicher oder muslimischer Tradition weiterhin Anwendung findet. Selbst in Gesellschaften wie dem Jemen oder in Arabien, der Wiege des Islam, ist das Recht der Beduinen nie vollständig durch das muslimische Recht beseitigt worden.[43] Autoren wie Joseph Schacht[44] haben bereits auf die Verbindungen des muslimischen Rechts mit solchen lokalen »Grundlagen« hingewiesen. Aber die wichtigste Frage bezüglich der Stellung der Frau ist die, in welchem Maße die im Koran eingeführten neuen Bestimmungen nicht nur gewisse juristische Verfügungen und den ethisch-religiösen Zusammenhang früherer Systeme, sondern auch die elementaren Verwandtschaftsbeziehungen verändert haben. Tatsachen wie die bis heute unterschiedlichen Sozialisationsbedingungen für Töchter und Söhne und die Verinnerlichung einer objektiv unvorteilhaften Stellung durch die Mutter, die an die Töchter weitergegeben wird, um ungeachtet der vom Koran anerkannten moralischen und religiösen Berufung der Person das Überleben eines Systems zu sichern, deuten darauf hin, daß die Bestimmungen des Koran ihren Einfluß stärker auf der Ebene der Würde der Person ausüben als auf der der Strukturen. Auch habe ich bereits des öfteren darauf hingewiesen, daß nur eine präzise Soziologie der Anwendung des muslimischen Rechts in jeder einzelnen Gesellschaft eine Verfeinerung der Unterscheidung erlauben wird, die meines Erachtens zwischen dem Gewicht, der Dauerhaftigkeit und der vorrangigen Bedeutung der Strukturen und der Modifikation des ethisch-religiösen Zusammenhangs getroffen werden muß, innerhalb dessen das System des Austausches von Personen und Gütern funktioniert.

Aufgrund ihrer biologischen Beschaffenheit, die sie zur Fortpflanzung des Lebens und damit zur Erzeugung des wichtigsten Gutes jeder Gesellschaft bestimmt, ist die Frau überall das »Objekt« von Strategien seitens der Männer, die ihrerseits ein Kontrollmonopol über die Güterzirkulation und die Machtbeziehungen unter den Familien, Klans und Stämmen ausüben. Erst mit der Entwicklung von Mitteln der biologischen Befreiung, wie der Pille zur Empfängnisverhütung, konnte die Emanzipation der Frau zu der tiefliegenden Ebene von Strategien vorstoßen, die so alt sind wie die menschlichen Gesellschaften selbst. Aber da tauchte der umfassende Bereich der Sexualität auf, und zwar samt aller Tabus, die ihn bis dahin mittels eines unverrückbaren, dem Anspruch nach »ethischen« und »religiösen« Gesetzbuches unterdrückt und der Kontrolle unterworfen hatten. Wir kennen die psychologischen und psychoanalytischen Diskussionen um die sexuelle »Befreiung« und die Notwendigkeit, sie sogleich wieder zu kontrollieren. Die historischen, kulturellen, politischen, wirtschaftlichen und demographischen Bedingungen, unter denen diese Diskussionen allmählich auch in den muslimischen Gesellschaften Eingang fanden, sollten uns zu großer Vorsicht, Geduld und Toleranz veranlassen, bevor wir, wie es einige zu Recht aufgebrachte »Feministinnen« tun, voreilige Verurteilungen aussprechen oder uns den selbstzufriedenen Reden derer anschließen, die einen angeblich göttlichen, daher unantastbaren und allem, was die Menschen anderswo erdacht haben, überlegenen Zustand schützen wollen.

Aus den von dieser Problematik eröffneten Perspektiven ist ersichtlich, wie voreilig und lächerlich es wäre, sich auf eine Diskussion über die koranischen Verse einzulassen, in denen von der Polygamie, der Verstoßung, dem Erbschaftsrecht, der »Überlegenheit« der Männer gegenüber den Frauen, dem Schleier, der Abstammung und der legitimen und illegitimen Ehe die Rede ist. All diese Verse sind bereits Gegenstand juristischer Erläuterungen durch große Rechtsgelehrte gewesen – Exegeten und Begründer von Schulen (diejenigen wie Al-Shafiʾi oder Jaʾfar al-Sadiq, die die Tradition *al-aʾimma al-mujtahidun* nennt). Daher finden wir hier einen Rechtsstand vor, den die Richter überall dort anwenden, wo es einer Zentralmacht gelungen ist, eine muslimische Gerichtsbarkeit zu etablieren (wobei wir allerdings daran denken müssen, daß es Gebiete gibt, in denen eine solche Gerichtsbarkeit nie existiert oder immer Seite an Seite mit älteren Gewohnheiten operiert hat).

Das Verhalten der Muslime, selbst derjenigen, die sich schon vor längerer Zeit in westlichen Gesellschaften niedergelassen haben, wird heute von einem psychologischen Hauptfaktor dominiert, nämlich dem, was ich die *Sakralisierung* und *Transzendentalisierung* von Normen genannt habe, seien sie nun ethischer oder juristischer Natur, koranischen oder archaischen Ursprungs. (Letzteres entspricht den beiden Ebenen der Tradition, wie sie im 11. Kapitel definiert wurden.) Das bedeutet zugleich, daß die kulturellen Zusammenhänge der Sozialisierung der Kinder (mit wichtigen Unterschieden zwischen Tochter und Sohn) immer noch stark von der religiösen Anschauungsweise gefärbt sind, die kollektive Feiern, Feste, individuelle und kollektive rituelle Praktiken und verschiedene *Signale* »islamischer« Identität vorschreibt, die zum zentralen Thema der Ideologien und des politischen Kampfes geworden ist. Dabei werden Sakralisierung und Transzendentalisierung um so wirksamer und *zwiespältiger*, als politische Ansprüche jene theologische Reflexion verbannt und dem Vergessen anheimgegeben haben, die im klassischen islamischen Denken für die Bewahrung des koranischen Heiligen und der koranischen Transzendenz vor den Verunreinigungen, Abweichungen und Perversionen dessen gesorgt hat, was seinerzeit als Sektentum und Ketzerei bezeichnet wurde. Demnach ließe sich bezüglich der gegenwärtigen Sozialisationsprozesse folgende Regel aufstellen: Je stärker das traditionelle Heilige zu politischen Zwecken ideologisiert wird, desto mehr verschärfen sich die Ungleichheiten in der Stellung der Frau auf ethnographischer und islamischer Traditionsebene und desto mehr wirkt sich der Übergang zu einer auch ansonsten kaum gemeisterten Moderne in persönlichen Dramen (Selbstmord, Depression, Verdrängung, Entfremdung) und heftigen sozialen Umwälzungen (Gewalttätigkeiten, Demonstrationen, Revolutionen) aus.

Man kann diese Analyse und diese Aufrufe zu einer kulturellen Revolution, die die Emanzipation der Frauen zum ersten Mal in eine (großenteils erst zu entwerfende) moderne Philosophie der menschlichen Person integrieren würde, nicht abschließen, ohne sich vor den Generationen von Frauen zu verneigen, die auf Kosten ihrer Selbstverwirklichung als *Personen*, als unverletzliche Mittelpunkte kreativer Freiheit, für das Überleben unserer Spezies gesorgt haben. Es waren die Frauen, die dieses Überleben durch Empfängnis, Austragen und primäre Sozialisation der Kinder ermöglicht haben; dadurch haben sie im unmittelbar physischen Sinne nicht nur die Keime des Lebens, sondern – zu ihrem eigenen Nachteil – auch die »ethischen«, »religiösen« und »rechtlichen« Normen *verkörpert*, die ihre Stellung als »Objekt« und »Symbol« innerhalb der Strategien des Tausches, der Herrschaft und des Selbstschutzes bestätigen.

Wie viele Frauen haben in den Gesellschaften der Dritten Welt oder des Westens eine reale Herrschaft der biologischen, anthropologischen, historischen und soziokulturellen Genese ihrer Situation erreicht, um den Kampf um die Emanzipation auf der jeweils angemessenen Ebene und im Interesse einer Entfaltung der menschlichen Person führen zu können?

Ich stelle diese Fragen natürlich als Mann, aber als ein Mann, der sehr viel von seiner analphabetischen Mutter gelernt und behalten hat. Sie war vollkommen in eine Gesellschaft integriert, die von den säkularen Auswirkungen der Wechselbeziehung zwischen den beiden skizzierten Ebenen der Tradition gekennzeichnet war, aber im Verlauf der letzten 30 Jahre brutal aus dem heimatlichen Milieu herausgerissen wurde.[45]

Meine Leser mögen mir nachsehen, daß ich keine detaillierte Analyse der zahlreichen Verse vorgenommen habe, die jahrhundertelang die Stellung der Frau festgelegt haben. Eine solche Arbeit unter dem neuen Gesichtspunkt einer Kritik der islamischen Vernunft steht bisher noch aus. Daher wird man verstehen, daß eine derartige Diskussion im Rahmen des beschränkten Umfangs dieses Buches, das eher darauf abzielt, neue Gebiete für die Erkenntnis, Forschung und Betrachtung in der islamischen Welt zu eröffnen, nicht einmal versucht werden kann.[46]

In bezug auf die Behandlung dieses Themas unter dem Gesichtspunkt des muslimischen Rechts verweise ich auf die einschlägige Fachliteratur, die leider in vielerlei Hinsicht Anlaß zu Kritik gibt.

14. Kapitel

Dogmen

Gibt es Dogmen im Islam,
und wenn ja, worin bestehen sie?

Jede Religion beinhaltet positive und negative Anschauungen, die als unantastbare, unumstößliche Wahrheiten überliefert sind, das heißt, Dogmen, die sich jeder kritischen Untersuchung durch die Vernunft entziehen und zu einem guten Teil den Inhalt des Glaubens ausmachen. Man unterscheidet im Islam fünf Dogmen, die die rituellen Verpflichtungen des Gläubigen festlegen: das Glaubensbekenntnis (*schahada*), das Gebet (*salat*), die gesetzlich festgelegte Almosensteuer (*zakat*), das Fasten (*saum*) während des Ramadan und die Pilgerfahrt nach Mekka (*hadsch*).

Die Dogmen sind im Koran definiert und werden von den »orthodoxen« Autoritäten immer dann erläutert und in Erinnerung gerufen, wenn es gilt, ketzerische Positionen zurückzuweisen. Zu diesem Zweck existiert eine katechetische Literatur über die Glaubensbekenntnisse (*aqida*). Zwar werden sämtliche im Koran enthaltenen Aussagen als Dogma angesehen, aber sie werden zu lapidaren Lehren zusammengefaßt, wofür etwa das Buch *Das Glaubensbekenntnis des Ibn Batta* ein gutes Beispiel ist.[47]

Sure 112 definiert das grundlegende Dogma des islamischen Glaubens:

> Sprich: »Er ist Allah, der Einzige; Allah, der Unabhängige und von allen Angeflehte. Er zeugt nicht und ward nicht gezeugt; Und keiner ist Ihm gleich.«

Alle anderen Dogmen ergeben sich aus der Bestätigung Gottes, des Einen, Absoluten, Transzendenten, und aus seinem Beschluß, Muhammad zu seinem Botschafter zu erwählen und ihm den Koran zu offenbaren. Das ist der Gegenstand der *schahada*, die aus zwei Teilen besteht: »Es gibt keine Gottheit außer Allah, und Muhammad ist der Botschafter Allahs.« Die Juden und die Christen akzeptieren die erste Aussage, lehnen jedoch die zweite ab. »Allah« ist natürlich der Eigenname, den Gott sich im Arabischen gibt.

Es würde hier zu weit führen, sämtliche Punkte des Glaubensbekenntnisses aufzuzählen, das den Glauben des Muslims definiert. Das jüngste Gericht, die Wiederauferstehung der Toten, der ewige Lohn, das Paradies und die Hölle, die Engel, die *dschinn*, die Propheten – das alles sind Standpunkte, welche die Zustimmung des Glaubens, *iman*, verlangen.

Das Bekenntnis zu den Dogmen muß sich in guten Werken (*a'mal*) äußern: in der Befolgung der vorgeschriebenen Rituale und der Anwendung der im Gesetz, *schari'a*, festgelegten Rechtsvorschriften (*ahkam*). Die Verknüpfung der Dogmen mit dem Gesetz verstärkt die bereits erwähnte Sakralisierung des Gesetzes und damit auch sämtlicher Verhaltensweisen, die seiner Anwendung unterliegen.[48]

Wir sollten jedoch festhalten, daß die Dogmen für bestimmte theologische Schulen, wie die der Mutasiliten, Gegenstand rationaler Spekulation sein können, um zumindest für die Eliten (*khassa*) einen annehmbaren Zusammenhang zu definieren. Ein berühmtes Beispiel ist die Theorie vom erschaffenen Koran. Die Kalifen al-Ma'mun (813-833), al-Mu'tassim (833-842) und al-Wathiq (842-847) versuchten, diese Theorie als offizielles Dogma einzuführen, stießen dabei aber auf den Widerstand Ibn Hanbals (780-855). Später ließ der Kalif al-Qa'im (1031-1075) in den Moscheen Bagdads das berühmte Glaubensbekenntnis *qadiriyya* verlesen, das jede Erwähnung des Dogmas vom erschaffenen Koran ausdrücklich untersagte.

An diesem Beispiel zeigt sich die Rolle der Dogmen in der Politik. In der Geschichte des Christentums kann man vergleichbare Beispiele finden, so etwa im Credo des Konzils von Nicäa (325), im Credo des Konzils von Chalcedon (451), das zur Gründung der koptischen Kirche der Monophysiten führte, und im Symbol des Athanasius (vor 670). Wie im Islam und im Judentum ist der Gehorsam gegenüber dem Gesetz Pflicht aller Christen, die sich zu ihrem Glauben an die Dogmen bekennen. Papst Johannes Paul II. stellte diese Verknüpfung wieder her, indem er trotz der wachsenden Widerstände auf seiten der weltlichen Moral auf der Respektierung der fundamentalen Lehren der Kirche bestand. So werden wir zu Zeugen einer Wiederkehr des Religiösen selbst in solchen Gesellschaften, die sich für immer von ihr befreit zu haben glaubten.

Angesichts der einengenden Dogmen der geoffenbarten Religionen ist es im Rahmen einer vergleichenden Forschung interessant, auf die von Buddha gepredigte Freiheit gegenüber jeder dogmatischen Lehre aufmerksam zu machen:

Ja, Kalamas, es ist ganz recht, daß du zweifelst, daß du verwirrt bist, denn hier handelt es sich um Zweifel an einer Sache, die zweifelhaft ist. Aber siehe, Kalamas, laß dich nicht von Berichten, von der Überlieferung oder vom Hörensagen leiten. Laß dich nicht leiten von der Autorität religiöser Texte, nicht durch bloße Logik und Schlußfolgerung, nicht durch den äußeren Anschein, nicht durch die Lust an spekulativen Meinungen, nicht durch scheinbare Möglichkeiten, nicht durch die Idee: »unseren Lehrer wahrnehmen«. Wenn aber, oh Kalamas, du selbst in deinem Innersten weißt, daß gewisse Dinge ungesund (*akusala*) und falsch und schlecht sind, dann gebe sie auf... Und wenn du in deinem Innersten weißt, daß gewisse Dinge gesund (*kusala*) und gut sind, dann nimm sie an und folge ihnen.[49]

Wenn man sich die heftigen Zusammenstöße vor Augen hält, zu denen die Dogmen unter den Völkern der Schrift und innerhalb des Christentums und des Islam geführt haben, kann man die Nützlichkeit einer Auseinandersetzung mit religiösen Traditionen ermessen, die bisher im Westen ignoriert wurden – einem Westen, zu dem auch der Islam gehört, wie man anhand dieses Vergleichs mit dem Buddhismus sieht.

15. Kapitel

Die Macht des Priestertums

Gibt es im Islam eine Funktion des Priesteramts?
Wie treten die Gläubigen in Beziehung
zum Göttlichen ?

D ie obige Frage ist treffender als die oft gestellte Frage nach der Abwesenheit eines Klerus im Islam. Beim Priesteramt handelt es sich um eine allgemeinere und grundlegendere Funktion als diejenige, die man in unterschiedlichen Formen und Ausprägungen in allen monotheistischen und polytheistischen Religionen wiederfindet. Wir haben es also mit einer Funktion von anthropologischer Tragweite zu tun.

Bei den Juden basierte das Priesteramt auf der Macht, Gott Opfertiere darzubringen; im polytheistischen Kontext der Römer waren die Priester diejenigen, die Opferungen für die Götter durchführten, um ihre Unterstützung zu gewinnen. In all diesen Fällen ist der zentrale, vielfältige Bedeutungen in sich tragende Akt das Opfer (im Arabischen *al-dahiyya*). Die Opfergabe selbst dient dazu, die Gläubigen in Kontakt mit dem Göttlichen zu bringen; diejenigen, die die Macht haben, die Opferhandlung durchzuführen, sind demnach die Vermittler, die die Gültigkeit der Opferhandlung und ihre besänftigende, versöhnende und erlösende Wirkung gewährleisten.

Die priesterliche Funktion als Akt der Vermittlung wird im Christentum von den Geistlichen erfüllt. Der Geistliche ist die Person, die berechtigt ist, vor Gott zu erscheinen und ihn ohne Vermittler anzusprechen. Die Opferhandlung ist auf symbolische Verfahren reduziert und als Eucharistie Bestandteil der Messe. Im Islam gibt es kein Priesteramt in diesem Sinne; jeder Gläubige tritt im Gebet, auf der Pilgerreise nach Mekka (*hadsch*), durch die individuelle Erfüllung der Fastenpflicht und die rechtlich geregelte Almosengabe in eine direkte Beziehung zu Gott. Die verschiedenen Opferungen der vorhergehenden Religionen sind abgeschafft, bis auf die eine, in welcher der höchsten religiösen Geste Abrahams gedacht wird, der bereit war, zum Zeichen seines Gehorsams gegenüber Gott seinen Sohn zu opfern. Während der jährlichen Pilgerreise nach Mekka muß jeder Muslim ein Tier opfern, bei dem es sich im allgemeinen um ein Schaf handelt. Hier finden wir also den Begriff der Vermittlung, der besänftigenden Geste, der Suche nach dem Kontakt mit dem Göttlichen wieder, wobei dies jedoch nicht wie im Christentum Aufgabe der Priester ist. Der *imam*, der die einfachen Gläubigen im kollektiven Gebet anführt, hat keinerlei priesterliche Funktion; er hebt sich vom Rest der Gläubigen lediglich dadurch ab, daß er sich in einer *mihrab* genannten Nische der Moschee aufhält, um die Einheit der betenden Gemeinde zu symbolisieren.

In der sogenannten Volksreligion verleiht der Heiligenkult bestimmten religiösen Persönlichkeiten, die »Marabuts« oder *wali*, Freunde Gottes, genannt werden, einen Status, der an die geistliche Funktion von Priestern erinnert. Die Heiligen haben die Macht, Gott um Fürsprache zu bitten; sie sprechen direkt zu ihm, damit die Wünsche der Gläubigen erhört werden, die häufige Pilgerreisen unternehmen, um das heilige Fluidum (*baraka*) der lebenden Heiligen zu genießen oder das Mitgefühl der toten Heiligen zu erwecken, indem sie sich in der Nähe ihrer Gräber aufhalten. Der »orthodoxe« Islam verurteilt offensichtlich derartige Glaubensäußerungen und Praktiken, was jedoch nichts daran ändert, daß sie weiterhin, und zwar auch in den Städten, recht verbreitet sind.

Was nun die Frage des Klerus betrifft, muß gesagt werden, daß es im Islam zwar keine hierarchische Organisation spiritueller (und politischer vor der Trennung von Kirche und Staat im Westen) Machtbefugnisse gibt, wohl aber eine Körperschaft von Rechtsgelehrten und Theologen, die die Orthodoxie und die Anwendung des religiösen Gesetzes in Zusammenarbeit mit der Staatsmacht überwachen. Im klassischen Islam ebenso wie unter den heutigen Regimes spielen die Rechtsgelehrten (*ulema*) eine Rolle, die in vieler Hinsicht an diejenige der Geistlichen der christlichen Kirche vor der Trennung von Kirche und Staat erinnert. Der *mufti*, der *kadi* (Richter), der *imam* und der Theologe bilden eine Körperschaft von Personen mit gleichzeitiger religiöser und ziviler Funktion. In der Theorie können die großen Rechtsgelehrten auf ihrer Unabhängigkeit gegenüber dem Staat bestehen, aber der Staat übt heute eine strengere Kontrolle über diese Personengruppe aus als während der klassischen Periode des Islam. Umgekehrt tragen die *ulema* das Ihre dazu bei, die etablierten Mächte zu legitimieren und den Staat vor den Angriffen religiöser Extremisten oder säkularer Widersacher zu schützen.

16. Kapitel

Autorität

Wo liegen die jeweiligen Grenzen der spirituellen Autorität und der politischen Macht im Islam?

Wir befassen uns hier mit einem der grundlegendsten, brisantesten, am meisten diskutierten und demzufolge konfliktgeladensten Themen des islamischen Denkens, war es doch die Frage der hierarchischen Beziehungen zwischen Autorität und Macht, die 661 den großen Streit auslöste, der in der Folge zu einem Zerbrechen der *umma* führte.

Es ist für die Geschichtsforschung sehr schwierig, sich das Vokabular zu vergegenwärtigen, das von den handelnden Personen des großen, durch den Tod des Propheten 632 ausgelösten Dramas verwendet wurde. Die gewöhnlichen Berichte bescheiden sich letztlich mit der Verwendung eines erst später aufgekommenen Vokabulars, das einen dem Wesen nach politischen und sozialen Kampf um die Kontrolle über den neuen, vom Propheten in Medina geschaffenen Staat theologisiert hat. Die Kämpfe zwischen den Klans, die für sämtliche segmentären Gesellschaften, wie das alte Arabien, charakteristisch sind, waren mit der Einführung der neuen Religion natürlich keineswegs zu Ende, und dementsprechend

führten der Klan der Haschemiten, zu dem der Prophet gehört hatte, und der Klan der Banu Sufyan ihre säkulare Rivalität innerhalb des Stammes der Quraisch ungebrochen fort.
Der neu hinzugekommene Faktor des politischen und religiösen Erfolgs Muhammads machte diese Rivalität lediglich
noch komplizierter.

Der Koran und die Lehre Muhammads haben unbestreit-
bar einen neuen politischen Horizont eröffnet, der zudem
durch die eschatologische Perspektive und die Auffassung von
der Absolutheit Gottes erweitert und transzendentalisiert
wurde. Das ist das, was ich die Gründungserfahrung von Medina nenne, denn Medina war der Ort, an dem die religiösen
Predigten Muhammads zum ersten Mal politische Gestalt
angenommen hatten. Muhammad vereinte in sich das Charisma des Botschafters Gottes, der die Offenbarung weiter-
gab, die Autorität des Führers, der Streitigkeiten schlichtete
und die Gemeinschaft der Gläubigen leitete, und die Ent-
scheidungsgewalt in Fragen des Konflikts und der Strategie
im Kampf zwischen den »Gläubigen« und den »Ungläubigen«.[50]

Das für die moderne Geschichtsschreibung am schwierig-
sten zu erklärende Phänomen ist mit dem soziokulturellen
Prozeß verbunden, durch den das kollektive Bewußtsein sich
aus einer den segmentären Gesellschaften angemessenen Vision und Praxis der Macht in eine stammesübergreifende, ja
sogar geschichtsübergreifende Vision verwandelte, die alle
politische Macht mit einer göttlichen Instanz verknüpfte. Diese
beiden Visionen bestanden lange Zeit nebeneinander, ver-
mischten und infizierten sich. In der Praxis zielten die Kämpfe um ideologische Hegemonie immer auf die Eroberung und
Ausübung der Macht ab, aber der theologisch-rechtliche Diskurs nahm immer breitere Dimensionen an und entwickelte
sich zu einer autonomen *Logosphäre* mit einer großen Macht
der Sakralisierung und Transzendentalisierung staatlicher In-

stitutionen, wie sie von den Umayyaden in Damaskus (661-750) und dann von den Abbasiden in Bagdad (750-1258) etabliert wurden. Diese theologisch-rechtliche Logosphäre, die von den *ulema* bewahrt wurde, stellte ein ganzes Arsenal von Legitimationskonzepten und -prozeduren zur Verfügung, die von den heutigen islamistischen Bewegungen wiederaufgegriffen werden, um die Legitimität der bestehenden Mächte in Frage zu stellen.

Gegen Ende des 9. Jahrhunderts hatte das schiitische und sunnitische Lehrgebäude von Autorität und Macht die Ausarbeitung der Konzepte beendet, die seitdem dazu gedient haben, dem Einsatz politisch-sozialer Kämpfe Rechnung zu tragen, die nach dem Tode Muhammads 632 fortgesetzt wurden. Die Schiiten entwickelten in der Frage der Autorität, die allein die Macht legitimieren kann, eine maximalistische Position: Nur die Nachkommen oder Verwandten des Propheten erben sein spirituelles Charisma, die nunmehr in der Geschichte die Gnade und Transzendenz – die sich in der koranischen Offenbarung und der Lehre des Propheten äußern – weiter verkörpern. Die Nachfolger des Propheten werden *imam*[51] genannt; sie werden für unfehlbar erklärt und wachen in der irdischen Gemeinschaft über den Weg aller Menschen zum ewigen Heil.

Die Sunniten gingen von der vollendeten Tatsache aus, die durch den militärischen Sieg der Umayyaden 661 geschaffen worden war. Sie erkannten die bestehende Macht an und entwickelten die Idee, daß eine ungerechte Regierung einer allgemeinen Unordnung vorzuziehen sei. Als die Umayyaden die Macht übernahmen, betrachtete ein Teil der Muslime sie als Könige (*muluk*), nicht als Stellvertreter des Propheten (*khalifa*). In der Tat stützten sich die Umayyaden bei der Errichtung ihrer Macht auf Gewalt und nicht auf die von dem Propheten eingeführten Legitimationsverfahren. Die als Kharidjiten (»die in den Kampf ziehen«, um die Sache Gottes zu verteidigen) bekannte Gruppe hielt an der koranischen Idee fest, nach der »die Autorität nur Gott gehört« (*la hukma illa lillah*). Sie wurden von den Umayyaden verfolgt und flüchteten sich nach Nordafrika ins Königreich Tahert (das heutige algerische Tiaret). Dieses Königreich wurde 909 von den fatimidischen Ismaeliten zerstört. Heute finden sich Vertreter dieser nunmehr unter dem Namen Ibaditen bekannten oppositionellen Bewegung im Mzab (Algerien), in Djerba (Tunesien), im Jebal Nafusa (Libyen) und im Oman.

Es fehlt hier leider der Platz, detailliert auf den langen und vielseitigen Kampf einzugehen, der um die Legitimität, das heißt, die Verknüpfung der politischen Macht mit einer spirituellen Autorität geführt wurde. Halten wir insbesondere fest, daß im Verlauf dieser Kämpfe in der theologisch-religiösen Literatur der beteiligten Gruppen ein großartiges Werk der Sakralisierung und Transzendentalisierung geschaffen wurde: Selbst die banalsten, gewalttätigsten, materiellsten Konflikte wurden mit religiösen Themen verknüpft, um den Gedanken von Kontinuität, Treue und Orthodoxie gegenüber dem Gründungsmodell, wie es angeblich durch den Koran und das Handeln des Propheten definiert war, zu bewahren.

So ist der Kalif für die Sunniten – und noch mehr trifft dies zu für den *imam* der Schiiten – zu einer heiligen Präsenz geworden, die Autorität und Macht zugleich verkörpert. Sowohl der Kalif als auch der *imam* überwachen die strikte Anwendung der *schari'a*, des göttlichen Gesetzes, das seinerseits von den Theologen und Rechtsgelehrten mit Hilfe einer seit Al-Schafi'i (767-820) stark geförderten Wissenschaft – der *usul al-fiqh* (die Quellen und Grundlagen des Rechts) – sakralisiert und transzendentalisiert wurde.

Als Khomeini im Iran die Macht übernahm, setzte er das gesamte schiitische Imaginäre hinsichtlich der Autorität des *imams* als charismatischer Legitimationsinstanz wieder in

Kraft. Dieses Ereignis bewies, daß die Schilderungen, die ganz generell die muslimische Vorstellungswelt hinsichtlich der Autorität ausmachen, latent vorhanden geblieben waren und nur darauf gewartet hatten, reaktiviert zu werden. Das erklärt die Bedrohung, welche die sogenannten islamistischen Bewegungen für die Regimes darstellen, die nach ihrem Urteil zu weltlich sind und sich daher zu weit von jener islamischen Legitimität entfernt haben, die im gemeinschaftlichen Imaginären der Muslime seit jeher mit dem Modell von Medina verknüpft ist.

Die Abschaffung des Sultanats durch Atatürk hat dieses Imaginäre nicht beseitigt. Spätestens seit dem 10. Jahrhundert kam es indes zu einem starken Verfall der Rolle des Kalifen bzw. des *imams*. Schon 945 übernahmen die Buyiden – Emire, die keinerlei Verbindung zur Familie des Propheten hatten – in Bagdad die Macht, wobei sie das Kalifat ausschließlich zu Legitimationszwecken unangetastet ließen. Die verschiedenen Dynastien, die in den jeweiligen muslimischen Ländern seit dem 10. Jahrhundert regiert haben, strebten eine Legitimation von seiten der *ulema* an. Dasselbe haben auch die osmanischen Sultane seit Beginn des 17. Jahrhunderts getan.[52]

Wir sehen also, daß die Instanz der Autorität weiterhin zwingender Bestandteil des gemeinsamen Imaginären der Muslime bleibt, während die Macht (*sultan*) in der geschichtlichen Realität im allgemeinen durch Gewalt ergriffen und ausgeübt wurde. Von daher wird auch verständlich, weshalb sämtliche Regimes, die seit den fünfziger Jahren in den muslimischen Ländern errichtet wurden, unter einem Legitimationsdefizit leiden. Die Monarchie Marokkos bildet in dieser Hinsicht die einzige Ausnahme. In Arabien ging die Familie der Sa'ud mit der religiösen Bewegung der Wahhabiten ein Bündnis ein, um sich die islamische Legitimität zu sichern. Die *ulema* haben sich bis zum heutigen Tage eine Position bewahrt, die für das Funktionieren der monarchischen Macht von außerordentlicher Bedeutung ist.

Es hat in der Geschichte der muslimischen Länder nie einen mit der Französischen Revolution von 1789 bis 1792 vergleichbaren Bruch gegeben, in dessen Verlauf sich wie in Frankreich ein säkulares und republikanisches Imaginäres gegenüber einem religiösen Imaginären, das bis dahin die Kontrolle über die Instanz der Autorität ausgeübt hatte, durchgesetzt hätte.

Das Ineinandergreifen von Religiösem und Politischem, von legitimierender Autorität und staatlicher Macht im Christentum war durchaus mit jenem vergleichbar, das sich im Islam durchgesetzt hat. Das neue, von der Französischen Revolution geschaffene Klima breitet sich jetzt auch unter den Muslimen aus, auch wenn dies indirekte und durch ständige Verweise auf den Islam verhüllte Formen annimmt, die der Beruhigung des religiösen Imaginären dienen. Aufgrund des Bevölkerungswachstums haben sich die sozialen Zusammenhänge dieses Imaginären seit den fünfziger Jahren in allen muslimischen Gesellschaften beträchtlich erweitert – eine Tatsache, die erklärt, weshalb die Debatte über Autorität und Macht von brennender Aktualität ist, gleichzeitig aber durch die ideologischen Einflüsse, die von Staaten auf der Suche nach Legitimität und von breiten, vom Bereich der Macht ausgeschlossenen sozialen Schichten ausgehen, vollkommen verzerrt und blockiert wird.[53]

17. Kapitel

Judentum, Christentum und heidnische Welt

Was hat der Islam von den beiden älteren Offenbarungsreligionen, dem Judentum und dem Christentum, übernommen? Und was hat er von den Religionen und Gewohnheiten des vor-islamischen Arabien beibehalten?

Halten wir zunächst fest, daß diese Fragen in der hier gestellten Form nur innerhalb des Erkenntniszusammenhangs denkbar sind, der für die moderne Geschichtsschreibung charakteristisch ist. Sie gehen von einer horizontalen Betrachtungsweise der chronologischen Linie der »Evolution« von Gesellschaften und Kulturen aus. Und eine solche Betrachtungsweise steht im Gegensatz zu der vom Koran eingeführten und, allgemeiner noch, zu der Offenbarung im Alten Testament und in den Evangelien: Die vertikale Betrachtungsweise besteht auf der Abhängigkeit aller Geschöpfe und Ereignisse der weltlichen Geschichte vom »Es werde« Gottes, des Schöpfers. Der Wahrnehmungsrahmen des Koran für Zeit und Raum ist mythisch: Die alten Völker, die Gott den Gehorsam verweigert haben, werden aus der Perspektive der Heilsgeschichte, das heißt, aus der Perspektive einer eschatologischen Zukunft, die jenseits der Chronologie der irdischen Ereignisse liegt, betrachtet. So wird die vorislamische arabische Vergangenheit im Koran pauschal als das Zeitalter der Finsternis und der Unwissenheit (*zulumat al-jahiliyya*) disqualifiziert, das später durch das Licht des Islam (*nur al-islam*) beendet worden ist. Auf ähnliche Art wird auch die Vergangenheit der anderen Gesellschaften, in denen der Islam sich ausgebreitet hat, wegen ihrer Vorliebe für das Heidentum abgelehnt und dem Vergessen anheimgegeben.

Im Hinblick auf das Juden- und Christentum nimmt der Koran eine ganz andere Position ein: Die Juden und die Christen werden als die Völker des Buches (*ahl al-kitab*) betrachtet, da sie durch anerkannte und verehrte Propheten wie Abraham und Moses die Offenbarung empfangen haben. Jesus, der Sohn Marias, genießt einen besonderen Status: Er ist das Wort Gottes (*kalimatu-llah*), aber er ist nicht Gottes Sohn, und er wurde nicht gekreuzigt. Um diese Definition der Person Jesu zu verstehen, müssen wir auf die theologischen Auseinandersetzungen zurückkommen, die im 5. und 6. Jahrhundert die Christen der byzantinischen Kirche spalteten. Es hat lange gedauert, bis das christliche Dogma der Trinität sich in der orthodox-katholischen Form durchsetzte, die wir heute kennen. Die gegenwärtigen Diskussionen zwischen Muslimen und Christen lassen die historische Dimension des Problems außer acht; dabei projizieren beide Seiten Überzeugungen, die erst spät ihre aktuell gültige Form annahmen, in eine ferne Vergangenheit zurück.

Unterstreichen wir also zunächst, daß der Koran, der geschichtlich auf das Alte Testament und die Evangelien folgte, diese beiden Momente der Offenbarung in sich aufnimmt und sich selbst als letzten Akt der Manifestation des himmlischen Buches (*al-kitab*) unter den Menschen betrachtet. Auf der anderen Seite weigerten sich die Juden und Christen Medinas, Muhammad als Propheten anzuerkennen, was den Bruch erklärt, der gegen Ende der Periode von Medina zwischen den Gemeinschaften eintrat. Der Koran enthält mehrere versöhnliche Verse über die »Söhne Israels« und die Christen, aber in der im Jahre 630 nach der Einnahme Mekkas durch die Gläubigen geoffenbarten Sure 9 erscheinen die folgenden Verse (29/ 30), die später als grundlegende Definition des rechtlichen Status der zu *ahl adh-dhimma* (geschützten Völkern) erklärten Juden und Christen dienten:

> Kämpfet wider diejenigen aus dem Volk der Schrift, die nicht an Allah und an den jüngsten Tag glauben und die nicht als unerlaubt erachten, was Allah und Sein Gesandter als unerlaubt erklärt haben, und die nicht dem wahren Bekenntnis folgen, bis sie aus freien Stücken den Tribut[54] entrichten und ihre Unterwerfung anerkennen.

> Die Juden sagen, Esra sei Allahs Sohn, und die Christen sagen, der Messias sei Allahs Sohn. Das ist das Wort ihres Mundes. Sie ahmen die Rede derer nach, die vordem ungläubig waren. Allahs Fluch über sie! Wie sind sie irregeleitet!

Diese Verse verdienen ebenso wie die gesamte Sure 9 einen langen historischen und theologischen Kommentar. Sie haben eine endlose Kontroverse hervorgerufen, die letztlich nicht gelöst werden kann, weil sie auf einer dogmatischen Ebene geführt wird. Ich führe diese Sure hier nicht an, um neue Kontroversen zu schüren, sondern um die Aufmerksamkeit auf die dringliche Notwendigkeit einer modernen neuen Lektüre heiliger Texte zu lenken, einer Lektüre, die

den historischen Kontext und die doktrinalen Kämpfe berücksichtigt, die das Erscheinen des Koran zu Beginn des 7.
Jahrhunderts ausgelöst und verschärft hat.

Ganz allgemein gesprochen, handelt es sich bei der vergleichenden Religionsgeschichte um eine Disziplin, der noch viel
zu wenig Aufmerksamkeit geschenkt wurde; sie wird auf eine
Weise behandelt, als wolle man um jeden Preis vermeiden, in
die mittelalterlichen Auseinandersetzungen zurückzufallen.
Tatsächlich löst jede Aussage, die die Geschichtlichkeit heiliger Texte unterstreicht, bei den Gläubigen empörte Proteste
aus. Dennoch kann nur eine objektive, ausgeglichene und offene Geschichtsschreibung Verkündigungen, wie die in Vers
30 enthaltenen, wirklich aufklären.

Ferner zeigt uns die geschichtliche Betrachtung, daß der
Islam viele der für die frühere Religion Arabiens charakteristischen Riten und Anschauungen beibehalten hat: die Riten
der Wallfahrt nach Mekka, den Glauben an die *dschinn*, die
mythologischen Vorstellungen über die alten Völker und viele erbauliche Erzählungen, die sich ganz offensichtlich auf vor-
hergehende Kulturen beziehen. Aber wie zum Beispiel durch
Sure 18 bezeugt wird, verwendete der Koran diese »Ruinen
eines alten sozialen Diskurses« zum Bau eines neuen »ideologischen Palastes«.[55] In diesem Sinne ist der Koran ein Diskurs von mythischer Struktur, wobei sich das Mythische in
diesem Zusammenhang auf das bezieht, was der Koran *al-
qasas* (eine Erzählung, Sage oder Geschichte) nennt, und nicht
auf *ustura*, eine Legende oder Fabel, die keine Wahrheit enthält. Indem die Araber »Mythos« als *ustura* übersetzt haben,
obwohl der Koran selbst ein viel besseres Äquivalent liefert,
haben sie sich der Möglichkeit beraubt, wirklich über den
Mythos und seine unersetzlichen Funktionen bei der Konstruktion des religiösen Imaginären nachzudenken. Ich un-
terstreiche diese Tatsache, weil einige Leser meiner Werke den
schweren Irrtum begangen haben, »Mythos« im Sinne einer

Fabel oder haltlosen Legende zu interpretieren, wodurch der mythische Reichtum der Erzählungen des Koran natürlich zunichte gemacht wird.

Die Verwendung von Elementen, Begriffen, Riten, Anschauungen und Geschichten im Koran, die bereits vorausgehenden Kulturen vertraut waren, rechtfertigt nicht die Erforschung von »Einflüssen« im Stil der Philologen der historistischen Schule. Letztere vertreten eine Theorie der literarischen oder doktrinalen Originalität, die praktisch eine Entspannung mit Hilfe vereinzelt aus den alten Traditionen entlehnter Materialien untersagt. Die moderne Linguistik und die Semiotik erlauben uns jedoch, die charakteristische Dynamik jedes dieser Texte wiederaufzufinden. Im Lichte dieser neuen Standpunkte bedienen die Texte sich gewisser aus einem vorherigen Kontext entnommener Elemente, die sie dann auf neue Art verwenden und kombinieren. Man könnte für jede Erzählung des Koran zeigen, wie der erzählende Diskurs eine neue Erfahrung des Göttlichen einführt, indem er Namen, Themen, Episoden und selbst bestimmte Ausdrücke von früheren Texten entlehnt. Manche Kommentatoren haben auch versucht, den Beitrag des Koran herunterzuspielen, indem sie auf seine »Anleihen« aus dem Alten Testament und den Evangelien verweisen. So hat man die philologische und historistische Methode dazu verwendet, um einem apologetischen (in diesem Fall christlichen und jüdischen) Vorhaben zu dienen. Es ist mittlerweile bekannt, wie untauglich ein derartiges Vorgehen in wissenschaftlicher Hinsicht ist.

Ich möchte den willkürlichen Aspekt jeder Form historischer Erkenntnis unterstreichen, die es bewußt ablehnt, die typische Beschaffenheit des mythischen Wissens und dessen charakteristische Beiträge zu unserem sonstigen Wissen anzuerkennen. Es ist genau diese ablehnende Haltung, die zu zahlreichen Mißverständnissen zwischen den Gläubigen, die sich innerhalb des mythischen Rahmens bewegen, und den

»Rationalisten«, die sich auf die quantifizierbaren und fest-
stellbaren Größen Raum und Zeit stützen, geführt hat. Die
berühmte These Taha Husseins über die vorislamische Poesie
ist eine hervorragende Illustration der Aufspaltung zwischen
diesen beiden Wissensformen. Selbst heute noch ergeben sich
aus der unterschiedlichen Auffassung von der sozialen und
kulturellen Realität heftige Zusammenstöße und leidenschaft-
liche Streitigkeiten zwischen »Islamisten« und Historikern.
Es steht zu befürchten, daß diese Gegensätze sich in dem Maße
verschärfen werden, wie die Schule mythologische und stark
ideologisierte Darstellungen der Vergangenheit innerhalb einer ständig größer werdenden Bevölkerung in Umlauf setzt.
Die Bevölkerungsstatistik hat eine multiplizierende Wirkung
auf die Mythologisierung der Religion und die Nutzbarma-
chung der Geschichte für ideologische Zwecke.

Was das betrifft, sollte noch auf eine wichtige Veränderung
des mythischen Bewußtseins im heutigen ideologischen Kontext aufmerksam gemacht werden. Ideologien arbeiten in aller Regel mit Hilfe einer Verquickung von Konzepten, Begriffen, historischen Perioden und Bedeutungsebenen, während sie gleichzeitig höchste Wissenschaftlichkeit für sich be-
anspruchen. Im Gegensatz dazu liefert der Mythos immer
Stoff zum Nachdenken, indem er die historische Erfahrung
einer sozialen Gruppe durch symbolische Formen des Ausdrucks, Parabeln und erzählerische Strukturen wiedergibt. Wir
sind heute im muslimischen Kulturkreis Zeuge eines Verfalls
des Mythos zur Mythologie und Ideologie, einer Verschwendung des vom Islam hinterlassenen symbolischen Kapitals
und, wie bereits mehrfach angedeutet, einer Konvertierung
des Symbols zum Signal. Der Diskurs der Human- und Gesellschaftswissenschaften in den Sprachen der islamischen Welt
ist noch zu schwach und zu unangemessen, um die Ausbreitung semantischer Unordnung einzudämmen.

18. Kapitel

Das griechische Erbe

Der Islam hat viel vom griechischen Erbe in sich aufgenommen und dieses dann, beginnend mit dem 12. Jahrhundert, an den Westen weitergegeben. Spiegelte diese Öffnung gegenüber der griechischen Philosophie und Wissenschaft intellektuelle Neugier auf seiten der Muslime jener Zeit wider, oder erfolgte sie aufgrund einer expliziten Empfehlung des Koran oder des Propheten?

Es ist eine historische Tatsache, daß die griechische Philosophie und Wissenschaft im Kulturkreis des Islam vom 8. bis 12. Jahrhundert eine rasche Ausbreitung erfuhren. Weder der Koran noch der Prophet haben veranlaßt, sich mit diesen Themen auseinanderzusetzen. Statt dessen entwickelte sich bereits im 9. Jahrhundert in religiösen Kreisen ein lebhafter Widerstand gegen die Ausdehnung der sogenannten »rationalen« Wissenschaften (*ulum aqliyya*), denen man die religiösen oder traditionellen Wissenschaften (*ulum diniyya* oder *naqliyya*) entgegenhielt. So wandte sich

Ibn Qutaiba (828-889) in seinem berühmten Buch *Adab al-katib* gegen jene, die immerzu Aristoteles auf den Lippen führten.

Der Erfolg des griechischen Denkens im Iran und Irak, später auch in Andalusien, erklärt sich aus der sehr weit zurückreichenden Verwurzelung dieses Denkens im Orient, die bis auf die Zeit der Eroberungen Alexander des Großen und teilweise auch auf den Einfluß der Kirchenväter seit dem 3. Jahrhundert zurückgeht. Das Syrische, das vor dem Arabischen die Sprache der dortigen Zivilisation war, diente als erste Zielsprache der Übersetzung aus dem Griechischen; die Übersetzer, die meistens Christen waren, übersetzten die großen Werke später aus dem Syrischen und/oder dem Griechischen ins Arabische. Die große Zeit der Übersetzungen fällt in die Herrschaftsperiode des bedeutenden Kalifen al-Ma'mun (813-833), der in Bagdad das berühmte Haus der Weisheit (*dar al-hikma*) gründete. So können wir einen langen Weg des griechischen Einflusses von Athen nach Bagdad, Rayy und Cordoba verfolgen, der in der chronologischen Reihenfolge auch durch Alexandria, Antiochia, Edessa und Jundi Shapur im Iran führt.

Hier ist nicht der Ort, über die komplizierte und verborgene Geschichte dieses Übertragungsprozesses zu berichten.[56] Konzentrieren wir uns lieber auf die Lehren, die aus diesem großen intellektuellen Abenteuer zu ziehen sind, das zuerst die gesamte Mittelmeerregion erfaßte, um sich dann zusammen mit den großen Entdeckungen des modernen Denkens über die ganze Welt auszubreiten.

In der allgemeinen Geistesgeschichte repräsentiert das griechische Denken eine von zwei verschiedenen Strömungen der Reflexion und des Wissens im griechisch-semitischen Großraum. Die andere Strömung war die der Offenbarung und der Prophezeiung, die mit ersterer konkurrierte, sie ergänzte und sich ihr entgegenstellte. Die Gegenüberstellung dieser beiden Geisteshaltungen vor der Welt und dem Wissen fand schon sehr früh statt, nämlich bereits mit Flavius Josephus, Philo von Alexandrien sowie Paulus und den Evangelisten. Die Juden der Diaspora betrachteten es als notwendig, eine griechische Übersetzung ihrer heiligen Schriften zu haben. Und das frühe Christentum betonte den Übergang von der semitischen Kultur (die sich des Hebräischen und Aramäischen bediente, wobei Jesus selbst auf aramäisch gepredigt hat) zu einer Kultur, deren Ausdrucksmittel das Griechische war. Dabei handelte es sich um einen Geisteswandel, der große Konsequenzen für die nachfolgenden Entwicklungen der christlichen Theologie sowohl in ihrer römisch-katholischen als auch in ihrer orthodox-byzantinischen Ausprägung hatte. Gerade hier muß man nach den tiefgehenden Brüchen zwischen dem hellenisierten, latinisierten Christentum auf der einen und dem durch das Arabische, die Sprache der Offenbarung, weiterhin im semitischen Boden verwurzelten Islam auf der anderen Seite suchen. Die berühmte Debatte zwischen dem Logiker Matta Ibn Yunus und dem Grammatiker Abu Said as-Sirafi im 10. Jahrhundert vermittelt ein Gefühl für die philosophischen und semantischen Fragen, um die es bei der Konfrontation zwischen der intellektuellen Sichtweise des griechischen Denkens und der spirituellen Vision des monotheistischen Denkens ging.[57]

Bei den Kirchenvätern, den Neoplatonikern, den Kommentatoren der Werke von Aristoteles, den muslimischen Mystikern und den arabischen und jüdischen Philosophen der klassischen Ära bis hin zu Averroes (Ibn Ruschd, 1126-1198) taucht eine durchgängige Thematik immer wieder auf. Auch al-Ghazali (1058-1111) erläutert in seinem Werk – in dem er sowohl philosophische als auch theologische, juristische und mystische Themen behandelt – klar die tiefe wechselseitige Durchdringung von konzeptuellem Apparat der Philosophie, islamischer rechtlich-theologischer Problemstellung und mystischer Empfindsamkeit. Schon vor ihm war ein berühmter Text namens *Theologie des Aristoteles* im Umlauf, bei dem es sich aber in Wirklichkeit um eine aus Auszügen aus den *Enneaden* von Plotin zusammengestellte Fälschung handelte. Dank des neuplatonischen Vokabulars war es möglich geworden, die zwischen Aristotelismus und Platonismus sowie dem jüdischen, christlichen und muslimischen religiösen Denken bestehende Kluft zu überbrücken. In der Ethik und der Logik wurden die Lehren des Aristoteles und Platons ohne großen Widerstand angeglichen, während es in der Metaphysik weiterhin drei Probleme gab, über die die hellenisierten Philosophen und die Theologen (*mutakallimum*) geteilter Meinung waren: die Ewigkeit der Welt, die Unsterblichkeit der Seele und die Kausalität. Al-Ghazali und Averroes haben uns eine reichhaltige Debatte über diese drei Fragen hinterlassen.

Diese Debatte hat in der Folge Anlaß zu zwei Formen einer fehlerhaften Darstellung der historischen Entwicklung der Philosophie im arabischen Raum gegeben. Die erste besagt, al-Ghazali habe dem Erfolg des griechischen Denkens ein Ende gesetzt, indem er, nachdem sein Widersacher Averroes gestorben war, ohne einen ebenso fähigen Nachfolger zu hinterlassen, der Orthodoxie zum Sieg verholfen habe. Die zweite Darstellung behauptet, nach dem Tod von Averroes habe sich die griechische philosophische Denkweise mit ihrem rationalistischen Wesenskern im Westen glänzend entwickelt, während im Osten nach Avicenna (Ibn Sina, 980- 1037), as-Suhrawardi (1144-1234) und Ibn al-Arabi (1165-1240) die sogenannte Philosophie der Erleuchtung (*ishraq*) gesiegt habe.[58]

Aber hierbei handelt es sich um Darstellungen, die viel stärker auf religiösen Überzeugungen beruhen als auf historischen Untersuchungen, indem sie Ideengeschichte, Geschichte der Denkweisen, Sozialgeschichte, historische Psychologie und Kulturanthropologie miteinander verbinden. Das ist eine vielseitige Aufgabe, und es kann daher kaum überraschen, daß es bisher nur wenige Wissenschaftler verstanden haben, so unterschiedliche und schwer zu bändigende Methodologien, Problemstellungen und Wissensbereiche in einer einzigen Untersuchung zusammenzufassen.

Was das Schicksal der Philosophie in den Ländern des Islam nach Averroes betrifft, so müssen wir eine zweigleisige historische Untersuchung durchführen, die die soziologischen Bedingungen für das *Versagen* auf der muslimischen Seite mit den Bedingungen für den *Erfolg* dessen, was verschiedentlich als der lateinische Averroismus bezeichnet wird, auf seiten des christlichen Westens vergleicht. Die Marginalisierung und das spätere Verschwinden der Philosophie im Islam bilden nur einen der Aspekte der allgemeinen Geschichte jenes intellektuellen Bereichs innerhalb des islamischen Denkens, der im Vokabular der Rechtsgelehrten und Theologen als *ijtihad* bezeichnet wird. Es ist bekannt, daß die intellektuellen Bemühungen (*ijtihad*) – bei denen die Techniken der Exegese auf den Koran und den *hadith* angewendet wurden, um Rechtsmeinungen (*al-ahkam*) zu erhalten – seit dem 10. Jahrhundert immer mehr nachließen und der Vervielfältigung der von den gelehrten Begründern der Rechtsschulen vorgelegten exemplarischen Lösungen (*taqlid*) Platz machten. Auch hier müssen wir die soziologischen, ideologischen und kulturellen Faktoren studieren, die sehr schnell zum Sieg der »orthodoxen« Reproduktion der Lehren führten, die die miteinander konkurrierenden Schulen hinterlassen hatten. Wie ich in meinem Buch *Humanisme arabe au IVe/Xe siècle* gezeigt habe, kann die Geistesgeschichte nicht von der Sozialgeschichte getrennt werden.[59] Leider sind zu viele Arabisten noch immer Gefangene einer idealistischen Auffassung der Ideengeschichte.

Die Philosophie der Erleuchtung muß nicht nur aus eben dieser Perspektive der historischen Soziologie studiert werden, sondern zwingt uns darüber hinaus, eine weitere Dimension in Betracht zu ziehen, die von den Arabisten und Islamwissenschaftlern bisher ignoriert worden ist: Ich spreche hier von der historischen Psychologie, die sich mit den sozialen und kulturellen Bedingungen der Evolution des Rationalen und des Imaginären, mit der Wechselbeziehung zwischen Vernunft und Phantasie, Bewußtem und Unbewußtem, mit Traum, Träumerei, Esoterik und sozialer Marginalität, psychologischen Strukturen, psychischen Kräften und dem sozialen Imaginären befaßt. Wir haben es hier mit gegebenen Tatsachen der geistigen Realität zu tun, die wir kaum richtig zu benennen wissen, und die Historiker reduzieren sie immer noch auf lächerliche und irreführende Gegensätze wie »Esoterik« und »Exoterik«, das heißt, auf die innere, verborgene und die offenkundige, für jedermann zugängliche Bedeutung (im Arabischen *batin* und *zahir*). Tatsächlich bringt man es in wissenschaftlichen Lehrbüchern fertig, noch die reichhaltigsten, vielseitigsten und anschaulichsten Debatten des gesamten islamischen Denkens in das Schema dieser beiden technischen Kategorien *batin* und *zahir* zu pressen. Und um die Verarmung dieser Debatten noch zu verschlimmern, hält man sich in der Darstellung an den Rahmen der offiziellen Geschichte des Ketzertums, der die Ismaeliten als *batiniyya* (Batiniten) und die Sunniten als *zahiriyya* (Zahiriten) – dem Buchstaben verbunden – einander gegenüberstellt. Bis zum heutigen Tag ist ein so bewegliches, so entschlossenes, so gewagtes und so modernes Denken wie das von Ibn Hazm (994-1064) kaum bekannt und wird kaum ausgewertet.[60] Der Grund für dieses fast vollständige Vergessen ist in der Gegnerschaft zwischen malikitischen Rechtsgelehrten und einem Konkurrenten zu suchen, der die sprachliche Verwertung des Vernunftbegriffs zu weit vorangetrieben hatte, um eine Theologie und ein Recht in eine Richtung zu entwickeln, die sich von der von der »Orthodoxie« durchgesetzten unterschied.

Mit diesen viel zu flüchtigen Bemerkungen möchte ich darauf aufmerksam machen, wie wichtig es für das heutige islamische Denken wäre, all die großen klassischen Werke neu zu lesen und sich dabei offene Problemstellungen und eine pluralistische Methodologie zunutze zu machen. Das philosophische Denken ist noch sehr weit davon entfernt, die Bedeutung wiederzugewinnen, die es vom 8. bis zum 12. Jahrhundert hatte; es ist deshalb unentbehrlich, wenn wir über die zerstörerischen Ideologien hinausgelangen wollen, die in wachsendem Maße sämtliche Bemühungen um Erneuerung und Kreativität blockieren.

Ich muß hier auf eine weitere schwerwiegende Lücke im Schicksal der Philosophie hinweisen, die sich im Mittelalter im Herrschaftsgebiet des Islam entwickelt hatte. Zu der Verdrängung auf islamischer Seite, unter der diese Philosophie litt, gesellen sich heute die Gleichgültigkeit und Ignoranz hinzu, mit denen der westliche Unterricht in arabischer Philosophie sie weiterhin straft. Dennoch wurden im Mittelalter viele philosophische und wissenschaftliche Werke vom Arabischen ins Lateinische übersetzt; der Rationalismus in Oxford und an der Sorbonne sowie die wissenschaftlichen Ideen des Westens gehen in nicht unerheblichem Maße auf arabische Beiträge zurück. Das arabische und islamische Mittelalter haben eine viel stärkere Ablehnung erleben müssen als die, die dem lateinisch-christlichen Mittelalter nach dem Einschnitt zwischen Philosophie und Theologie im 16. Jahrhundert zuteil wurde. Dieser Einschnitt wurde natürlich durch die Französische Revolution vertieft, die im gesamten Westen ein säkulares, republikanisches Imaginäres durchsetzte, das sämtlichen theologischen oder theozentrischen Sichtweisen gleichgültig, wenn nicht sogar feindlich gegenüberstand. Das positivistische und imperialistische 19. Jahrhundert hat diese Ablehnung nur noch unterstrichen, indem es den Islam zu den rückständigen, sprich, primitiven Religionen zählte, was sich unter anderem an der Aktivität der christlichen Missionare ablesen läßt. Bis zum heutigen Tag schenkt *kein* philosophisches Institut an irgendeiner westlichen Universität der *arabisch-islamischen* Periode in der allgemeinen Philosophiegeschichte nennenswerte Aufmerksamkeit. Die Aufgabe, den Studenten wenigstens einige einschlägige Autoren zu nennen, wird den Arabisten überlassen, denen allerdings meist eine philosophische Ausbildung fehlt. Da ich selbst seit 1961 an der Sorbonne unterrichte, kann ich das Desinteresse meiner philosophischen Kollegen am Unterricht in arabischer Philosophie bezeugen, genau wie die Religionswissenschaftler sich für das Beispiel des Islam nicht zu interessieren scheinen. Dem zugrunde liegt ein alter theologischer und ideologischer Streit zwischen dem Islam und dem Westen, der einmal ein langes Kapitel der historischen Psychologie bilden könnte.[61] Die moderne Perspektive der Geschichte des Mittelmeerraums, die uns so meisterhaft von Fernand Braudel eröffnet wurde, wird sowohl im Westen als auch auf muslimischer Seite noch lange zu ihrer Durchsetzung brauchen. Es ist bekannt, wie sehr politische Kämpfe und Religionskriege die Anrainervölker dieses Meeres unaufhörlich gespalten und zerrissen haben. Angesichts dessen kann man nur wünschen, daß der israelisch-arabische Konflikt, der immer noch so viele Pläne, Initiativen und Entwicklungen an ihrer Verwirklichung hindert, bald eine glückliche und endgültige Lösung findet, durch die endlich die Möglichkeit bestünde, einen künstlich zerstückelten Kulturraum wieder zu vereinigen.

Die Wiedervereinigung, die ich hier im Auge habe, erfordert ein Handeln zur Überwindung zweier großer Brüche, die beide von der geopolitischen Situation, die die Rivalität der beiden Supermächte dem Mittelmeerraum aufzwang, verschärft wurden: des Bruches zwischen dem »orthodoxen« islamischen Denken und der philosophischen Haltung sowie des Bruches zwischen dem westlichen Denken und dem religiösen Denken in seinen semitischen Ursprüngen. Die zusätzliche Wirkung dieser beiden historischen Brüche erklärt, weshalb das, was wir heute »den Islam« und »den Westen« nennen, sich in Form zweier entgegengesetzter Pole von Wissen und Zivilisation gegenübersteht, obwohl beide einmal derselben philosophisch-religiösen Basis angehörten. Eine historische Neuentdeckung dieser gemeinsamen Basis würde es uns erlauben, kritisch und besser informiert all die im Verlauf der Geschichte durch die Gewalttätigkeit der Konflikte und die Leidenschaft kollektiver Vorstellungswelten verdrängten Probleme wiederaufzunehmen. Dies scheint mir der Einsatz zu sein, um den es bei einer erschöpfenden Philosophie- und Religionsgeschichte des Buches in einem wiedervereinigten Westen geht. Das setzt jedoch eine gründliche Revision der Lehrpläne an den Schulen und Universitäten voraus.

19. Kapitel

Islam, Wissenschaft und Philosophie

Wie steht es um die Beziehung zwischen diesen drei Bereichen intellektueller und kultureller Aktivität: dem Islam, der Wissenschaft und der Philosophie?

Ich habe bereits im vorigen Kapitel mit der Beantwortung dieser Frage begonnen, indem ich explizit von dem gesprochen habe, was man heute die »exakten« oder »strengen« Wissenschaften nennt.

Für die Griechen ebenso wie für die Araber des Mittelalters waren die Wissenschaften nicht von der Philosophie zu trennen. Bei Aristoteles ist die Physik eng mit der Metaphysik verbunden, und seit Hippokrates, bzw. vor allem Galenus – der bei den Arabern als Arzt wohlbekannt war – ist die Medizin ein integraler Bestandteil der Philosophie gewesen, was unter anderem das große Werk Avicennas bezeugt. Die Medizin wiederum vereinte in sich allmählich alles, was als Naturwissenschaft bezeichnet wurde, selbst die Astronomie. Die Alchimie erlebte einen großen Aufschwung und stand dabei immer in Verbindung mit der Philosophie.[62]

Die wissenschaftliche Forschung scheint die religiösen Hindernisse im islamischen Kulturkreis nicht gekannt zu haben.

Der Koran fordert die Gläubigen eindringlich zur »Betrachtung« der geschaffenen Welt auf, damit sie die Größe und die Macht Gottes erfassen. Die wissenschaftliche Erkenntnis der Natur, der Sterne, des Himmels, der Erde sowie ihrer Pflanzen und Tiere kann den Glauben nur verstärken und die symbolischen Hinweise des Koran beleuchten. Davon abgesehen existiert eine ganze Literatur der *mirabilia*, der Wunder der Natur, die sich auf halbem Weg zwischen wissenschaftlicher Beobachtung und religiöser Kontemplation über die Güte und Macht Gottes befindet.[63]

Die mathematischen Wissenschaften – Algebra, Geometrie, Trigonometrie und Arithmetik – und die Wissenschaften der Astronomie, Botanik, Pharmakologie, Zoologie, Geographie, Physiognomie und Psychosomatik waren den Arabern bekannt; von deren Entwicklungen profitierte nach dem 12. Jahrhundert auch der Westen. Wie bei der Philosophie ist der Stillstand dieser großen Bewegung wissenschaftlicher Erkenntnis nicht auf eine theologische Kontrolle zurückzuführen, die mit derjenigen vergleichbar wäre, die von der christlichen geistlichen Macht ausgeübt wurde, sondern auf die sozialen und politischen Rahmenbedingungen von Erkenntnis und Wissen, die sich seit dem 11. und 12. Jahrhundert in der gesamten muslimischen Welt entwickelten.

Vergessen wir nicht, daß die arabisch-islamische Kultur, die sich im Zusammenhang mit dem Umayyaden- und dann mit dem Abbasiden-Reich entfaltete, mit dem Stadtleben verbunden ist. In den großen Metropolen wie Damaskus, Bagdad, Isfahan, Kairo, Aleppo, Kairouan, Fez und Cordoba konzentrierte sich die Aktivität der Gelehrten im Schatten der großen Fürstenhöfe. Solange das Reich sich politischer Macht und der Kontrolle über den Handel erfreute, gab es auch eine Nachfrage nach Wissen und Kultur seitens der Handelsbourgeoisie. Als jedoch, beginnend mit dem 11. Jahrhundert, wachsende Gefahren das städtische Leben bedrohten – das bereits durch eine schlecht kontrollierte nomadische und bäuerliche Umgebung geschwächt war –, machte die wissenschaftliche Forschung Schritt für Schritt dem mobilisierenden Diskurs einer Ideologie des Kampfes Platz. Angesichts der Reconquista in Spanien, der Kreuzzüge in Palästina und der türkischen und dann mongolischen Invasionen im Iran und im Irak mußten sich die Muslime um einen orthodoxen, dogmatischen, strengen, dafür aber ideologisch effizienten Islam sammeln. Das war die Zeit, in der sich in den *zawiya* – kleinen, an Moscheen angeschlossenen Schulen, die oft von religiösen Bruderschaften betrieben wurden – die islamische Scholastik und die Volksreligion unter Führung der Marabuts, lokaler Heiliger in den ländlichen Gebieten, ausbreitete. Diese soziale und ideologische Entwicklung, die die Bedingungen für eine wissenschaftliche und intellektuelle Tätigkeit radikal veränderte, hat sich bis zum 19. Jahrhundert ununterbrochen verschärft und zu einer Verengung der Horizonte und einer scholastischen Verhärtung beigetragen. Als dann in den dreißiger Jahren des vorigen Jahrhunderts in Reaktion auf den Druck des Kolonialismus die reformistische Bewegung entstand, war der historische Bruch mit dem wissenschaftlichen und kulturellen Vermächtnis der fruchtbaren Periode bereits weitgehend vollzogen. So kam es, daß die Reformisten der Salafiyya-Bewegung die mythologische Vision eines ursprünglichen Islam und der von ihm inspirierten klassischen Zivilisation entwickelten. Mythologie, Romantik und die nostalgische Beschwörung vergangenen Glanzes ließen wenig Raum für eine wissenschaftliche, kritische und konstruktive Haltung. Die nationalistische Ideologie, die dann die Befreiungskämpfe des 20. Jahrhunderts anführte, trug das Ihrige zu dem semantischen Bruch bei, während sie sich gleichzeitig weiterhin auf eine glorreiche Vergangenheit, vor allem auf wissenschaftlichem Gebiet, berief. Während des sogenannten liberalen Zeitalters (*nahda*, 1850-1940) wurden auf Anregung orientalistischer Forscher und einiger muslimischer Philologen und Historiker Ausgaben klassischer Texte herausgegeben und zum Teil wissenschaftlich erforscht, aber diese Arbeit blieb in Fragmenten stecken. Gerade die Geschichte der Wissenschaften ist bis heute am wenigsten erforscht. In Frankreich hat Roshdi Rashed sich in verdienstvoller Weise darum bemüht, einige der großen Namen der arabischen Wissenschaft dem Vergessen zu entreißen. Leider gibt es an den Universitäten dieses Unterrichtsfach nicht.

20. Kapitel

Sufismus

Wie ist die Stellung der mystischen Bewegung des Sufismus innerhalb des Islam? Kommt der Sufismus aus der Rechtsschule der »verborgenen Bedeutung« des Koran (batiniyya), oder ist er der Richtung der »buchstäblichen Bedeutung« (zahiriyya) zuzuordnen?

Jede Diskussion des Islam, die seiner als *Sufismus* bekannten mystischen Strömung keine besondere Aufmerksamkeit widmen würde, wäre höchst unzulänglich. Bei dem *Sufismus* handelt es sich um eine Geistesströmung, die nicht nur über ein eigenes Lexikon technischer Ausdrücke und eigene Diskursformen und Theorien verfügt, sondern zugleich auch einen religiösen Lebensstil kultiviert, der auf Riten und individuellen und kollektiven Zeremonien beruht, die es Körper wie Seele ermöglichen sollen, am Prozeß der Inkarnation spiritueller Wahrheiten teilzuhaben.

Natürlich wissen wir, daß die mystische Erfahrung sich in jeder Religion entwickelt und keineswegs einzigartig für den Islam ist. Historisch hat sich diese Erfahrung einer bemerkenswerten Kontinuität erfreut, während die anderen Formen religiösen Ausdrucks – Theologie, Recht, Exegese, Architektur, Institutionen – schnelleren, aber auch von größerer Unstetigkeit gekennzeichneten Entwicklungen unterworfen waren.

Letztendlich ist die Mystik vor allem die gelebte Erfahrung der inneren, vereinigenden Begegnung zwischen dem Gläubigen und dem persönlichen Gott, wobei das Unendliche und das Absolute in allen Religionen Attribute des Göttlichen sind. Durch die Erforschung seines Bewußtseins in der Hinwendung zum eigenen Selbst kann der Mystiker diese Erfahrung analysieren, sich ihrer bewußt werden und sie erläutern. Die auf diese Weise sorgfältig reflektierte und dann schriftlich niedergelegte Erfahrung dient als geistige Nahrung der Anwärter bzw. Schüler (*murid*), die sich unter der Anleitung eines Meisters (*shaykh*) auf eine mystische Wanderung (*suluk*) begeben.

Die mystische Kontemplation selbst ist eine individuelle Übung, die unabhängig von dem durch die Gemeinschaft praktizierten Kult ist; sie wird als ein unentgeltliches Geschenk Gottes erlebt, auf das der Mystiker durch seine Liebesgabe antwortet. Man sagt, daß der Islam die direkte Kommunikation des Gläubigen mit Gott ohne Vermittlung der Geistlichen begünstigt. Im Vergleich mit der theologisch-rechtlichen Orthodoxie gehen die Mystiker bei der Verinnerlichung der Riten jedoch zu weit, insbesondere dann, wenn sie das Stadium der ekstatischen Einheit (*al-wahda*) mit Gott erreichen. Als der große Mystiker al-Halladj, der 922 hingerichtet wurde, seine berühmte ketzerische Äußerung »*ana-l-haqq*« (»Ich bin Gott/die Wahrheit«)[64] tat, stieß er auf das Unverständnis der Literalisten (Anhänger der buchstäblichen Koranauslegung, A.d.Ü.) und Ritualisten, die nicht bereit waren zuzugeben, daß das menschliche *Ich* sich bis zu diesem Punkt mit dem transzendenten göttlichen *Ich* vereinigt. »Wir sind zwei Geister, in einem einzigen Körper vereinigt«, sagte er, was ihm die Anklage der Inkarnation (*hulul*) einbrachte.

In einer Charakterisierung der dialektischen und schwärmerischen Haltung al-Halladjs schreibt Louis Massignon: »Halladj bemühte sich, das Dogma mit der griechischen Philosophie über die Regeln der mystischen Erfahrung in Einklang zu bringen, worin er ein Vorläufer al-Ghazalis war.«[65]

Diese Einschätzung unterstreicht den Reichtum und die Originalität des Mystizismus vom 7. bis 9. Jahrhundert in einer Zeit und einer Gesellschaft, in der, genährt durch ethnokulturelle Gruppen (*mawali*) unterschiedlicher Herkunft, mehrere kulturelle Traditionen und mehrere Geistesströmungen zusammenflossen. So konnte der Philosoph eine mystische oder asketische Erfahrung entwickeln, ebenso wie der Mystiker sich der Philosophie öffnen und der Theologe und der Rechtsgelehrte sich für die Philosophie und den *Sufismus* interessieren konnten. Diese weitgespannte Zirkulation von Ideen, dieser Austausch von Erfahrungen konnten in kosmopolitischen Städten wie Bagdad, Basra, Rayy, Mekka (aufgrund der Pilgerreisen) und Kairo entstehen.

Obwohl sie das Bewußtsein von Zeit und materieller Welt hintanstellten, um sich einem existentiellen Monismus (*wahdat al wujud* in den Worten des großen Mystikers Ibn al-Arabi, 1165-1240) zuzuwenden, gebührt den Mystikern der frühen Periode das Verdienst, fest in der intellektuellen Sphäre ihrer Zeit verankert geblieben zu sein. So kommt es, daß sie ihre Erfahrungen in einem Stil und mit einer analytischen Prägnanz beschrieben haben, die ihre Werke bis in unsere Tage für sämtliche Forscher auf dem Gebiet der Religionspsychologie ebenso wie für die Praktiker des mystischen Weges zur Pflichtlektüre machen. An dieser Stelle seien nur die Namen Hassan al-Basri (642-728), al-Muhassibi (ca. 786-857), al-Bistami (gest. 874) und Junayd (gest. 910) genannt.[66]

Ganz offensichtlich gibt es auch einen sozialen und politischen Aspekt der mystischen Bewegung, der nicht vernachlässigt werden darf, wenn wir die Spannungen verstehen wollen, die von großen Lehrmeistern wie al-Halladj ausgelöst wurden. Die prädestinierte Anhängerschaft der Mystiker ist offensichtlich im benachteiligten städtischen Milieu zu suchen, in den an den Rand gedrängten sozialen Schichten, unter all jenen, die nicht hoffen konnten, je die Privilegien der wohlhabenden Klassen (Kaufleute, Landbesitzer, mit der Ausübung der Macht verbundene oder von Mäzenen protegierte »Intellektuelle«) zu genießen. Die Beziehung zwischen dem Mystizismus und den arbeitenden Klassen entwickelte sich nach dem 11. Jahrhundert zu einer Verbindung zwischen Mystizismus und den gefährlichen oder aufrührerischen Klassen (*futuwa, ayyarun*). In einem späteren Stadium (13. bis 19. Jahrhundert) standen die lokalen Heiligen, die Marabuts, in Verbindung mit der Land- und Bergbevölkerung, die, wie im Maghreb gegen Ende der Merinidendynastie, für die Zentralmacht unkontrollierbar geworden war. Zu dieser Zeit wurde der Mystizismus zu einer Bewegung diverser Bruderschaften, in deren jeweiligen Ritualen und Zeremonien sich vielfältige Rivalitäten der Stämme und Klans widerspiegelten und sich herauskristallisierten. Diese Bruderschaften bemühten sich in der gesamten muslimischen Welt, Prestige, politischen Boden und Anhänger zu gewinnen, indem sie als Missionare fungierende Marabuts aussandten, die zuvor in ihren Schulzentren (den jeweils einem Gründerheiligen gewidmeten *zawiya*) ausgebildet worden waren. Das heilige Fluidum (*baraka*) der Heiligen bewirkte überall Wunder, um das Vertrauen der Bevölkerung zu gewinnen, die um so vertrauensseliger war, als sie aus Analphabeten bestand und zudem oft, wie die Berber des Maghreb und die Afrikaner der südlichen Sahara, nicht Arabisch sprach. Aber auch die Arabisch sprechenden Analphabeten wurden von dieser Entwicklung betroffen.

Es war dieser vom Heiligenkult und von der beständigen Ausbreitung des Heiligen dominierte Islam der Marabuts, den der eroberungssüchtige und positivistische Westen im 19. Jahrhundert in sämtlichen muslimischen Ländern vorfand. Wir kennen die Interpretationen und Mißverständnisse, die sich daraus ergaben und dann bis heute das westliche Imaginäre hinsichtlich des Islam geformt haben.

Es ist im aktuellen Kontext der muslimischen Gesellschaften schwierig, die Bedeutung dessen genau einzuschätzen, was fälschlicherweise immer noch als *Sufismus* bezeichnet wird. Letzterer ist ebenso wie die Gesamtheit der Religion vom kulturellen System und vom politischen Regime abhängig, in denen er sich manifestiert. Die mächtige Bewegung der Ideologisierung, von der wir bereits gesprochen haben, läßt natürlich auch den *Sufismus* nicht unberührt, um so mehr, als die Staaten, die jedem Wiederaufleben der Marabut-Bewegung mißtrauisch gegenüberstehen, sämtliche Gegenden und Lebensumstände, in denen es Anzeichen für diese Bruderschaften gibt, sorgsam überwachen. Diese können jedoch in manchen Fällen, wie zum Beispiel im Senegal, zu Stützpfeilern und zur Antriebskraft der Macht werden, die ihnen im Austausch dafür bestimmte Privilegien einräumt. Aus diesen Gründen ist die Durchführung soziologischer Untersuchungen, die es erlauben würden, die Verbindungen und Widersprüche zwischen dem Islam der Bruderschaften und dem militanten Islamismus präzise festzustellen, schwierig, wenn nicht gar unmöglich. Das »sufistische« Milieu ist der Forschung kaum zugänglich; wir haben es dabei mit einem stillen, diskreten Islam zu tun, über dessen Spiritualität und Verbindungen mit den intellektuellen Interessen des klassischen *Sufismus* wir natürlich gerne mehr in Erfahrung bringen würden. Jedenfalls kann gesagt werden, daß die Politologen einen Fehler begehen, wenn sie ihre gesamte Aufmerksamkeit auf den lärmenden, militanten Islam konzentrieren, der sich vor aller Augen zeigt; es gibt andere Ausdrucksformen des Islam, die es verdienen würden, näher untersucht zu werden, und denen zu einer größeren Bekanntheit in der Öffentlichkeit verholfen werden sollte.

Heute bekehren sich viele Menschen im Westen aufgrund dessen, was ihnen als *Sufismus* präsentiert wird, zum Islam. Dabei handelt es sich um ein vielseitiges psychokulturelles Phänomen, das in Verbindung mit der Ablehnung studiert werden sollte, die eine als kalt, rationalistisch, materialistisch und ethisch arm empfundene westliche Gesellschaft erzeugt. Hier finden sich auf beiden Seiten viele Illusionen, Irrtümer, voreilige Urteile und Mißverständnisse. Dasselbe gilt für die Begeisterung für die Religionen Indiens und die Ausbreitung von Sekten im Westen ganz allgemein. All das zeigt das große Versagen des heutigen wissenschaftlichen Denkens und der politischen Mächte bei der Berücksichtigung religiöser Bewegungen und bei der Aufgabe, sie zu kanalisieren und ihnen angemessene Möglichkeiten des Ausdrucks zur Verfügung zu stellen. Statt dessen ist man damit zufrieden, »Sekten« an den Rand zu drängen und religiöse und kulturelle Abweichungen zu brandmarken, während man sich nicht ernsthaft mit der Frage der spirituellen Dimension in der menschlichen Existenz beschäftigt, wie sie in den vielfältigen von der Geschichte der Religionen bezeugten Erfahrungen deutlich wird.

Keineswegs besser bestellt ist es um diese Frage im zeitgenössischen Islam. Wo man in den muslimischen Gesellschaften noch auf Manifestationen des »Spirituellen« stößt, ist dies eher ein Resultat des Überlebens sozialer Strukturen und von Subsistenzwirtschaften, in denen einst die traditionelle Religion ihren Ausdruck fand, als eines wirksamen Widerstands des Islam gegenüber den von der modernen Wirtschaft und der industriellen Zivilisation erzwungenen Auflösungen. Es gibt gegenwärtig keine theologischen oder mystischen Ergebnisse, die denen vergleichbar wären, die den klassischen Islam inspiriert und bereichert haben. Aus diesem Grund greift man unter den heutigen Verhältnissen auf die alten Werke zurück. Die Tatsache, daß die von den Alten beschriebenen und gelehrten mystischen Erfahrungen in unseren auf sämtlichen Ebenen ihrer Existenz in Umwälzung befindlichen Gesellschaften neue Schüler an sich ziehen, beweist nur die Fähigkeit dieser Gesellschaften zur Hervorbringung einer kulturellen und psychologischen Randgesellschaft. Aber enthalten denn diese alten Zeugnisse nicht tatsächlich ein Sehnen nach Transzendenz, das sämtliche sozialen und kulturellen Verhältnisse überschreitet? Dennoch bleibt aber die Tatsache bestehen, daß die Erfahrung des Göttlichen sich heute nicht mehr auf ein symbolisches Kapital, einen Sinn für das Wunderbare, ein mythisches Universum und eine Fähigkeit zur Verzauberung stützen kann, die nicht nur durch unsere aus Beton bestehende Lebenswelt, die Fabriken und die Scheußlichkeiten des sozialen Wohnungsbaus, sondern auch, in einem noch tieferen Sinne, durch die Ersetzung eines laizistischen und republikanischen Mythos durch traditionelle religiöse Mythen zerstört worden sind.

Mir ist sehr wohl klar, daß die sogenannten islamistischen Bewegungen gegen diesen aus der Englischen, Amerikanischen und vor allem der Französischen Revolution im 17. und 18. Jahrhundert hervorgegangenen Mythos kämpfen. Aber die politischen Regimes, die staatlichen Strukturen, die Produktions- und Austauschsysteme, die allgemeine Korruption, die technologische Kultur, die Zerstörung der semiologischen Umwelt, die Auszehrung des traditionellen symbolischen Kapitals, die Entzauberung und Entsakralisierung von Raum und Zeit – all diese Erscheinungen, die vor allem anderen die Formen unserer Sensibilität und den Rahmen unserer Wahrnehmung bestimmen, leiten sich samt und sonders aus diesem Mythos mit seiner laizistischen und »republikanischen« Herkunft ab. Dabei besteht die Republik, verstanden als demokratisches Regime, in den meisten muslimischen Ländern nur in einem formalen Sinne, aber dennoch steuert in ihnen die Macht, sei sie nun monarchisch oder formal demokratisch organisiert, auf eine allgemeine Säkularisierung der Gesellschaft hin.[67]

Schließlich möchte ich noch einige Bemerkungen zur Beziehung zwischen dem Mystizismus und den Begriffen *batin* und *zahir* machen. Ich habe bereits darauf hingewiesen, daß die Scheidelinie zwischen dem Esoterischen und dem Exoterischen nicht zwischen dem Inneren und dem Äußeren, dem *Verborgenen* (das nur auf dem Wege der Initiation in Erfahrung gebracht werden kann) und dem *Offenkundigen*, dem *Manifesten*, dem Blick oder der Vernunft des Betrachters unmittelbar Zugänglichen gezogen werden darf. Das traditionelle islamische Denken hat im Rahmen der gnostischen Kultur eine psycholinguistische Realität psychologisiert, die wir heute in Begriffen der Tiefenstruktur und der Oberflächenstruktur, des impliziten und des expliziten Diskurses der Sprache beschreiben. Die alten Exegeten stießen auf diese Unterscheidung, als sie versuchten, den koranischen Diskurs der Vergessenheit zu entreißen. Die Begriffe *taqdir* und *tadmin* (Hintergedanke, implizit) sowie der Begriff der expliziten Verse (*muhkamat*), bei denen es sich um klare oder mehrdeutige (und daher zusätzliche Analyse und Interpretation erfordernde) Verse – *mutashabihat* – handeln konnte, führten auf die Spur der Unterscheidung zwischen dem Gesagten, dem Nichtgesagten und dem, was durch das Nichtgesagte gesagt wird. Dennoch gab es in der Theorie der Sprache und den Beziehungen zwischen Sprache und Geist weder eine angemessene Herangehensweise an die Phänomene von Metapher und Metonymie noch eine Anerkennung des Mythos als Schlüssel zu einer bestimmten Erkenntnisform, noch eine Konzeption von Symbol und Zeichen als fundamentale Elemente der Bedeutung in allen semiologischen Systemen, insbesondere aber in dem von ihnen untersuchten religiösen Diskurs, von dem sich so viele weitere Bedeutungssysteme herleiten.

Die alten Exegeten waren natürlich mit der Metapher, der Metonymie, der Parabel, der erbaulichen Geschichte und mit Zeichen-Symbolen vertraut (letzteres ist die Bedeutung des Wortes *aya*, mit dem der koranische Vers bezeichnet wird). Sie bedienten sich in sämtlichen von ihnen hervorgebrachten semiologischen Systemen – wie dem mystischen Diskurs, der Kleidung, dem Mobiliar, der Architektur, der Stadtplanung, dem Rechtssystem usw. – ganz selbstverständlich all dieser Ausdrucksmittel, was aber nichts daran änderte, daß sie sich über die jeweilige Rolle dieser unterschiedlichen rhetorischen, sprachlichen und semiologischen Mittel im Prozeß der Produktion und Vermittlung von Bedeutung keineswegs im klaren waren. Erst heute beginnen wir allmählich, die grundlegende Funktion der in der Metapher, dem Symbol, dem Mythos enthaltenen Bedeutung für die Konstruktion des Imaginären und die historischen Metamorphosen der Bedeutung zu verstehen. In diesem Verständnis ist Bedeutung nichts Stabiles, für immer in einer Transzendenz Verwurzeltes mehr, sondern einer beständigen zerstörerischen Genese unterworfen: Die Vernunft wird durch die semantische Kreativität, die Erfindungsgabe des unter dem Druck neuer existentieller Forderungen stehenden Subjekts produziert, woraus sich notwendigerweise die Zerstörung, Transformation oder Überschreitung vorheriger Bedeutungen ergibt. Dies wiederum führt zum Bestehen lebendiger, toter und wiederbelebter Metaphern, mitunter aber auch zum Verfall von Symbolen zu simplen Zeichen und mithin beschreibenden Signalen.

Mit dieser theoretischen Abschweifung möchte ich andeuten, daß der mystische Diskurs den symbolischen und mythischen Teil des religiösen Gründungsdiskurses (des Koran für den Sufismus, der Evangelien für die Christen, der apokalyptischen Texte für die jüdische Kabbala) vervollständigt, entwickelt und verwertet, um ein neues Wissen, eine Gnostik zu schaffen, die den mystischen Weg unterstützt und sich ihrerseits durch die Gegebenheiten jeder bis zu Ende geführten Erfahrung (*ittisal*: Kontakt mit dem Göttlichen, *ittihad*: Vereinigung, *wajd*: schwärmerische Erfahrung) bereichert sieht. Wir verfügen hier demnach über einen besonders reichhaltigen Bereich zum Studium des semantischen und symbolischen Schöpfungsprozesses in der Sprache unter dem Druck einer intensiven, gänzlich inneren spirituellen Erfahrung und umgekehrt zur Untersuchung der im Verlauf der mystischen Erfahrungen erzeugten Fähigkeit zur Reaktualisierung und Belebung bereits artikulierter Debatten. Indem er das *Technische Lexikon der muslimischen Mystik* studierte und den *Diwan* von al-Halladj übersetzte, hat Louis Massignon demonstriert, daß er die entscheidende Wichtigkeit der Sprache klar erkannt hat. Um diese Untersuchung zu vervollständigen, müßte noch gezeigt werden, wie die Inhalte des mystischen Diskurses durch Riten, Gebete, Rezitationen, das Zuhören sowie körperliche Übungen in den regulären Prozeß religiöser Praktiken übersetzt und ihm eingegliedert werden. Die Genese und Funktionsweise dessen, was man den »Glauben« nennt, sind mit Sicherheit mit diesen sprachlichen und psycho-physischen Mechanismen verknüpft. Man weiß heute, daß das Erlernen von Sprachen durch die Aufnahme von Tönen vonstatten geht, die den phonologischen Strukturen entsprechen, und daß Taubstumme Haut und Knochen für den Empfang dieser Laute verwenden. Die Lauteinheiten sind ganz wie bei einem Magnetband ins Gehirn eingeprägt, wodurch ihre getreuliche Reproduktion garantiert ist. Das hebt natürlich die Kreativität des Subjekts nicht auf, das heißt, die unterschiedlichen Fähigkeiten zur Bildung neuer Verbindungen im Verlauf jenes semantischen und symbolischen Schöpfungsprozesses, der bei den Propheten und den großen Künstlern seinen Höhepunkt erreicht.

21. Kapitel

Person und Menschenbild

*Wie stellt sich der Begriff von der
Person im islamischen Denken dar?*

Es ist bekannt, wieviel Aufmerksamkeit die Muslime in den Medien der westlichen Länder auf sich ziehen, und wir wissen, in welchem Ton und mit welchen uralten und zugleich jeden Tag neu angereicherten Bildern weiterhin eine machtvolle westliche Vorstellungswelt in bezug auf diese entfernte, andere, feindliche, gewalttätige und rückständige, aber dennoch geographisch und gleichermaßen sozial so nahe Welt genährt wird.

In den muslimischen Gesellschaften selbst ist die Berichterstattung über besagtes Thema keineswegs objektiver, offener oder positiver als im Westen. Statt dessen wird sie sorgfältig von Staaten kontrolliert, deren erste Sorge der Sicherung ihrer Dauerhaftigkeit und ihrer Legitimität gilt, und was den Islam betrifft, so wird er als ein ideologischer Hebel, als ein Instrument offensiver oder defensiver Rechtfertigung benutzt und nur höchst selten wirklich studiert oder zur Quelle positiver Werte gemacht, die dem Kampf gegen Faktoren der Unterentwicklung, wie Unwissenheit, gewaltsame Auseinandersetzungen, Korruption und Intoleranz, dienen könnten.

Welche Antworten, welche geistigen Haltungen haben die Denker, die Forscher, die Künstler, die politische Klasse, kurz, die politischen und intellektuellen »Eliten« angesichts dieser massiven Vorwürfe, angesichts dieser drängenden Forderungen extrem instabil gewordener Gesellschaften und angesichts einer wachsenden semantischen Unordnung sogar in den westlichen Gesellschaften, die ja die Probleme der Entwicklung und der Moderne angeblich längst gemeistert haben, seit dem Zweiten Weltkrieg anzubieten?

Ich möchte zunächst zwischen klassischer Islamwissenschaft und angewandter Islamwissenschaft unterscheiden. Dabei handelt es sich um eine methodologische Unterscheidung und eine erkenntnistheoretische Absicht, nicht um einen unerbittlichen Gegensatz zwischen zwei Praktiken ein und derselben Disziplin. In einer ersten Annäherung würde ich sagen, daß die klassische Islamwissenschaft sich ausschließlich mit den Texten beschäftigt, die als repräsentativ für eine religiöse Tradition, ein Denken, eine Kultur, eine Zivilisation angesehen werden.

So hat man sich lange Zeit mit klassischen Texten befaßt, die zwischen dem 1. und 7. Jahrhundert der *hedschra* (7. – 13. Jahrhundert unserer Zeit) entstanden sind. Sie werden auch weiterhin bevorzugt behandelt, um so mehr, als die Phase der ersten Erforschung und selbst der Entdeckung dieser Texte längst noch nicht abgeschlossen ist. Viele Manuskripte warten immer noch auf ihre Erstveröffentlichung, während andere bisher noch gar nicht aufgefunden worden sind. In diesem Sinne bleibt die klassische Islamwissenschaft auch weiterhin unentbehrlich.

Die Auswahl der Texte, auf die man sich stützt, um ein Verständnis des Islam und der muslimischen Gesellschaften zu gewinnen, wird indes fragwürdiger und gefährlicher, sobald wir uns der zeitgenössischen Periode, nämlich dem 19. und 20. Jahrhundert und besonders der aufregenden Geschichte seit 1945 zuwenden. Die Lektüre dieser Texte trägt im allgemeinen mehr zur Verwirrung als zu Erhellung dessen bei, worum es bei der stattfindenden Entwicklung, den miteinander konkurrierenden Kräften, dem gemeinsamen Ehrgeiz und den innerhalb dieser Gesellschaften dominierenden Orientierungen wirklich geht.

Gerade hier erweist sich die ganze Bedeutung der *angewandten* Islamwissenschaft, die zu einer wissenschaftlichen Notwendigkeit wird. Die unvermeidlichen Probleme der philologischen Lektüre ergeben sich für die zeitgenössischen Texte natürlich nicht in demselben Maße wie für die des Mittelalters.

Ich habe für dieses Kapitel das Problem der Person gewählt, um mit Hilfe eines besonders reichhaltigen Beispiels die Methoden und erkenntnistheoretischen Positionen zu erläutern, von denen eine Forschungshaltung gegenüber dem Islam ausgehen muß, die die Erkenntnisse und Vorgehensweisen der klassischen Islamwissenschaft mit den Fragestellungen, den analytischen Verfahren und den praktischen Zielen der angewandten Islamwissenschaft verbindet. Zur Einführung in die Untersuchung unseres Themas möchte ich mich mit den folgenden drei Fragen befassen:

1. Wie ist das Problem der Person als eine unausweichliche Realität in den heutigen muslimischen Gesellschaften entstanden?
2. Über welche intellektuelle Ausstattung und welchen wissenschaftlichen und kulturellen Reichtum verfügt das zeitgenössische islamische Denken, um neue Antworten auf das vorliegende Problem geben zu können, die sowohl die positiven Lehren der Tradition als auch die unbestreitbaren Imperative der Moderne respektieren?

3. Wie ist die »islamische« Antwort auf das Problem der Person in die Vorstellungen und das konkrete Verhalten einzuordnen, die sich unmittelbar aus dem modernen wissenschaftlichen Denken ergeben? Diese Frage verpflichtet uns zugleich dazu, die hegemoniale Position des westlichen Denkens, das aufgrund seines wissenschaftlichen und technologischen Vorsprungs vermutlich noch lange das Schicksal der menschlichen Person bestimmen wird, einer radikalen Kritik zu unterziehen.

»Die Person ist der fleischgewordene Widerspruch zwischen Individuellem und Heiligem, der Form und der Materie, dem Unendlichen und dem Endlichen sowie zwischen der Freiheit und dem Schicksal.«[68] Diese wertvolle Definition von N. Berdiaev zeigt, daß man sich dem Begriff der Person nur nähern kann, indem man sich der Erkenntnisse mehrerer Disziplinen bedient. Dabei muß die Sozial- und Rechtsgeschichte an erster Stelle stehen, weil die Person nur durch die Gesellschaftsordnung und das Recht zu *der* Person wird, die sie ist; danach folgen die Psychologie, Soziologie, Anthropologie und Philosophie, sowie, im Falle der großen religiösen Traditionen, die Theologie.[69]

Auch auf seiten des Islam ist das Thema der Person in diversen Strömungen des klassischen Denkens sehr präsent. Wir können uns jedoch nicht mit den religiösen, ethischen, rechtlichen und philosophischen Zusammenhängen zufriedengeben, die das spekulative islamische Denken uns hinterlassen hat. Wir müssen eine kritische Überlegung in Gang bringen, die die neuen Bedingungen der historischen Entwicklung der muslimischen Gesellschaften seit den fünfziger Jahren zum Ausgangspunkt nimmt.

In einer früheren Studie[70] habe ich gezeigt, wie der demographische Druck, die Einführung der industriellen Wirtschaftsweise, die Entstehung eines autoritären, anonymen, von der Zivilgesellschaft getrennten und sogar gegen sie gerichteten Staates die wachsende Abhängigkeit in bezug auf die moderne Technologie, die kulturelle Rückständigkeit und die dramatischen Einbrüche in der Ökologie, einschließlich des Lebensbereichs der Bauern, der Bergvölker und der Nomaden, allesamt dazu beigetragen haben, die Bedingungen für die Erscheinungsform und Entwicklung der Person radikal zu verändern.

Die allerorts mit großem ideologischem Eifer durchgeführten Agrarrevolutionen haben die ökologischen, territorialen und agrarischen Grundlagen dessen zerstört, was als *Ehrenkodex* (*ird*) bezeichnet wurde und über Jahrtausende hinweg in der bäuerlichen Welt und der Wüstenbevölkerung wirksam gewesen war. Dabei hatte die Aggressivität, mit der die unabhängigen Staaten die Umsiedlung von Nomaden durchführten, um so zerstörerische Auswirkungen, als die bei der Durchführung dieser Operationen betraute Technokratie der Ministerien die nomadische Welt völlig ignorierte. Der erwähnte Ehrenkodex hatte sowohl vor als auch nach der Ankunft des Islam die Funktion, die Ordnung innerhalb jeder Gruppe aufrechtzuerhalten. Es ist gerade die Verinnerlichung eines Wertesystems, dessen höchster Wert die Ehre ist, die es jedem Individuum erlaubt, zu immer bedeutenderen Stellungen (*afdal*, *fadl*, *ayn*, *a'yan*) aufzusteigen und eine seiner Person angemessene Autorität zu genießen: die geistige Autorität über die anderen Gesellschaftsmitglieder, die die freie Zustimmung des Gewissens zu den Werten mit sich brachte, die von dem jeweiligen Meister, Oberhaupt, Weisen (*sayyid*, *shaykh*, *imam*, *mahdi*, *wali*, *mrabet* usw.) verkörpert und angewendet wurden.

Der Ehrenkodex der traditionellen Gesellschaften – die heute überall im Verfall begriffen sind – ist nicht schriftlich niedergelegt, sondern wird in Form der *Gewohnheit* gelebt und verinnerlicht, die die individuellen und kollektiven Verhaltensweisen bestimmt. Er wird nicht durch theoretische Lehren vermittelt, sondern vielmehr in all seiner formalen, rituellen, sozialen und symbolischen Komplexität im alltäglichen Leben wiederhergestellt. Wir besitzen bereits viele Beschreibungen über höchst unterschiedliche und auch geographisch sehr weit auseinanderliegende Gruppen.[71]

Schon diese wenigen Hinweise zeigen die Bedeutung der ethnologischen Herangehensweise und der anthropologischen Problemstellung für das Studium der Stellung der Person im Islam. Der Islam hat zweifellos mit der Durchsetzung eines zentralisierten Staates, einer Schrift, die überall mit der mündlichen Tradition in Wettbewerb trat, und eines Rechts, das Konflikte mit den lokalen Gewohnheiten nach sich zog, große Veränderungen eingeführt. Aber dennoch ist die soziologische Ausdehnung dieser Mittel zur »Zähmung« der »wilden« Gesellschaften immer an die Grenzen des Widerstands des vom Koran als *jahiliyya* verurteilten soziohistorischen Modells gestoßen. Der Begriff der *jahiliyya* ist denn auch von Militanten unserer Zeit wie Sayyid Qutb in Ägypten zur Bezeichnung jener Gesellschaften wiederaufgenommen worden, die sich ihrer Auffassung nach unter der Herrschaft von ungesetzlichen, antiislamischen Mächten auf Abwegen befinden.

Die klassische Islamwissenschaft hat dieser für ein Verständnis der muslimischen Gesellschaften von gestern und heute entscheidenden Voraussetzung wenig Aufmerksamkeit geschenkt: Indem sie die Belange der historisierenden Philologie vollständig von den spezifischen Forschungen der Ethnographie, Ethnologie und Anthropologie trennte, hat sie sich statt dessen auf die Untersuchung gelehrter Texte beschränkt, um mit deren Hilfe einen idealen Islam zu schaffen, der mit dem der muslimischen Theologen und Rechtsgelehrten selbst konform ist.

Die Stellung und die Funktionen der Person können weder mit der heutigen noch mit der gestrigen gleichgesetzt werden, wenn man nicht mit einer Soziologie des Rechts beginnt. Selbst im Innern ein und derselben Gesellschaft, wie etwa Ägypten, Saudi-Arabien, Indonesien, der Türkei usw., wird das muslimische Recht nicht auf die gleiche Weise auf alle Gruppen oder Klassen angewandt, die innerhalb desselben sozialen Raumes miteinander leben. Das Recht der Beduinen, das Recht der Berber, das kurdische Recht – alle verbunden mit lokalen Formen der Gelehrsamkeit – haben sich lange Zeit dem Willen des muslimischen Staates widersetzt, die Gebiete der »Rebellion« (zum Beispiel in Marokko *blad al-siba)* ein für allemal zu unterwerfen.[72]

Der Grad, in dem die arabische Sprache und Kultur eine Gesellschaft oder Gruppe durchdrungen haben, bestimmt auch die Typologie der Person, die aus jedem soziokulturellen Umfeld hervorgeht. In der Kabylei, einer stark bevölkerten Region Nordalgeriens, haben sich vor der Unabhängigkeit von 1962 weder das muslimische Recht noch die arabische Sprache, noch die arabische Kultur durchsetzen können. Der von den Marabuts verbreitete Islam mußte sich angleichen und den lokalen Ehrenkodex sowie ein symbolisches Kapital absegnen, das sich gegen äußere Einflüsse gewehrt hatte. Ähnliches kann auch über die marokkanischen oder libyschen Berber, über zahlreiche afrikanische Bevölkerungsgruppen und andere mehr gesagt werden.

Die zum größten Teil aus den während der fünfziger Jahre geführten Befreiungskriegen hervorgegangenen nationalistischen Staaten führten einen grausamen Kampf gegen die ethnokulturelle und konfessionelle Zerrissenheit, die überall ein Hindernis für die nationale Einheit und damit für die Stabilisierung und allgemeine Ausbreitung der Zentralmacht war. Dieser politische Voluntarismus findet sich ausnahmslos überall. Seine Vertreter wollten bereits in der Türkei der zwanziger

Jahre unter Führung Atatürks den Spaltungen, der geographischen Zerstückelung, dem Aberglauben, der Volksreligion und den mystischen Bewegungen ein Ende machen, kurz gesagt allem, was innerhalb der »wilden« Gesellschaft die Wirksamkeit des Ehrenkodex und damit natürlich auch die Stärke der durch diesen Kodex gebildeten Person ausmachte.

Es ist nicht zu übersehen, daß dieser unversöhnliche Kampf zwischen »wilden« und »gezähmten« Gesellschaften bereits mit dem Wirken des Propheten in Mekka und Medina begann. Im Koran erhielt er nicht nur einen exemplarischen ideologischen Ausdruck, sondern auch ein »ontologisches« Fundament, das einen dem Wesen nach anthropologischen Gegensatz transzendentalisierte. Es ist bekannt, mit welchem Ungestüm der Koran und das gesamte spätere islamische Denken die »Finsternis der *jahiliyya*« dem »Licht des Islam« gegenüberstellte. Für beide war die *jahiliyya* der Geschichtsabschnitt, in dem die Menschen die Offenbarung, das wahrhaftige Wissen (*ilm*), das von Gott gelehrt wird, damit jeder Gläubige seine Handlungen an der Perspektive des ewigen Heils ausrichtet, noch nicht empfangen hatten; der Islam ist der Durchbruch dieses *ilm*, das alle Gläubigen zum Heil führen wird.

In der Terminologie der Sozial- und Kulturanthropologie handelt es sich bei der *jahiliyya* um die arabische Gesellschaft und ihren Ehrenkodex vor dem Islam; diesem gelingt es dann, ein neues symbolisches Kapital, einen eschatologischen Horizont durchzusetzen, in dem die Werte des Ehrenkodex bewahrt, aber durch den Diskurs der Offenbarung sakralisiert, ontologisiert und transzendentalisiert werden. Der kleinen Gruppe der ersten Gläubigen (*muminun*) obliegt durch ihr gläubiges Engagement und ihren Kampf für die Sache des Propheten (*jihad*) der historische Aufstieg der muslimischen »Person« und damit auch der muslimischen Gesellschaft.

Das islamische Modell der Herausbildung der Person, die Macht des Islam zur Überschreitung sämtlicher kultureller Grenzen, seine nicht zu unterdrückende Wiederkehr in allen Situationen sozialer und ideologischer Unruhe, seine gegenwärtige Ausbreitung angesichts der Herausforderung durch die industrielle Zivilisation lassen sich durch vier entscheidende Faktoren erklären. Es sind die folgenden:

1. der normative Charakter und die mythische Struktur des koranischen Diskurses;
2. die tragende und erhebende Kraft des religiösen Rituals, durch das sich die semantischen Inhalte und der eschatologische Hoffnungsschwung, die durch den Koran eingeführt und durch den islamischen Diskurs intensiviert werden, für jeden Gläubigen (die Person) und für die Gemeinschaft aktualisieren;
3. die Einführung und die Dauerhaftigkeit eines zentralisierenden Staates, der sich der Sache der »wahren Religion« (der Orthodoxie) annimmt und umgekehrt von ihr seine Legitimität bezieht;
4. die Schaffung eines politisch-religiösen Imaginären, das auch nach der Gründungsphase des Islam (610-632) nie aufhörte, sich die »orthodoxen« Darstellungen des ursprünglichen Islam anzueignen, um überall eine »islamische« Geschichte hervorzubringen, die immer als die Anwendung des Modells für das individuelle und kollektive Verhalten ausgegeben wurde, das durch den Propheten begründet worden war.

Man kann nie genug auf der Rolle und der immer wiederkehrenden Kraft des politisch-religiösen Imaginären bestehen, das von dem, was ich die Erfahrung von Medina genannt habe, errichtet worden ist. Sämtliche bedeutsamen historischen Leistungen, die von den Ländern des islamischen

Kulturkreises ausgingen, kamen aufgrund dieses Imaginären zustande, denn sie setzten selbst zunächst einmal die Schaffung eines Personentyps voraus, der die gesamten Darstellungen und idealen symbolischen Vorstellungen, die vom traditionellen islamischen Diskurs vermittelt werden, verinnerlicht hat.

Man könnte die gesamte Geschichte der Gesellschaften, die dieses Handlungsmodell übernommen haben, neu schreiben, indem man die beständige Wechselwirkung zwischen dem allen Gläubigen gemeinsamen politisch-religiösen Imaginären und der analytischen, konzeptuellen und logischen Vernunft der Intellektuellen aufzeigt. Letztere haben immer versucht, den rationalen Gesamtzusammenhang eines Bereichs herauszuarbeiten, der weitgehend von den Äußerungsformen des offiziellen Diskurses (das heißt, des »islamischen« Staates) oder von konkurrierenden Diskursen beeinflußt worden war, die besser zu den lokalen symbolischen Gesetzesvorschriften paßten. So hat etwa Lila Abu-Lughod sehr gut das Nebeneinander zweier Formen der Rede- und Verhaltensweisen bei den Beduinenstämmen der Aulad Ali der westlichen Wüste Ägyptens gezeigt: die eine, persönliche, drückt die vertrauten Werte aus und wird nur innerhalb bestimmter Gruppen (z. B. unter Jugendlichen oder Verwandten) angewandt. Die andere, öffentliche, preist die gemeinsamen Werte der Gruppe. So bildet und manifestiert sich die Person auf zwei Ebenen, die nach Form und Ort der Äußerung voneinander getrennt sind, aber gleichzeitig ist sie selbst der Ort der Integration dieser beiden Wertsysteme, die letztlich die Gruppe definieren und aufrechterhalten.[73] Zu den beiden für die Aulad Ali – wie auch für andere ethnokulturelle Gruppen in dem global als muslimisch bezeichneten Raum – spezifischen Redeweisen treten dann noch zwei weitere, sie überlagernde allgemeinere Diskurse hinzu: der islamische Diskurs, der der gesamten aus der Erfahrung von Medina hervorgegangenen

Tradition gemeinsam ist und seit den dreißiger Jahren und noch mehr seit den sechziger Jahren durch die islamistischen Bewegungen sich weit verbreitet hat, und der offizielle Diskurs des nationalistischen Staates, der die säkularen Werte der Wirtschaft und der politischen Einrichtungen verbreitet, die er vom Westen übernommen hat.

In welcher Form gliedern, äußern und widersprechen sich diese konkurrierenden Diskurse? Die Person sollte als Ort der Freiheit untersucht werden, der die Auswahl, Beseitigungen sowie Zusammensetzungen bewirkt, die jede *Persönlichkeit* ausmachen und schließlich auf der Ebene der örtlichen Gruppe, der Nation oder der Glaubensgemeinschaft (*umma*) über die *Persönlichkeit*, den Anführer oder den *imam* bestimmen. Ein solches Studium wird unentbehrlich, wenn man die anhaltend wirksamen Mechanismen verstehen will, die letztlich das individuelle Schicksal und die historische Entwicklung von Gesellschaften bestimmen.

Mit Blick auf diese Beobachtungen könnte man eine Reihe von Porträts zusammenstellen, die es uns erlauben würden, die Bedingungen für das Auftauchen und den Aufstieg sowie andererseits für das Abtreten und das Scheitern der »großen Männer« in jeder Gesellschaft zu erläutern; darüber hinaus könnte man so anhand des islamischen Beispiels das Konzept der *Basispersönlichkeit* weiter ausarbeiten, das unlängst durch Abram Kardiner[74] ins Gespräch gebracht, aber in der Folge von den Anthropologen nicht aufgegriffen worden ist.[75]

Welche Philosophie der Person liegt Führerpersönlichkeiten wie Bourguiba, Hassan II., Boumedienne, Nasser, Gaddafi, Saddam Hussein, Hafez al-Assad, Zia-ul Haq und Khomeini zugrunde und verschafft ihnen Erfolg – Persönlichkeiten, die so schwer auf der Geschichte der muslimischen Gesellschaften von heute lasten?

Es ist keineswegs ausreichend, die allgemeinen Konzeptionen, die Bedingungen für die Machtergreifung, die Regierungsmethoden und das Ausmaß der Popularität dieser Führer zu beschreiben; notwendig wäre auch eine Kenntnis der kulturellen und sozialen Genese ihrer Persönlichkeit und der persönlichen Überzeugungen, zu denen sie sich als Privatpersonen bekennen. Der Abstand zwischen der Privatperson und der öffentlichen Persönlichkeit würde dann die tatsächliche Fähigkeit der Person erkennen lassen, Werte, die die Gesellschaft aufrichten, zu schaffen und zu verkörpern, und umgekehrt die Grenzen und Beschränkungen aufzeigen, die den emanzipatorischen Anstrengungen der Person von der Gesellschaft auferlegt werden.

Die Untersuchung einer weiteren Kategorie von Personen, die diesmal aus dem Kreis der Zivilgesellschaft auszuwählen wäre, würde uns dann erlauben, die Ergebnisse der Untersuchung über die Führer zu korrigieren und zu untermauern. Je mehr der autoritäre Staat als anonyme Macht die Hoffnungen der Zivilgesellschaft unterdrückt oder ignoriert, desto stärker ruft es bei ihr Gegenpersönlichkeiten oder Gegenführer hervor, deren Proteste, Einsprüche und sonstige Meinungen sich auf eine andere Philosophie der Person beziehen. Oft zitierte Beispiele, die hierher gehören, sind militante Personen wie Sayyid Qutb, der 1966 unter Nasser hingerichtete Theoretiker der Muslimbrüder; der blinde Scheich Abd al-Hamid Kashk, der *imam* der Ayn al-Hayat-Moschee in Kairo, von wo aus er seine Predigten mit Hilfe von Kassetten verschickte, die in der arabischsprachigen Welt stark verbreitet sind und auch außerhalb von Ägypten das Volk aufwiegeln; Muhammad Abd al-Salam Faraj, der Autor der Schrift *Die vernachlässigte Pflicht* (womit der *jihad* gemeint ist) und Theoretiker der Bewegung *Al-Jihad*, die 1981 Sadat ermordete; Hassan al-Turabi, der Führer der Muslimbrüder im Sudan; Abu Ali al-Mawdudi, der führende Kopf der pakistanischen Muslime, dessen Lehren alle Grenzen der muslimischen Welt überwunden haben; Ali Schari'ati, der zur Dynamik der iranischen Revolution beitrug; Shukri Mustafa, die treibende Kraft von *Tafkir Wal-Hijra*[76]; Rashid Ghannuchi, einer der Führer der *Bewegung der islamischen Tendenz* in Tunesien… Man könnte diese Liste der Bewegungen des Protests und der Gewaltaktionen, deren Namen (*Jihad Islami*, *Partei Gottes*, *Islamische Gerechtigkeit*, *Jugend Muhammads* usw.) häufig auf ein ambitioniertes Programm der Rückkehr zum »wahren Islam« hinweisen, endlos fortsetzen.

Da diese Bewegungen eine sehr breite Unterstützung unter der Bevölkerung genießen, bringen ihre Reden die enttäuschten Erwartungen, das Gefühl von Frustration und Unterdrückung, die Angst und das Hoffnungsbedürfnis der nach 1950 geborenen jungen Generationen entsprechend zum Ausdruck. Diese Menschen sind in der Atmosphäre der Befreiungskriege, in der euphorischen Phase der nationalen Wiedergeburt geboren und aufgewachsen; danach haben sie die enormen Enttäuschungen der Niederlage von 1967, des Rückschlags der von Nasser proklamierten großen arabischen Nation, der Zerstörung der Freiheiten, der Nichteinhaltung der Menschenrechte, der imperialistischen Gelüste, einer chaotischen, unmäßigen, unwirksamen und oft die traditionellen Werte zerstörenden Entwicklung, der Arbeitslosigkeit, der städtischen Zusammenballungen, einer ungleichen Ressourcenverteilung, der Verschwendung und der Korruption erlebt. Die in dem öffentlichen Gesundheitssektor, dem kostenlosen Schulunterricht (nicht aber Erziehungswesen), der öffentlichen Sicherheit, dem Transportwesen und dem häuslichen Komfort erzielten Fortschritte bilden keinen Ausgleich für die Schäden, die den Menschen durch die Zerstörung der ökologischen, soziologischen und agrarischen Strukturen (der Verwandtschaftssysteme, der Regelungen zur Kontrolle über den Güteraustausch, der Heiratsstrategien) zugefügt worden sind, auf denen einst sämtliche durch den Islam bestätigten und sakralisierten uralten Werte beruhten.

Zwischen den (zusammen mit den Technokraten, mit denen sie sich umgeben) an der Macht befindlichen Führern und Gegenführern, die nach der Macht streben, zwischen der offiziellen Kultur und der Gegenkultur der Oppositionsbewegungen liegen die Welt der mehr oder weniger von der Moderne beeinflußten Intellektuellen und die Welt der *ulema*, die versuchen, ihr Monopol als Verwalter der religiösen Werte zu bewahren. Diese beiden sozialen Kategorien spielen eine nicht zu vernachlässigende Rolle in der Festlegung der Ausbildungsbedingungen, der Verwirklichung oder der Entfremdung der einzelnen Person. Diese Rolle würde klar hervortreten, wenn man die intellektuelle Ausstattung und die Perspektiven des heutigen islamischen Denkens untersuchen würde. Halten wir sogleich fest, daß die *ulema* und die Intellektuellen sich sehr oft von den Aktivitäten des Staates anziehen lassen, der sie bezahlt, und daher durch die Pflicht zur Zurückhaltung, wenn nicht sogar zum expliziten Engagement im Dienste einer Legitimationsideologie gebunden sind. Die kritische Funktion der traditionellen *ulema* – nämlich der theologischen und moralischen Kontrolle – wird auf diese Weise völlig aufgegeben. Die Intellektuellen, die von der Unabhängigkeit ihrer westlichen Kollegen fasziniert sind, ziehen das Exil, die Selbstzensur oder ein Streben nach offizieller Anerkennung vor, was sie damit rechtfertigen, daß schließlich jede Gesellschaft Bezug zu einer »wissenschaftlichen« geistigen Macht haben muß. In der Zeitspanne von der Unabhängigkeit bis zur Gegenwart hat bisher noch keine muslimische Gesellschaft ein Aufblühen öffentlicher Bekundungen und kontinuierliches Handeln einer Gruppe kritischer, unabhängiger Intellektueller geduldet, die einflußreich genug gewesen wäre, um jene *Autoritätsinstanz* zu repräsentieren, die für die Persönlichkeitsentfaltung unentbehrlich ist. Gerade durch diese *Sinnschuld* wird die Person zu einem Gewissen, das sich genötigt sieht, mit anderen Gewissensträgern in Gedankenaustausch zu treten, woraufhin sich alle gemeinsam auf die Autorität bindender Wahrheiten beziehen.[77] Es bleibt schwierig, den Typus des Intellektuellen, Künstlers oder Führers zu treffen, der die Bestimmung der Person, zum zentralen Punkt und letzten Ziel jeder Philosophie zu werden, bestätigt, schützt und hervorhebt.

Es ist zweifellos überall gefährlich und riskant, ein Manifest gegen diese oder jene Entscheidung oder politische Ausrichtung einer Regierung zu unterzeichnen. Zu oft hat man gesehen, wie Intellektuelle festgenommen und inhaftiert wurden, weil sie die Menschenrechte gerade in den Ländern verteidigen wollten, in denen eine solche Verteidigung das Wesen des Kampfes um die nationale Befreiung gewesen war. Aber über diese politische Erklärung für die Zurückhaltung der Intellektuellen hinaus muß man sich auch mit einem schwerwiegenden Riß im Innern des islamischen Bewußtseins befassen. Ich komme auf diese Frage noch zurück. Halten wir hier zunächst fest, daß das spezifische *Ethos* des islamischen Bewußtseins das Verhältnis zur Absolutheit Gottes ist, das gelebt wird in der von den kanonischen Pflichten geforderten rituellen Wiederholung, in der Meditation über das Wort Gottes, in der Kontemplation der Werke Gottes im Universum mit seinen Kreaturen, im freudigen Gehorsam gegenüber dem Gesetz, in der Reduzierung der Rolle der Vernunft auf die einer willfährigen Dienerin und in der radikalen Zurückweisung jedes Polytheismus, der Gott relativieren und dem Streben nach dem Absoluten ein Ende bereiten würde.

Was bleibt von diesem *Ethos*, von der moralischen und spirituellen Absicht im Bewußtsein jener, die sich dem unerbittlichen Streben nach politischer, wirtschaftlicher oder kultureller Macht verschrieben haben? Oder in den Verhaltensweisen der Mittelklassen, deren Hauptsorge der gesellschaftliche Aufstieg ist? Oder in der Vorstellungswelt jener, die militant für die Einführung eines »authentischen« islamischen

Regierungsystems kämpfen? Gibt es eine Autoritätsinstanz, auf die die Person sich stützen kann und deren konstituierende Werte, die sie in der Gesellschaft zur Autorität machen, von der einzelnen Person auf ihre Gültigkeit und Tragweite hin überprüft werden können?

Um auf diese Frage antworten zu können, müssen wir zuallererst eine weitere Frage stellen: Verfügt das islamische Denken heute über die intellektuellen und kulturellen Mittel, die Freiheiten und die sozialen Rahmenbedingungen, die für die Förderung einer *modernen* Philosophie unentbehrlich sind?

Man spricht seit langem von der wirtschaftlichen und sozialen Unterentwicklung der Gesellschaften in der Dritten Welt, ohne sich jedoch mit der dramatischen kulturellen Rückständigkeit zu befassen, die durch die Durchsetzung westlicher Modelle in allem, was mit materieller Modernität zu tun hat, noch verstärkt wird. Heute leiden alle muslimischen Gesellschaften unter den Folgen dieses Unterschieds zwischen der von der Konsumgesellschaft genährten zügellosen Nachfrage und der Ablehnung oder sogar Unterdrückung der intellektuellen und kulturellen Moderne. Die unlängst in mehreren Ländern – namentlich den devisenreichsten unter ihnen, wie Saudi-Arabien und Algerien – errichteten Universitäten geben ein anschauliches Bild ab von der Kluft zwischen der Forderung nach materieller Modernität, die sich in einer futuristischen Architektur, gut ausgerüsteten Laboratorien für die Anforderungen der »exakten« Wissenschaften und einer Öffnung gegenüber der Technologie und der industriellen Weltproduktion äußert, und dem Mißtrauen gegenüber den Human- und Gesellschaftswissenschaften. Die Behandlung des Islam als Religion bleibt den theologischen Fakultäten oder den traditionellen Universitäten, wie Al-Azhar in Kairo, Az-Zaituna in Tunis sowie Al-Qarawiyyin in Fez, vorbehalten. Diese prahlen seit langem mit einem Willen zur Er-

neuerung, aber sie bleiben weiterhin die Wächter und Brut-
stätten der »islamischen Orthodoxie«, wohin sich die Propa-
gandisten der islamistischen Bewegungen begeben, um Anhänger zu werben.

Schon die bloße Verwendung des Ausdrucks »islamisches
Denken« ist problematisch geworden, da der geläufige, im
wesentlichen nicht ideologische und dogmatische islamische
Diskurs seine Pläne, seine Forderungen, seine Empfehlun-
gen und seine semantische Unordnung bis in die Reihen der
ulema und der Intellektuellen durchsetzt, deren Pflicht es
wäre, die kritische Funktion und die schöpferische Reflexion,
wie wir sie bei den klassischen Denkern so reich illustriert
finden, wiederaufzunehmen, zu verteidigen, zu beschützen,
zu erweitern und zu erneuern. Es gibt durchaus Anstrengungen zur Integration der intellektuellen Moderne in ein
Denken, das sich bemüht, gleichzeitig auch die Bezeichnung
»islamisch« zu erwerben; aber sie kommen entweder von iso-
lierten oder vereinzelten Personen im Westen oder von Kräften, die innerhalb ihrer eigenen Länder unbekannt sind oder
mißverstanden und heftig angegriffen werden.

Indem sie ein Zugeständnis nach dem anderen machen und
von taktischer Unterwerfung zur Verinnerlichung der vom
geläufigen Imaginären transportierten »Werte« übergehen,
lassen sich die von der kritischen Moderne beeinflußten Intellektuellen zu einem gravierenden Irrtum hinreißen. Sie räu-
men den Notwendigkeiten des nationalen Aufbaus, zu dem
auch ein ideologisches Engagement gehört, fälschlicherweise
den Vorrang ein vor der spezifisch intellektuellen, kulturellen und spirituellen Anstrengung zur Förderung, zum Schutz
und zur Ausübung des *Rechts des Geistes auf die Wahrheit*.
Von dieser fundamentalen Unterscheidung hängen letzten
Endes die Aussichten für die Bestätigung und Entfaltung der
Person ab.

Wir berühren hier eine zentrale Schwierigkeit der Human-
und Gesellschaftswissenschaften: Aus Sorge um die Objekti-

vität versagt der Forscher es sich, als Person, deren Schicksal in jeder Erkenntnishandlung mit auf dem Spiel steht, in die Debatten einzugreifen. Wenn es sich bei dem Studienobjekt um den religiösen Glauben handelt, findet der Wissenschaftler selten die angemessene Position zwischen parteigebundener Haltung und reduktionistischer Analyse. Die von Leidenschaften geprägte Atmosphäre, die in den muslimischen Gesellschaften von heute vorherrscht, macht das wissenschaftliche Studium einer Vielzahl von heiklen Problemen unmöglich.

Wie ist es um die wirkliche Stellung der Person bestellt, wenn das Recht, zu denken, sich auszudrücken und Schriften aller Art zu veröffentlichen, zu verkaufen und zu kaufen, streng von einem Informationsministerium oder einem Ministerium für »nationale Orientierung« überwacht wird? Die Formulierung *Recht des Geistes auf die Wahrheit* mag einem westlichen Leser, der daran gewöhnt ist, intellektuell und kulturell alle Freiheiten zu genießen, hochtrabend oder lächerlich erscheinen. Aber ein Muslim muß den Kampf für das *Recht des Geistes auf die Wahrheit* immer aus dem Innern der dogmatischen Abgeschlossenheit heraus führen. Was das betrifft, erinnere ich nur an den Kampf der Philosophen um die Lockerung des Machteinflusses der Theologen und Rechtsgelehrten auf die Ausübung der Vernunft, und wir wissen auch, wie es der Orthodoxie schließlich gelungen ist, die als Fremdkörper (*dakhila*) abqualifizierten »rationalen Wissenschaften« zu beseitigen.

Die nationalistische Ideologie und die Forderung nach einer Rückkehr zu einem mythischen Islam üben heute den gleichen Druck auf die wissenschaftliche Vernunft aus wie seinerzeit die juristisch-theologischen Lehren des Mittelalters. Wie wir sehen werden, hat sich das sogenannte islamische Denken nie mit der ideologischen Funktion des religiösen Diskurses befaßt. Dementsprechend werden die aus dem

Koran abgeleiteten Diskurse gleichmäßig immer für wahr gehalten, solange sie von den Begründern der Lehrgebäude garantiert werden oder den *ulema* in Übereinstimmung mit den Gläubigen als Autorität bestätigt werden.

Eine Person, die sich im Innern dieser dogmatischen Geschlossenheit herausbildet, kann das Problem der Ideologie nicht einmal denken, sondern wird im Gegenteil einen Text wie *Die vernachlässigte Pflicht* (*Al-farida-al-gha'iba*), den wir weiter unten noch untersuchen werden, als vollkommen wahr betrachten. Dazu möchte ich schon hier folgendes Prinzip der Lektüre festhalten: Jedesmal, wenn ein Autor – der selbst das mehr oder weniger getreue Echo eines Lehrgebäudes, einer Gemeinschaft oder einer Tradition ist – im Zusammenhang mit dem islamischen Diskurs einen ursprünglich *offenen* koranischen Diskurs *als geschlossenes kognitives System* präsentiert, wissen wir, daß wir es mit einem ideologischen Derivat zu tun haben.

Indem ich auf der Existenz eines kognitiv *offenen* koranischen Diskurses bestehe, verfalle ich durchaus nicht selber der dogmatischen Geschlossenheit, deren Gefahren ich aufzuzeigen versucht habe. Ich betrachte den Koran als einen sprachlichen Raum, in dem mehrere Redeweisen (prophetische, gesetzgebende, erzählerische, Weisheit spendende) gleichzeitig und in wechselseitiger Verflechtung miteinander wirksam sind. Die rein linguistische und semiotische Analyse[78] erlaubt es, die Existenz einer zentralen mythischen Struktur auszulösen, die sich des Symbols und der Metapher bedient, um sämtliche Aussagen des Koran mit den Bedeutungsmöglichkeiten zu vergleichen, die in immer wiederkehrenden existentiellen Situationen unablässig aktualisiert werden.

Der Gegensatz zwischen »geschlossen« und »offen«, den ich hier einführe, beruht demnach nicht auf Spekulationen oder einem Glaubensakt; er kann sprachlich und historisch verifiziert werden, indem die beständige Wechselwirkung zwischen Sprache – *Geschichte* – Geist, drei Instanzen von Bewußtseinserzeugung, aufgedeckt wird. Die Lektüre des Koran verlangt von uns, die drei Instanzen, die gewöhnlich von den Gelehrten (Linguisten, Historikern, Philosophen) separat erforscht werden, miteinander zu verbinden.

Mit Hilfe dieser Hinweise betrachten wir nun, was ein Text wie *Al-farida-al-gha'iba* uns über die Funktionsweise des islamischen Denkens und der Person lehren kann, die ihre Lebens- und Denkprinzipien aus dieser Quelle schöpft.

Ich habe diesen Text aus mehreren Gründen ausgewählt. Erstens zeigt er mit Macht das Problem der Person, und zwar vom Standpunkt des gegenwärtigen militanten Islam. Ferner ist er das Werk von Muhammad Abd al-Salam Faraj, der am 15. April 1982 zusammen mit den Mördern Präsident Sadats hingerichtet wurde. *Die vernachlässigte Pflicht*, die der Autor als erste Bedingung für die Wiederherstellung einer *islamischen* Regierung in Ägypten und anderswo durchsetzen will, ist der *jihad*, der bewaffnete Kampf gegen die Ungläubigen zur Sicherung der vollständigen, dauerhaften und kompromißlosen Anwendung des geoffenbarten Gesetzes. Das zentrale Argument besteht daher in der Rechtfertigung der Ermordung jeder Person, die wie Präsident Sadat ein Regime errichtet, das in Widerspruch zum geoffenbarten Gesetz steht.

Zweitens wird dieser Text ganz zu Recht von westlichen Islamwissenschaftlern vorgestellt und kommentiert, um der Welt ihre Position zum islamischen Radikalismus bekanntzumachen. Kurze Kommentare zu diesem Text finden sich in Gilles Kepels Buch *Der Prophet und der Pharao*[79]; darüber hinaus hat Johannes J.G. Jansen den Text vor kurzem ins Englische übersetzt und mit einer langen Einleitung versehen herausgegeben. Der Übersetzer unterstreicht, daß »niemand, der den Text von *Die vernachlässigte Pflicht* liest, von seiner *Schlüssigkeit* und der Kraft seiner *Logik* unbeeindruckt bleiben kann«.[80] Aber er spezifiziert nicht die Art von Zusammenhang und Logik, die so kraftvoll ins Werk gesetzt wird, um den Leser zu beeindrucken, und sagt auch nichts über das kognitive System, das die Funktionsweise des Diskurses bestimmt und seine breite Annahme in der muslimischen Öffentlichkeit erlaubt. Ich muß hier gleich präzisieren, daß der Eindruck, der beim westlichen Leser zurückbleibt, das genaue Gegenteil des »heiligen« Eifers ist, den der Text bei seinen muslimischen Lesern und Hörern auslöst. Der westliche Leser wird unruhig, ja sogar besorgt sein angesichts einer »Logik« des Glaubens, welche für die Konzeption der menschlichen Person, deren Respektierung der westliche Rechtsstaat gegenüber jedermann erzwingt, nichts als Verachtung übrig hat. Für den Muslim wird der Glaube im Hinblick auf die »Tyrannen« verletzt, die ihre willkürlichen Gesetze an die Stelle des Urteils Gottes setzen. Die westlichen Islamwissenschaftler haben diesen Unterschied in der Auffassung bestätigt; sie ziehen einen Graben zwischen der westlichen Perspektive der menschlichen Person und der furchterregenden Erscheinung des *radikalen Islam*[81] und tragen so das Ihrige zu der Überzeugung bei, daß der Westen eventuell bereit sein muß, die Gewalt des militanten Islam in Schranken zu halten.

Der dritte Grund, der mich dazu veranlaßt hat, hier meinerseits eine Lektüre des Manifests der Mörder Sadats vorzulegen, besteht darin, daß ich an diesem Beispiel einen Akt radikalen Denkens vollziehen will, um über diese dem Wesen nach theologische, metaphysische, apologetische und ideologische Zweiteilung des Seins hinauszugelangen.[82]

Ich werde hier nicht weiter auf die Quellen, auf denen der Text basiert, seine politischen und sozialen Entstehungsbedingungen und die psychologische Wirksamkeit seiner Proteste, Versprechungen und Behauptungen eingehen: all das hat Jansen schon mit der wünschenswerten Klarheit getan. Was noch zu tun bleibt, ist eine Bewertung des Textes vom

Standpunkt einer erkenntnistheoretischen Kritik nicht nur seiner Methoden und Problemstellungen, sondern wichtiger noch, des kognitiven Systems, das die Grundlage des »Zusammenhangs« und der »Logik« bildet. Dabei muß eine solche Untersuchung in zwei Zeitmaßen vorgenommen werden: zunächst mittels der Regeln und Prinzipien der Kritik, wie sie vom klassischen islamischen Denken praktiziert wird; danach mittels der Regeln und Prinzipien der modernen erkenntnistheoretischen Kritik. Indem wir das islamische Denken der modernen Kritik unterziehen, beziehen wir es in die allgemeine Bewegung der Erkenntnis ein und nötigen es dazu, sich über die Stellung der Person zu äußern, und zwar nicht ausgehend von den Voraussetzungen des »orthodoxen« Glaubens oder irgendeiner Version der westlichen Philosophie, sondern aus der Perspektive einer verallgemeinerten Kritik der Werte.

Die Interpretation des gesamten Textes von *Die vernachlässigte Pflicht* würde ein weiteres Buch erfordern, das noch dicker wäre als das von Jansen. Ich bitte den Leser, sich auf die arabische Version zu beziehen, um das System der Konnotationen innerhalb der islamischen Logosphäre zu erfassen. Im folgenden sind die wichtigsten Zwischenüberschriften des Buches aufgeführt, die ein sehr bezeichnendes Bild der ideologischen Orientierung des Gesamttextes liefern:

1. Haltungen zum Islam: mehrere *hadithe* über den islamischen Staat und die Wiedereinsetzung des Kalifats.
2. Antwort an die, die verzweifeln.
3. Das Haus (*dar*), in dem wir leben: dar al-islam – dar al-harb; das Gebiet des Islam versus das Gebiet des Krieges.
4. Das Oberhaupt, das durch andere Gesetze regiert als durch das geoffenbarte Gesetz.

5. Die heutigen führenden Kreise der Muslime sind Abtrünnige.
6. Ein Vergleich zwischen den Mongolen und den heutigen führenden Kreisen.
7. Die *fatwa*-Sammlungen von Ibn Taymiyya sind auch für die Gegenwart nützlich.
8. Wie beurteilen wir nach dem Gesetz jene muslimischen Soldaten, die sich weigern, in der Armee der Mongolen zu dienen?
9. Die Verordnung über die Güter der Mongolen (nach Ibn Taymiyya).
10. Die Verordnung des Krieges gegen die Mongolen.
11. Die Verordnung über denjenigen, der Anhänger der Mongolen gegen die Muslime wird.
12. Die Wohltätigkeitsgesellschaften oder –vereinigungen.
13. Gehorsam, Erziehung und Überfluß an frommen Werken.
14. Die Bildung einer politischen Partei.
15. Sich Mühe geben, um Zugang zu hohen (gesellschaftlichen) Positionen zu erlangen.
16. Ausschließlich gewaltlose Propaganda.
17. Emigration (*hidjra*).
18. Verankerung in der Suche nach Erkenntnis (*ilm*).
19. Warum unterscheidet sich die *umma* von allen anderen Gemeinschaften bezüglich des Kampfes für Gott? (Weil Gott den bewaffneten *jihad* angeordnet hat.)
20. Der Aufruhr gegen die führenden Kreise.
21. Der nahe und der ferne Feind.
22. Antwort an jene, die behaupten, der *jihad* sei ausschließlich defensiv.
23. Der Vers vom Schwert; Sure 9, Vers 5.
24. Die Gesellschaft in Mekka und Medina.
25. Heute ist es die Pflicht aller Muslime, zu kämpfen.

26. Die verschiedenen Aspekte des *jihad* bilden keine auf-
    einanderfolgenden Phrasen: *jihad* für die Seele, *jihad*
    gegen den Teufel, *jihad* gegen die Polytheisten und Heuch-
    ler (*jihad al-nafs – jihad iblis; jihad al-mushrikin wal-
    munafiqin*).
27. Die Furcht vor der Niederlage.
28. Das Kommando (im Kampf).
29. Der Treueschwur zum Kampf bis in den Tod.
30. Der Anreiz des *jihad* für die Sache Gottes.
31. Die Bestrafung für das Unterlassen des *jihad*.
32. Rechtliche Probleme und ihre Widerlegung.
33. Die ethisch-rechtlichen Regeln des *jihad*.

Schon allein die Lektüre dieser Überschriften erlaubt es, eine
einfache und ausreichende »Argumentation« zur Mobilisierung aller Muslime, »die verzweifeln«, das heißt, zur Mobilisierung all derer auszumachen, die vom Sieg im nationalistischen Kampf, vom Patronagestaat und von der vom Westen
geförderten und unterstützten wirtschaftlichen Entwicklung
nicht profitiert haben und statt dessen soziokulturell entwur-
zelt, verarmt und an den Rand gedrängt sind. Diese Millionen von Männern und Frauen, die Staatsbürger sind und denen die Religion die Möglichkeit eröffnet, zu Personen nach
dem Bilde Gottes zu werden, sehen sich in der Realität ele-
mentarer Rechte, wie des Rechts auf Arbeit, Wohnung, Information, Ausbildung und politische Teilnahme sowie eines angemessenen religiösen Ausdrucksrahmens, beraubt. Es
handelt sich hier um eine unerträgliche Lage, die die göttliche Verheißung ungültig sowie das Werk des Propheten zunichte macht und daher den Gläubigen die Notwendigkeit
des Kampfes für Gott auferlegt, weil sie nur so in dem Bund
(*mithaq*) zwischen Gott und seinen Geschöpfen bleiben können. So wird die politische Entwicklung mit Hilfe des sozio-
religiösen Paradigmas von Medina interpretiert und fordert

daher nach einer Lösung, die mit der identisch ist, die der Prophet gegen die Ungläubigen anwandte und die Ibn Taymiyya in Syrien im Kampf gegen die Mongolen erneut in die Tat umsetzte.

Diese Lösung wird im Vers vom Schwert explizit von Gott selbst definiert und vorgeschrieben. Es lohnt sich, den Abschnitt in der Schrift Farajs zu lesen, der diesem Vers gewidmet ist[83]:

»Die meisten Korankommentatoren haben etwas über einen gewissen Vers gesagt, den sie den Vers des Schwertes genannt haben (9,5). Dieser Vers lautet wie folgt: ›Und wenn die verbotenen Monate vorüber sind, dann tötet die Götzendiener, wo ihr sie trefft, und ergreift sie und belagert sie und legt ihnen einen Hinterhalt.‹

Der Koranexeget Ibn Kathir stellte in seinem Kommentar zu diesem Vers folgendes fest: Al-Dahhak Ibn Muzahim sagte: ›[Dieser Vers] macht jede Übereinkunft zwischen dem Propheten – Segen und Heil seien mit ihm – und allen Ungläubigen null und nichtig, ebenso wie jeden Vertrag und jedes Abkommen.‹ Al-Ufi hat sich unter dem Einfluß von Ibn Abbas über diesen Vers wie folgt geäußert: ›Seitdem diese Auflösung aller vertraglichen Verpflichtungen geoffenbart wurde, wurde kein Vertrag und kein Schutzbündnis mit einem Ungläubigen mehr anerkannt.‹

Der Koranexeget Muh-Ibn Ahmad Ibn Juzayy al-Kalbi sagt: ›Die Aufhebung des Gebots, mit den Ungläubigen Frieden zu halten, ihnen zu verzeihen, sich ihnen gegenüber passiv zu verhalten und ihre Beleidigungen zu ertragen, geht hier dem Befehl, gegen sie zu kämpfen, voraus. Daher ist es überflüssig, die Aufhebung des Gebots, mit den Ungläubigen in Frieden zu leben, in jeder Passage des Koran zu wiederholen. Dieses Gebot, mit ihnen in Frieden zu leben, wird in 114 Versen, die sich auf 54 Suren verteilen, erteilt. All diese Verse werden durch die Verse 9,5 und 2,216 (du bist verpflichtet zu kämpfen) aufgehoben.‹«

Der Text führt dann noch weitere Autoritäten an, die von der »orthodoxen« Tradition anerkannt sind.[84] Hinsichtlich des gesamten Textes sollten wir uns vor allem den Stellenwert vergegenwärtigen, der Zitaten eingeräumt wird. Zitate aus dem Koran, dem *hadith* und aus Werken von Autoren wie Ibn Taymiyya, der als »Lehrer des Islam« bezeichnet wird, und Ibn Kathir, einer weiteren hanbalitischen Autorität, machen den größten Teil der Rechtfertigung aus. Viele Muslime, die mit diesen klassischen Texten vertraut genug sind, um sie direkt zu Rate zu ziehen, neigen dazu, die Bedeutung des Manifestes herunterzuspielen, indem sie sich das moderne Vorurteil gegen Texte zunutze machen, die sich überwiegend auf Zitate stützen. Aber in Wirklichkeit ist die überzeugende und mobilisierende Kraft des islamischen Diskurses um so durchschlagender, wenn heilige oder, wie im Fall Ibn Taymiyyas, in Übereinstimmung mit den Gläubigen sakralisierte Texte wieder aktualisiert und an die von einer größtmöglichen Zahl von Gläubigen erlebten sozialen und politischen Umstände wieder angepaßt werden. Innerhalb des islamischen Denkens kann jedes Zitat im Hinblick auf seine semantische Anwendbarkeit, seine Beziehung zum Zusammenhang, die theologische Legitimität der Berufung auf den Koran und den *hadith* diskutiert werden. Darüber hinaus gibt es eine Reihe von Schulen und hermeneutischen Methoden, was in der klassischen Epoche zur Herausbildung unterschiedlicher Verwendungen von Zitaten geführt hat. In dieser Hinsicht muß bemerkt werden, daß die *politische* Übereinstimmung, die seit den siebziger Jahren unter den islamistischen Bewegungen zustande gekommen ist, dazu neigt, die theologischen Fragen und historiographischen Diskussionen vergessen zu lassen, die von den klassischen Denkern als entscheidend angesehen wurden. So finden wir eine erkenntnistheoretische Verlagerung im Innern des für das islamische Denken spezifischen kognitiven Systems: Das Prinzip der Rückkehr zu den grundlegenden Texten wird noch strenger aufrechterhalten, aber gleichzeitig wird die semantische und logisch vorgehende Behandlung der Texte völlig einer ideologischen Zielsetzung untergeordnet, die sämtliche »wissenschaftlichen« Vorgänge, wie Syntax, Semantik, Rhetorik, Geschichte, Theologie und sogar Philosophie, ausschließt, die jeder Rechtsgelehrte (*imam mujtahid*) beherrschen muß.

Aus dieser Perspektive verliert die Kenntnis des Autors eines Textes jede Bedeutung und Relevanz. Muhammad Abd al-Salam Faraj ist nur das Echo einer gemeinsamen Stimme, eines sozialen Imaginären, das all die Konnotationen, all die politisch-religiösen Resonanzen, all die Aufrufe zur Hoffnung, die in den in diesem Manifest zusammengefaßten Texten enthalten sind, erwartet. Tausende von Predigten in den Moscheen, öffentliche Reden, Artikel, Konferenzen und Werke vermitteln und verbreiten sehr reichlich dieselbe emotionale Verpflichtung, wobei die immer gleichen Zitate und ein und dasselbe Vokabular eine um so größere Wirkung entfalten, wenn sie rituell immer wieder eingesetzt werden. Als sei die rituelle Form ein über die Ufer tretender Strom, der in seinem Lauf die unterschiedlichsten Dinge mit sich reißt, beruft man sich nun auf die reiche islamische Tradition des Protests im Namen des von Gott geoffenbarten Absoluten, damit sie dieselbe revolutionäre Rolle spielt, wie während ihrer ersten Bekundung in Mekka und Medina. Und tatsächlich war ja der *jihad* die militärische Antwort des Propheten auf die drohende Vernichtung, mit der die »Götzendiener«, die »Ungläubigen« (polemische Bezeichnungen, die im Koran zu für die Ewigkeit bestimmten religiösen Kategorien erhoben wurden) Druck ausübten auf die »Gläubigen«, die »Getreuen« (also in Wirklichkeit die Minderheit der Muslime, die sich anschickte, als neue soziale, politische und kulturelle Kraft zu erscheinen). Der Koran griff die ungläubigen (mit der neuen Sache nicht solidarischen) Beduinen, die sich weigerten, am *jihad* teilzunehmen, mit derselben Heftigkeit und »spirituellen« Empörung an, wie sie in der gemeinsamen Stimme, die in der Rechtfertigung Farajs zu vernehmen ist, zum Ausdruck kommt.

So führte die Erfahrung von Medina mit Hilfe eines Diskurses, der spirituellen Elan mit der Notwendigkeit des politischen Kampfes vermischte und so als die *Gründungserzählung*[85] der Glaubensgemeinde fungierte, ein historisches Handlungsparadigma ein.

Aus dem kognitiven System, das der Rechtfertigung und dem gesamten kollektiven Text, von dem sie lediglich ein Fragment bildet, zugrunde liegt, kann man die folgenden Lehren ziehen:

1. Alles in diesen Texten entfaltet sich innerhalb einer dogmatischen Abgeschlossenheit, die durch die Verssammlungen des Koran und die semantischen und juristisch-theologischen Erweiterungen, wie sie die »orthodoxe« Tradition ausgewählt, geweiht und überliefert hat, bestimmt ist.

2. Die Aufmerksamkeit richtet sich ausschließlich auf das göttliche Gebot und die Pflicht jedes Gläubigen, ihm zu gehorchen.

3. Der Vorrang und das Vorrecht der Regeln, die das praktische Verhalten in der Gesellschaft der Gläubigen festlegen, reichen so weit, daß 114 Verse annulliert werden, obwohl sie eine Lehre Gottes darstellen, die während mehrerer Jahre immer wieder verkündet wurde. Mit anderen Worten: hier setzt sich der Rechtsstandpunkt gegenüber dem theologischen durch.

4. Die von der Tradition anerkannten »Autoritäten« haben die entscheidende Frage über die Aufhebung der entsprechenden Verse definitiv geklärt (in Wirklichkeit gab es unter den klassischen Gelehrten eine Diskussion

über dieses Prinzip und die Modalitäten seiner Anwendung).

5. Die Polytheisten, die Ungläubigen und die Gläubigen werden nicht mehr als konkurrierende soziale Gruppen betrachtet, sondern als theologisch-juristische Kategorien, denen innerhalb der unterschiedlichsten historischen Zuammenhänge die gleichen rechtlichen Einstufungen (*hukm*) zuteil werden.

6. Die anfänglichen historischen und soziologischen Zufälligkeiten, die ursprünglich die Gebote in Sure 9, Vers 5 und Sure 2, Vers 216 verursachten, werden dank des allgemeinen Bedeutungsrahmens, der durch das Phänomen der Offenbarung eingeführt wurde, vergeistigt und transzendentalisiert.

7. Die von der Tradition anerkannten Autoritäten nehmen im ursprünglichen Sinne und authentisch am Phänomen der Offenbarung teil. Ihr Wissen ist unangreifbar, ihre Interpretationen sind unfehlbar, und beide zusammen bilden ebenso viele dogmatische Anhaltspunkte, die das »logische« und »schlüssige« Funktionieren des gemeinsamen islamischen Diskurses garantieren.

Die sieben Merkmale, die ich gerade unterschieden habe, sind zugleich Forderungen, die die erkenntnistheoretische Grundlage des gesamten islamischen Diskurses bilden, wie er funktioniert hat, seitdem der Koran in einen *Geschlossenen Offiziellen Korpus (mushaf)* geoffenbarter Aussagungen verwandelt und von den dazu autorisierten Gelehrten auch als solches gelesen wurde. Die semantischen Erweiterungen der geoffenbarten Aussagen kennen keine Schranken und kehren immer wieder, wie es nicht zuletzt die Rechtfertigung beweist; aber die Strategien der orthodoxen Lektüre haben je nach den an den Koran als Ganzes gerichteten kognitiven (philosophischen, theologischen, mystischen) und/oder ideologischen (juristischen, militanten) Anforderungen eine stärkere oder schwächere dogmatische Abgeschlossenheit des Korpus erzeugt.

Innerhalb dieser dogmatischen Geschlossenheit, die als einziger, unersetzlicher Raum der »orthodoxen« Wahrheit präsentiert wird, bildet und behauptet sich die »muslimische« Person. Mit diesem Raum hat man zugleich auch den gesamten Raum des muslimischen *Denkbaren*, der zugleich implizit den Raum des *Undenkbaren* bezeichnet, zu dem die Person nur Zugang haben kann, indem sie die Grenzen der dogmatischen Abgeschlossenheit überschreitet.

Die langen in der Rechtfertigung enthaltenen Zitate aus den Texten Ibn Taymiyyas zeigen alle für das islamische kognitive System charakteristischen Merkmale auf. Die Rechtfertigung bedient sich einer Autorität aus dem 14. Jahrhundert, um einerseits bis zur Erfahrung von Medina zurückzugehen und andererseits die geschichtsübergreifende Gültigkeit des – im 20. Jahrhundert immer noch angemessenen – islamischen Protests gegen das Chaos der widerrechtlichen, von »Ungläubigen« regierten politischen Gemeinschaft zu bezeugen: Sadat, der Schah, Tamerlan sind alle nur Inkarnationen des Pharao, des schlimmsten Unterdrückers, der profane Gesetze anstelle der im Koran verkündeten, vom Propheten in die Tat umgesetzten und von den Gelehrten erläuterten und regelmäßig in Erinnerung gerufenen rechtmäßigen Politik (*siyasa schar'iyya*) setzt.

Angesichts all dessen müssen der Historiker und der Soziologe besonders auf den Anachronismus und die Aufhebung des den politischen, wirtschaftlichen und kulturellen Wandlungen der Gesellschaft unterworfenen geschichtsgebundenen Bedeutungscharakters hinweisen. In der Tat müssen wir einen *Bruch* zwischen dem für die Gesellschaften des Buches[86] spezifischen kognitiven System und demjenigen postulieren, das von unseren technologisch homogenisierten und säkularisierten Industriegesellschaften angepriesen wird. Die erzählende Geschichtsschreibung und die darstellende Soziologie müssen der Sozial- und Kulturanthropologie das Wort überlassen: Das muslimische kognitive System ist in seinem Kern mythisch, und es wäre daher ein Irrtum, es nur aus der einzigen Perspektive eines rationalisierenden historischen (oder, wie bei vielen muslimischen und westlichen Historikern, positivistischen oder historiographischen) Wissens darzustellen.

Was bei dieser theoretischen Annäherung auf dem Spiel steht, ist die exakte Definition der Stellung des einzelnen Menschen in den Gesellschaften des Buches. Dabei beruht der Zugang zu dieser Stellung auf dem in diesen Gesellschaften gepredigten Legitimationsprinzip der Autorität. Die Legitimation wird ausschließlich durch die Berufung auf die frommen Vorfahren (*al-salaf al-salih*) der Gründungszeit erworben, als die Geschichte der Gemeinschaft, der das Heil versprochen ist (*al-firqa al-najiya*), gerade erst begann. Nicht alle Individuen sind auch Personen, und die Personen sind um so bedeutender (*afdal*), je mehr sie sich dem vom Koran und der Familie des Propheten (*ashraf*) geforderten Frömmigkeitsideal annähern.

Dieses allgemeine Prinzip der Einstufung von Personen und Individuen kompliziert sich durch die rechtlichen Definitionen der Stellung des Mannes, der Frau, des Kindes und (bis zur Abschaffung der Sklaverei) des Sklaven. Die Rechtfertigung für den Wiederbeginn des *jihad* in der aktuellen Phase der Geschichte zielt darauf ab, die moderne Entwicklung aufzuhalten, die dazu tendiert, das Individuum mit der Person gleichzusetzen, indem sie den säkularen Begriff des Bürgers durchsetzt, der dieselben Rechte genießt wie alle anderen Bürger der Gesellschaft und dem jede gesellschaftliche Rolle offensteht. Wir wissen, wie sehr die Stellung der Frau Gegenstand scharfer Kontroversen in den muslimischen Gesell-

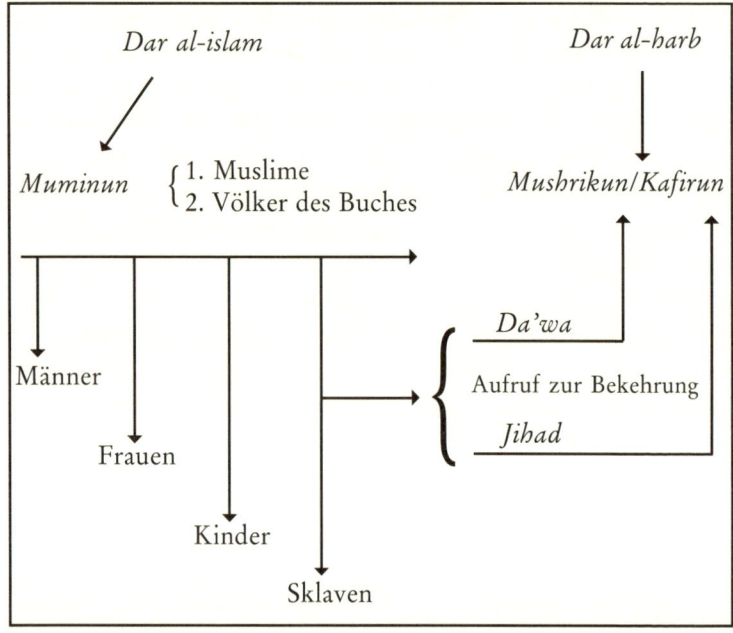

Schema der gesellschaftlichen Hierarchie. Je länger der Pfeil, desto niedriger ist die Stellung. Die Völker des Buches sind Gläubige; für sie besteht dieselbe Hierarchie: Mann/Frau/Kind/Sklave. Aber jedes der Völker untersteht einer jeweils eigenen Rechtsprechung.

schaften ist, in denen das traditionelle Modell (Wiederher-stellung des geoffenbarten Gesetzes) mehr und mehr in Kon-flikt mit der modernen Erklärung der Menschenrechte gerät.

Aus der Perspektive der Rechtfertigung – die, man muß daran erinnern, die gleiche ist wie die des Europa der Kreuz-züge und der Religionskriege (also dessen, was ich die Ge-sellschaften des Buches genannt habe) – richtet sich der Kampf gegen die Ungläubigen, die Unpersonen sind und das Gebiet des Krieges (*dar al-harb*) bevölkern. So erhalten wir das oben skizzierte Schema der gesellschaftlichen Hierarchie.

Angesichts dieser Vision, welche die Tragödien von gestern ebenso wie die von heute legitimiert, muß man sich fragen, wie es möglich ist, die dogmatische Geschlossenheit hinter sich zu lassen. Der Westen ist dem Weg des Säkularismus gefolgt, der die Spannungen zwischen religiöser und politischer Macht gemildert und Gebiete selbständiger Aktivität, wie der Wirtschaft, der Justiz und der wissenschaftlichen Forschung, durchgesetzt hat. Aber es ist dem Westen bisher nicht gelungen, die moralischen und spirituellen Werte als wissenschaftliche Ziele hervorzubringen, nach denen unsere modernen Gesellschaften zunehmend verlangen. Mit anderen Worten: das Problem der Person bleibt auch nach einer langen politischen und wissenschaftlichen Praxis, die auf der Forderung nach der unvermeidlichen Wertminderung der Religion beruht, weiterhin bestehen. Emile Durkheim hat diese »wissenschaftliche« Überzeugung beredt wie folgt ausgedrückt:

> »Am Anfang erstreckt sich (die Religion) auf alles: alles, was sozial ist, ist auch religiös; die beiden Worte sind synonym. Dann lösen die politischen, wirtschaftlichen und wissenschaftlichen Funktionen sich Schritt für Schritt von der religiösen Funktion, bilden gesonderte Systeme und nehmen einen immer ausgeprägteren weltlichen Charakter an. Man kann es vielleicht so ausdrücken, daß Gott, der anfangs in allen menschlichen Beziehungen anwesend war, sich immer mehr aus ihnen zurückzieht; er überläßt die Welt den Menschen und ihren Streitigkeiten. Falls er sie weiterhin beherrscht, tut er das jedenfalls von weit oben und aus großer Entfernung.«[87]

Bevor wir untersuchen, wie das gegenwärtige wissenschaftliche Denken versucht, über diese reduktionistische Theorie der Religion hinauszugelangen, muß darauf hingewiesen werden, daß das in seiner dogmatischen Geschlossenheit gefangene islamische Denken bisher noch nicht einmal Kenntnis von den erzieherischen Wegen und pragmatischen Lösungen genommen hat, die in den westlichen Gesellschaften seit dem 18. Jahrhundert praktiziert worden sind. Das ist gerade der Bereich, den ich als das »Ungedachte« im islamischen Denken bezeichnet habe. Daraus ergibt sich die Notwendigkeit eines Vergleichs des islamischen Denkens mit dem wissenschaftlichen, wobei man jedoch bei der Frage, was als wissenschaftlich gelten soll, Vorsicht walten lassen muß.

Es versteht sich von selbst, daß das islamische Denken in seiner im geläufigen islamischen Diskurs praktizierten Form schon das bloße Ansinnen einer solchen Gegenüberstellung rundweg ablehnt; dabei handelt es sich um eine Verweigerungsstrategie, die von allen dogmatischen kognitiven Systemen her hinlänglich bekannt ist. Wir müssen jedoch anerkennen, daß diese Verweigerungshaltung in zumindest einer Forderung legitim ist: In dem Maße, in dem das von der Gemeinschaft der Forscher anerkannte wissenschaftliche Denken mit der historischen Erfahrung und den Sprachen des Westens verbunden ist, muß man sich davor hüten, den Irrtum des Aristotelismus zu wiederholen, der den Kategorien, die der große Meister in der griechischen Sprache entwickelt hatte, den Status der Allgemeingültigkeit zusprach.

Davon abgesehen geht es bei dieser Gegenüberstellung heute wie früher um das letzte Fundament der Werte, die den Menschen zu dem machen, was er ist, und sein Denken und Handeln bestimmen. Die traditionellen Religionen haben dieses Fundament festgelegt und es erfolgreich in der Überzeugung aller Menschen verankert. Das wissenschaftliche Denken hat die Ausdrucksformen und Zeugnisträger des geistigen Lebens dieses Fundaments mit eingeschlossen: »Geste, Wort, Text, Bauwerk, Institution, Person, Gruppe«[88], wobei es ihr aber nicht gelungen ist, das Wesen des Religiösen rein sachlich zu betrachten.

Damit will ich nicht sagen, daß wir der gegenwärtigen Welle des Religiösen nachgeben sollen, die über psychologische und politische Forderungen – die ganz offensichtlich auf die strukturellen Umwälzungen unserer Gesellschaften zurückzuführen sind – einen spiritualistischen Schleier breitet. Ich erkenne zwei ergänzende Forschungsrichtungen, die uns dabei helfen könnten, jene reduktionistischen Theorien, dogmatischen Verweigerungshaltungen und spiritualistischen Spekulationen über »Werte« und Legitimationsprinzipien zu überwinden. Erstens muß die Religionsanthropologie alle drei geoffenbarten Religionen in ihre Forschung integrieren und so dem Ausschluß des islamischen Beispiels ein Ende machen. Zweitens muß das islamische Denken sich aus seiner dogmatischen Geschlossenheit hinausbegeben, um von den Werkzeugen und Fragestellungen der Sozialwissenschaften zu profitieren, die aber auch ihrerseits der *Bereicherung* durch die Problematik der Gesellschaften des Buches bedürfen.

Die westlichen Forscher fühlen sich sowohl angezogen als auch abgestoßen vom Islam; sie sind sehr interessiert, zu erfahren, was die Muslime über sich, ihre Religion und ihre Gesellschaften sagen, sind aber nicht bereit, ausgehend vom Beispiel des Islam über das Phänomen der Religion als solches nachzudenken. Wenn man weiß, wie sehr das Christentum, das von einem höchst anregenden wissenschaftlichen Umfeld profitiert, weiterhin außerhalb der Strömungen innovativen Denkens steht, kann man erst richtig ermessen, wie stark der Islam der kollektiven Vorstellungswelt der benachteiligten Massen verhaftet bleibt. Es existiert besonders unter den Anthropologen eine gewisse Übereinstimmung, sich nicht mit dem Bereich der geoffenbarten Religionen zu befassen, während sie enorme Energie darauf verwenden, die ältesten Stammesgesellschaften Afrikas, Australiens, Ozeaniens und Amerikas zu untersuchen.[89] Erklärt sich diese »Vorsicht« etwa aus der Zugehörigkeit dieser Wissenschaftler zu Religionen, die in ihren eigenen Gesellschaften auch weiterhin eine wichtige Rolle spielen? Zwischen dem Judentum, dem Christentum und dem Islam gibt es in dieser Hinsicht keinen Unterschied.

Pflichtvergessenheit, Vorsicht, Gleichgültigkeit der Wissenschaftler? Was den Islam angeht, muß leider die Unterdrückungsstrategie nicht weniger Islamwissenschaftler hinzugefügt werden: Man treibt die Analyse erst gar nicht in Richtungen, die zur Beseitigung der Tabus führen würden, die, seit nationalistische Staaten die Grenzen des in der Forschung Erlaubten abgesteckt haben, vom offiziellen Islam angehäuft worden sind. So zieht die wissenschaftliche Gemeinschaft, die doch im Prinzip die Freiheit hat, sich mit jedem Thema zu befassen und sämtliche Kontrollmechanismen, wie sie in jeglicher organisierten Form sozialen Lebens genutzt werden, zu enthüllen, statt dessen die ideologische Zusammenarbeit mit den herrschenden Gruppen vor. Das geht sogar so weit, daß dank gewisser »Orientalisten« von Ruf die apologetische Literatur über den Islam bereichert wird.

Die Erforschung des Islam als Religion ist blockiert, weil die Muslime mehr und mehr politischen, kulturellen und psychologischen Beschränkungen ausgesetzt sind, die in ihren Gesellschaften immer stärker werden, während die Islamexperten, die von der politischen Wirksamkeit der »Fundamentalisten« fasziniert sind, politologischen Beschreibungen von nur kurzfristiger Relevanz vor der unentbehrlichen langfristigen Beschäftigung mit einer Kritik der erkenntnistheoretischen Grundlage des islamischen kognitiven Systems den Vorrang geben.

Angesichts dieses Versäumnisses habe ich an anderer Stelle zu zeigen versucht[90], daß das Phänomen der Offenbarung keine Frage mehr ist, mit der sich nur Theologen beschäftigen sollten. Statt dessen sollte es für Wissenschaftler im Rahmen des jeweils angemessenen Forschungsfeldes Anlaß zur strategischen Intervention sein: für den Historiker (Geschichte des koranischen Textes und der exegetischen Literatur), für den Linguisten und den Semiotiker (Theorie des religiösen Diskurses und Kritik des religiösen Diskurses), für den Soziologen (Soziologie des Glaubens, der Hoffnung, des religiösen Diskurses, der mit dem Koran und/oder den archaischen lokalen Traditionen verbundenen religiösen Praxis), für den Psychologen (Verinnerlichung von »Werten« und des symbolischen religiösen Kapitals, Rolle der »Offenbarung« bei der psycho- und soziokulturellen Integration der Person), für den Juristen (Ursprünge und Grundlagen des als religiös bezeichneten Gesetzes) und für den Anthropologen (Offenbarung als Diskurs, der die politische, wirtschaftliche, psychologische, symbolische und überhaupt jede Art von Herrschaft legitimiert: die Herrschaft des Mannes über die Frau, des Erwachsenen über das Kind und den Jugendlichen, des Arbeitgebers über den Arbeiter, des politischen Führers über den als Untertan betrachteten Bürger, des Heiligen über den Gläubigen, des spirituellen Lehrers über den Anwärter oder Schüler, des Geistlichen über den Laien).

All diese Hierarchien sind immer noch in Kraft und behalten so die Gültigkeit des kognitiven Systems bei, das auf dem Primat der Offenbarung begründet ist. Fall für Fall kann man all die soziokulturellen Mechanismen rekonstruieren, auf die die soziale Ordnung und die »Legitimität« der politischen Ordnung sich stützen, die ihrerseits in hohem Maße über die Stellung und historische Entwicklung der Person bestimmen.

Man kann sich zweifellos diesen Problemen stellen und sie – ausgehend von geläufigen Themen wie Staat, Zivilgesellschaft, Autorität und Macht, Mythos und Geschichte, Produktions- und Austauschsysteme, elementare Verwandtschaftsstrukturen und der Soziologie des Rechts – erörtern. Die westliche wissenschaftliche Praxis geht den Weg des geringsten Widerstands, indem sie die Frage der Religion beiseite schiebt, umgeht oder ausblendet. Daher kann man zwar durchaus Aufsätze finden, die den verschiedenen Themen gewidmet sind, die ich gerade aufgezählt habe. Aber dabei handelt es sich um Werke, die in ihren wissenschaftlichen Ambitionen, ihrem Informationsgehalt und ihrem praktischen und theoretischen Beitrag sehr oft beschränkt und außerdem nicht sehr zahlreich sind. Wie kann man im Fall von Gesellschaften, in denen »Gott« im Gegensatz zu dem, was Durkheim zu Beginn dieses Jahrhunderts schrieb, auf allen Ebenen der gesellschaftlichen Existenz und des dieser Existenz entsprechenden Diskurses präsent ist, das Beiseiteschieben, die methodologische Suspendierung oder die explizite Ausblendung des Religiösen wissenschaftlich rechtfertigen? Sollten wir nicht den Gedanken in Betracht ziehen, daß das wissenschaftliche Denken das Beispiel der Gesellschaften des Buches auswerten kann und muß, in denen die Religion sich der gelehrten, vernunftbestimmten Kultur öffnet und dabei gleichzeitig symbolische Praktiken weiterführt, die die geistigen Realitäten in eine beengende soziale Ordnung verwandeln?

Die zeitgenössischen muslimischen Gesellschaften sind in dieser Hinsicht Laboratorien, aus denen die Sozialwissenschaften besonders reiche Lehren ziehen könnten. Aber Analyse und Verständnis dieser Gesellschaften bleiben weiterhin unterentwickelt und wenig bekannt, weil die Ausbildungsstätten für Forscher unzureichend oder unangemessen und die Methoden und die verfügbare konzeptuelle Ausrüstung ungeeignet sind, Umstände, Praktiken, Überzeugungen, Institutionen und Entwicklungen einer oftmals sehr spezifischen Natur zu entziffern. Ich denke dabei zum Beispiel an die Sexualität, die Verwandtschaftsstrukturen, die Gesetzbücher, die das traditionelle muslimische Recht mit modernen Rechtssystemen kombinieren, an den Zusammenprall zwischen den verschiedenen Formen des Ehrenkodexes und den Imperativen einer industriellen Wirtschaft, an die Widersprüche zwischen dem Rechtsstaat und dem Kirchenstaat und an die Spannungen und Brüche zwischen der utopischen Vision der Autorität und der Ausübung von Macht durch Unterdrückung usw.

Das in der islamischen Tradition angehäufte kulturelle, intellektuelle und spirituelle Erbe nährt immer noch das Streben nach dem Idealbild der Person – dem perfekten Menschen, *al-insan al-kamil* –, dessen Merkmale samt der Wege zu ihrer Realisierung Gott festgelegt hat und dessen irdische Wanderung die Heiligen, Mystiker und Denker sowohl in ihrem Leben als auch in den Berichten, die sie über ihre Erfahrungen hinterlassen haben, angedeutet haben. Eine starke Sehnsucht nach dem Sein, die untrennbar von dem »unbezwingbaren Wunsch ist, zu überdauern«, die jeden Geist ergreift, der mit dem Versprechen der Ewigkeit in Berührung kommt, bewegt den Muslim ganz genauso wie die von den Verheißungen der Heiligen Schriften inspirierten jüdischen und christlichen Gläubigen. Hierbei handelt es sich um eine unerbittliche Gegebenheit des aus den Gesellschaften des Buches hervorgegangenen Menschen, der danach strebt, sich in den vielfältigen von der Moderne hervorgebrachten Formen und Typen der Existenz auszudrücken und wiederzuverkörpern. Es ist eine Tatsache, daß das wissenschaftliche Denken dazu tendiert, diesen für die Person wesentlichen Grundgedanken herunterzuspielen, statt ihn in eine Bemühung zu integrieren, den Menschen auf eine andere Art als durch das rein vernunftbestimmte Imaginäre, das jetzt allzuoft die einstige Monopolstellung des mythischen Imaginären einnimmt, größer werden zu lassen.

22. Kapitel

Menschenrechte

Was ist davon zu halten, wenn heute von den
»islamischen Ursprüngen der Menschenrechte«
gesprochen wird?

Ähnlich wie das Juden- und Christentum befaßt sich der heutige Islam mit der Frage der Menschenrechte und bemüht sich zu zeigen, daß der Koran und die Lehre des Propheten Muhammad die ursprüngliche Grundlage für eine Kultur der Menschenrechte liefern.

Dieser Wunsch, rückwirkend eine Vision des Menschen und eine rechtlich-politische Praxis für sich zu reklamieren, die sich in Wirklichkeit erst nach der Englischen, Amerikanischen und Französischen Revolution durchgesetzt haben, zeigte sich sehr klar auf der UNESCO-Tagung vom 19. September 1981, auf der auf Initiative des Islamischen Rates und seines Generalsekretärs, Salem Azzam, eine *Universale Islamische Erklärung der Menschenrechte* präsentiert wurde.

Es ist interessant, den Text dieser Erklärung zu analysieren, der aus 23 Artikeln besteht, die alle auf Koranversen und dem *hadith* (den prophetischen Überlieferungen) basieren. Die Analyse muß in zweierlei Richtungen entwickelt werden:

1. Funktion und Inspiration des Textes sind unverkennbar apologetischer Natur. Es handelt sich nicht nur darum, zu

zeigen, daß der Islam als Religion offen für die Verkündigung und Verteidigung der Menschenrechte ist, sondern auch um die Demonstration, daß der Koran, das Wort Gottes, diese Rechte schon zu Beginn des 7. Jahrhunderts, also lange vor den Revolutionen des Westens, definiert hat. Hier ist anzumerken, daß die auch im Juden- und Christentum wirksamen Bestrebungen und Praktiken einer rückwirkenden Neuinterpretation der Gründungstexte die gleiche apologetische Tendenz aufweisen

Auch wenn der Historiker an einer solchen Praxis zu Recht Anstoß nimmt, darf man nicht übersehen, wie nützlich es gegenwärtig ist, wenn Rechte, die im Zusammenhang mit einer in der heutigen Welt leider nur allzuweit verbreiteten politischen Unterdrückung verkündet und verteidigt werden müssen, durch die Autorität der religiösen Tradition bestätigt werden.

2. Die kritische historische Wiederaufnahme der realen Inhalte der Heiligen Schriften auf der einen und der modernen Kultur der Menschenrechte auf der anderen Seite bleibt eine dringliche und unverzichtbare intellektuelle Aufgabe. Ich sehe darin eine ausgezeichnete Gelegenheit, das religiöse Denken allgemein zu stärken, indem es gezwungen wird, anzuerkennen, daß die erhabensten religiösen Lehren und – in den drei monotheistischen Religionen – auch die Offenbarung selbst der *Geschichtlichkeit* unterliegen.

Die ideologischen Bedingungen und kulturellen Grenzen, die für die Entstehung und Entwicklung der Menschenrechte im Westen kennzeichnend waren, müssen ebenfalls Gegenstand einer kritischen Wiederaufnahme sein, um die bisherigen Unzulänglichkeiten nicht nur des traditionell-religiösen Imaginären, sondern auch des Imaginären der zivilen (oder weltlichen) Religion, die von den säkularen Revolutionen des Westens hervorgebracht wurde, besser zu beleuchten.

Es ist Zeit, einen neuen Verständnisrahmen zu schaffen, mit dem wir die im wesentlichen ideologischen Rivalitäten zwischen den traditionellen Religionen und der zivilen Religion – die an das mächtige Phänomen geknüpft ist, das von Fernand Braudel als die »materielle Zivilisation« beschrieben wurde – hinter uns lassen können.

Es hat im Westen immer eine Tendenz gegeben, den Islam aus der kulturellen Sphäre auszuschließen, in der die Menschenrechte verfaßt und verkündet wurden und ihre Bedeutung bewahren. Die Initiative zur *Universalen Islamischen Erklärung der Menschenrechte* ist eine Reaktion auf diese Tendenz. Der Text der Erklärung wurde von »hervorragenden muslimischen Gelehrten und Juristen sowie Repräsentanten der Bewegungen und Strömungen des islamischen Denkens« ausgearbeitet. Wie erwähnt, gründen sich die 23 Artikel auf Verse des Koran und diverse sunnitische *hadithe*, wobei die kanonischen *hadith*-Sammlungen der Schiiten nicht berücksichtigt wurden.

Sehen wir uns zunächst die in der Einführung der Erklärung dargelegten Prinzipien an, da sie uns erlauben, die theologischen Forderungen auszumachen, die hier den Rechtsbegriff selbst definieren:

>»Der Islam hat der Menschheit bereits vor 1400 Jahren einen idealen Kodex der Menschenrechte gegeben. Diese Rechte sind dazu bestimmt, der Menschheit Ehre und Würde zu geben und Ausbeutung, Unterdrückung und Ungerechtigkeit zu beseitigen. Die Menschenrechte im Islam wurzeln in der festen Überzeugung, daß Gott und nur Gott allein der Schöpfer des Gesetzes und die Quelle aller Menschenrechte ist. Aufgrund dieses göttlichen Ursprungs kann kein Machthaber, keine Regierung, keine Versammlung oder sonstige Autorität in irgendeiner Weise die von Gott verliehenen Rechte beschränken, abschaffen oder verletzen.«

Das große Verdienst dieser Erklärung besteht darin, daß sie Überzeugungen, Denkweisen und Ansprüche zum Ausdruck bringt, wie sie heute bei allen Muslimen zu finden sind. Der Historiker mag den Anachronismus kritisieren, der darin liegt, moderne Konzepte auf die Gründungszeit, das mythische Zeitalter des Islam, zurückzuprojizieren; der Jurist mag den rein ethischen, idealistischen Charakter von Artikeln unterstreichen, die in sämtlichen muslimischen Ländern lediglich auf dem Papier stehen oder sogar offen verletzt werden. Mit derartigen Demonstrationen würde man es sich etwas zu leicht machen, denn sie ließen sich genausoleicht anhand einer Reihe von Erklärungen durchführen, die seit der amerikanischen Unabhängigkeitserklärung von 1776 (philosophische Darlegung der Menschenrechte durch Thomas Jefferson) und der ausführlicheren Erklärung der Menschenrechte in Frankreich 1789 im Westen verkündet wurden. Für die Mehrheit der Menschen ist die Geschichte weiterhin eine Geschichte des Leidens, und selbst in Ländern, die schon viel für die Menschenrechte gekämpft haben, wie etwa in Frankreich, stößt man immer wieder auf Unzulänglichkeiten und empfindliche Verzögerungen. Es bleibt jedenfalls von nicht zu unterschätzender Bedeutung, wenn so wertvolle Rechte wie die Religionsfreiheit, die Freiheit der Vereinigung, die Gedanken- und Meinungsfreiheit usw. zumindest theoretisch unter den vollen Schutz der Autorität der islamischen Tradition gestellt werden.

Was nun die Menschenrechte in der Konzeption des Islam betrifft, müssen meines Erachtens in erster Linie die folgenden Punkte analysiert und betrachtet werden:

1. Worin besteht heute die Bedeutung einer »islamischen« Debatte über die Menschenrechte? Welche Beziehung kann man zwischen dem, was global als »der Islam« bezeichnet wird, und den größtenteils nach dem Zweiten

Weltkrieg gegründeten Nationalstaaten herstellen? Allgemeiner gesagt: Welche Bedeutung kann man der Idee eines ausschließlich göttlichen Ursprungs der Menschenschenrechte zumessen? Was soll man von jener anderen, »philosophischen« oder »weltlichen« Behauptung halten, nach der der Mensch seine Rechte durch politische und soziale Kämpfe und kulturellen Fortschritt gewinnt, ohne irgendeines Anstoßes außerhalb seiner selbst zu bedürfen?

2. Welche philosophische Richtung könnte oder sollte die Erforschung der Grundlagen und der Garantien für die Anwendung der Menschenrechte *heute* einschlagen?

Man sieht sofort, daß diese Fragen sich im Zusammenhang mit dem Verständnis der Verfasser der islamischen Erklärung gar nicht stellen können. Der göttliche Ursprung der gesamten Schöpfung kann kein Gegenstand der Untersuchung sein, und jede Gesetzgebung ist das ausschließliche Vorrecht Gottes. Umgekehrt hat in einem militant weltlichen Zusammenhang die Frage nach dem religiösen Ursprung der Menschenrechte keinen Sinn mehr; wenn sie überhaupt gestellt wird, dann nur, um auf dem revolutionären Bruch zu bestehen, der nach reduktionistischer, positivistischer Ansicht den Menschen »der Entfremdung« entrissen hat.

Durch diese Bemerkungen möchte ich darauf hinweisen, daß eine kritische Wiederaufnahme, eine Neuinterpretation der Vorstellung von Wahrheit/Recht (*al-haqq*) und seiner Grundlagen heute sowohl möglich als auch notwendig ist. Halten wir hier bereits fest, daß der koranische Begriff *al-haqq* Gott selbst in seiner Funktion als die absolute, transzendente Wahrheit, als Quelle und Adressat der »Rechte Gottes« (*huquq allah*) bezeichnet. Wer diese Rechte respektiert, siedelt sich im *haqq*, in der wahren Realität und in den Rechten an, die sich daraus für den Menschen ergeben. In der heutigen arabischen Sprache bringt der Übergang vom singularischen *haqq* zum Plural *huquq* die Entsakralisierung des Rechts zum Ausdruck, das von der religiösen Kraft des *haqq* losgerissen wird und sich in einen Streit um zufällige, profane und individuelle Rechte auflöst.

Staaten, Nationen, Parteien und Menschenrechte

Historischer Rückblick

Es hat im islamischen Denken immer eine Diskussion über die Rechte Gottes und die Menschenrechte (*huquq allah/huquq adam*) gegeben, wobei die Rechte Gottes Vorrecht und Vorrang vor den Menschenrechten hatten. Darum beharrt das traditionelle Denken auch so sehr auf der Erfüllung der fünf kanonischen Pflichten für jeden Gläubigen: das Glaubensbekenntnis (*schahada*), das Gebet, die gesetzliche Almosensteuer, das Fasten während des Ramadan und die Pilgerreise nach Mekka. In diesem Gehorsam verinnerlichen die Gläubigen die Kenntnis von den Rechten Gottes; da alle Geschöpfe zu diesem Gehorsam genötigt sind, sind sie auch zur Respektierung der sozialen und politischen Bedingungen verpflichtet, die es erlauben, diese Beziehung zwischen den Rechten Gottes und den Pflichten der Menschen auf vollkommene Weise zu leben. Mit anderen Worten: die Achtung der Menschenrechte ist ein Aspekt und zugleich eine erste Vorbedingung für die Achtung der Rechte Gottes.

Die Rechte, die so innerhalb des grundlegenden Vertrages (*ahd*) oder Bundes (*mithaq*) zwischen Geschöpf und Schöpfer definiert sind, beziehen sich jedoch zunächst nur auf die Gläubigen, die eine spirituelle Gemeinschaft (*umma*) bilden.

Insofern alle Menschen dazu aufgerufen sind, dem Bund beizutreten, erstrecken sich diese Rechte potentiell auf alle Menschen und sind in diesem Sinne universal. In der Realität der
politischen Gemeinschaft finden wir jedoch theologische
Kategorien, die unterschiedliche juristische Einstufungen von
Personengruppen nach sich ziehen: die große Aufspaltung in
Gläubige und Ungläubige verkompliziert sich und läßt mehrere Einstufungsarten entstehen:

1. Innerhalb der *umma* kommt es zu dem großen Riß (*al-
   fitna-l-kubra*), der konkurrierende Gemeinschaften hervorbringt: Sunniten, Schiiten und Kharidjiten, von denen jede das Monopol auf *al-haqq* (die Wahrheit/das
   Recht), welche die Mitglieder der idealen orthodoxen
   Gemeinschaft in ihrem irdischen Verhältnis und in ihrer
   Beziehung zu Gott leiten, für sich beansprucht.
2. Abgesehen von den Gläubigen gibt es die Völker des
   Buches (*ahl al-kitab*), die einen von der islamischen Regierung geschützten Status (*ahl adh-dhimma*) genießen,
   während die Polytheisten (*mushrikun*) sich vollkommen
   außerhalb der vom göttlichen Gesetz gesicherten Garantien befinden. Juristisch gesehen, gibt es somit eine klare
   Grenze zwischen dem Gebiet des Islam (*dar al-islam*),
   in dem das göttliche Gesetz (*schari'a*) angewandt wird,
   und dem Gebiet des Krieges (*dar al-harb*), in dem das
   göttliche Gesetz potentiell später angewendet werden
   wird.
3. Innerhalb der orthodoxen *umma* selbst gibt es offensichtlich wichtige Unterschiede zwischen dem freien
   Mann, dem Sklaven, der Frau und dem Kind. Wir halten uns hier mit diesem Aspekt nicht auf, der sich ebenso
   in anderen rechtlichen Systemen findet und mit der allgemeinen Entwicklung des Rechts und dem Übergang
   von traditionellen Rechten verbunden ist, die mehr oder

weniger durch dogmatische Theologien des modernen positiven Rechts bewiesen sind. Letzteres ist die Ebene, auf der man nach den Kriterien der Moderne suchen muß, um Anachronismen und in die Geschichte zurückgerichtete Darstellungen zu vermeiden.

Der Einbruch der »Moderne«

Das, was im allgemeinen als »Moderne« bezeichnet wird, ist durch die Intervention des Kolonialismus brutal in das »Gebiet des Islam« eingebrochen. Vom genauen Standpunkt der Entwicklung und Verbreitung der Menschenrechte im Rahmen der intellektuellen Moderne hat der Kolonialismus sowohl für den Westen als auch für die muslimischen Länder Probleme mit sich gebracht. Es ist daher notwendig, sich damit zu befassen, um eine ideologische Situation zu entflechten, die auf beiden Seiten höchst verworren ist.

Die kolonialen Unternehmungen Europas im 19. Jahrhundert wurden lange Zeit durch die Berufung auf eine zivilisatorische Mission gerechtfertigt: Angeblich handelte es sich darum, »zurückgebliebene« Völker zu einer »universalen« Kultur und Zivilisation zu erheben. Im Rahmen dieser Perspektive gaben sich Kolonialländer wie Frankreich der Vorstellung hin, daß gleichzeitig mit der modernen Kultur und Zivilisation auch die Menschenrechte in die Kolonien exportiert würden. Die katholische und evangelische Kirche beteiligten sich an diesem Unternehmen, indem sie ihre Missionsstationen auch in den Ländern des Islam errichteten.

Man weiß, wie das koloniale Abenteuer ausgegangen ist. Es ist schwer, heute vor einem muslimischen Publikum über den westlichen Ursprung der Menschenrechte zu sprechen, ohne empörte Proteste auszulösen. Wenn man das psychologische und ideologische Klima verstehen will, in dem sich seit etwa zehn Jahren eine islamische Diskussion über die Menschenrechte entwickelt hat, dürfen wir dabei die Befreiungskriege und den darauf folgenden Kampf gegen den westlichen »Imperialismus« nicht aus den Augen verlieren. Es steht außer Zweifel, daß es sich bei dieser Debatte um eine nachahmende Überbietung handelt, bei der die Aussagen der westlichen Menschenrechtserklärungen aufgegriffen werden, um ihnen einen islamischen Ursprung entgegenzuhalten. Dieses Vorgehen ist im wesentlichen ideologisch und verdeckt dadurch einen bedeutsamen Unterschied: In England, Amerika und Frankreich war die Erklärung der Menschenrechte im 18. Jahrhundert durch die starke Bewegung der Aufklärungsphilosophie vorbereitet worden und konnte sich mit dem Aufstieg der mit dem Adel und der Geistlichkeit rivalisierenden Bourgeoisie auf eine soziale und ökonomische Kraft stützen, die imstande war, zumindest den Beginn einer politischen Umsetzung der neuen Ideen der Freiheit, Gleichheit und Brüderlichkeit zu sichern.

In den muslimischen Ländern fand die Philosophie der Aufklärung wenig Anklang; es waren bestenfalls Bruchstükke bekannt, und nur eine sehr geringe Anzahl von Intellektuellen, Gelehrten, Journalisten, Politikern und Reisenden hatte Zugang zu den Schulen, Universitäten und der Literatur des Westens. Das war die sogenannte liberale Epoche, in der die arabischen, indischen, indonesischen, türkischen und iranischen »Eliten« geglaubt haben, daß die durch die Wissenschaft und die politischen Revolutionen Europas verbreitete »Aufklärung« auch für ihre Länder von Vorteil sein könnte. Selbst die reformistische Salafiyya-Bewegung mit Jamal ad-Din al-Afghani und Muhammad Abduh zeigte sich gegenüber der emanzipatorischen Philosophie vom Menschen, die den Diskurs der Menschenrechte inspirierte, durchaus aufgeschlossen. Nationalistische Führer, wie Farhat Abbas, Habib Bourguiba, Allal al-Fasi, Michel Aflaq und sogar Nas-

214

ser und die ersten Anführer des algerischen Befreiungskrieges, beriefen sich gern auf die großen Prinzipien von 1789. Und in der Türkei erzwang Atatürk in einem Land alter islamischer Tradition mit fast brachialer Gewalt eine weltliche Revolution.

Anders als in England und Frankreich konnten sich die intellektuellen und politischen »Eliten« der muslimischen Welt jedoch nicht auf den Rückhalt einer genügend aufgeklärten und dynamischen sozialen Klasse stützen, um weltliche Institutionen und einen den neuen Ideen entsprechenden Staatsapparat zu schaffen. Noch mehr als in ihren Ursprungsländern bleiben die Menschenrechte, deren Grundlage die Philosophie der Aufklärung ist, hier ein idealistischer Anspruch, ein Thema des antikolonialen Kampfes ohne kulturelle und soziale Verwurzelung in den Ländern mit islamischer Tradition. Dazu muß auch gesagt werden, daß in all diesen Ländern die Zivilisation des klassischen Islam (7. bis 13. Jahrhundert) lange vor der Intervention des Kolonialismus ihre Dynamik und ihre Fähigkeit zur Selbsterneuerung verloren hatte. Die große historische Verwirrung, die später mit dem ideologischen Sieg des nationalen Kampfes seit den fünfziger Jahren die Gemüter beherrschte, bestand in der Annahme, daß der Bruch mit der Zivilisation des klassischen Islam ausschließlich das Ergebnis der kolonialen Intervention sei, die dann nach der Wiedereroberung der politischen Souveränität von der »imperialistischen« Dominanz abgelöst wurde. Die Debatte über die »islamische Revolution« im Iran hat die großen Themen der Ideologie der nationalen Befreiung, die seinerzeit eine »sozialistische« und weltliche Färbung gehabt hatten, im Sinne einer Berufung auf islamische Grundlagen und auf den Kampf gegen die Verwestlichung wieder aufgenommen und ausdrücklich betont.

Staaten, Nationen, Parteien, Islam und Menschenrechte

Kommen wir noch einmal auf die aus den Befreiungsbewegungen hervorgegangenen Staaten, Nationen und Parteien zurück, um die Beziehungen zwischen dem Islam und den Menschenrechten konkret einzuschätzen. Diese Staaten entwickelten alle einen politischen Voluntarismus, in dessen Rahmen die Religion ebenso wie das nationale Erziehungswesen, der Informationssektor, die Wirtschaft und jeder andere Bereich des gesellschaftlichen Lebens verstaatlicht wurden. Dabei wurde die Kontrolle der Religion durch ein Ministerium für religiöse Angelegenheiten wegen zwei zunehmenden, besorgniserregenden Faktoren notwendig:

1. Die demographischen Entwicklungen verschärfen die Dringlichkeit sozialer und wirtschaftlicher Anliegen, wodurch dem Islam eine erhebliche Rolle bei der Artikulierung, Kanalisierung und Begründung einer Diskussion der Einforderung von Ansprüchen zufällt, deren direkter politischer Ausdruck in diesen Staaten nicht geduldet wird.

2. Aufgrund seiner Unfähigkeit, seine Macht durch demokratisches Handeln zu legitimieren, greift der Staat auf den Islam zurück, um seine Gegenwart und seine »Modernisierung« zu rechtfertigen und sich einen Raum zu bewahren, in dem er mit den Volksmassen kommunizieren kann. Auf diese Weise werden die notwendige Zuflucht zu der materiellen Zivilisation und der Technologie als Träger der Moderne und die durch die Rückkehr zum islamischen Modell von Gesetzgebung, Regierung und Kultur unvermeidliche Traditionalisierung miteinander »versöhnt«.

Diese Versöhnung ist in erster Linie nichts anderes als ein ideologisches Flickwerk, das in der Unterwerfung der Gesellschaften unter sämtliche aus dem Westen importierten Modelle ökonomischer Entwicklung bei gleichzeitiger Wiederherstellung oder Verstärkung der kulturellen *Signale* der islamischen Identität besteht: Bau von Moscheen, Ermutigung der religiösen Unterweisung, Gründung von islamischen Universitäten oder Theologischen Fakultäten, Tragen traditioneller Kleidung, Anwendung der *schari'a* usw.

Wenn Juristen wie in Algerien versuchen, eine Liga für die Menschenrechte zu gründen, um die Bürger zu schützen, fühlt der Staat sich angegriffen und antwortet mit Ablehnung und der Einleitung von Verfolgungsmaßnahmen gegen die Initiatoren des Projekts. Er ruft eine konkurrierende Organisation ins Leben, die denselben Bereich bearbeitet, ohne daß das Funktionieren der offiziellen Ordnung in Gefahr geraten würde. An diesem Punkt gewinnt die islamische Erklärung der Menschenrechte ihre ganze ideologische und psychologische Bedeutung: Sie beschwichtigt in der Tat die gläubigen Bürger durch die Verkündigung der von Gott garantierten Rechte; sie disqualifiziert die weltlichen Forderungen westlichen Ursprungs und stellt das Vertrauen in die »Modernität« des islamischen Gesetzes und in seinen universalen und unantastbaren Charakter wieder her.

Wir haben hier ein tiefgehendes, unzerstörbares Einverständnis zwischen Staaten auf der Suche nach Legitimität, dem sich nach Gerechtigkeit, bürgerlichen Freiheiten und politischen Beteiligungsmöglichkeiten sehnenden kollektiven Bewußtsein und Nationen, die ein alter, mythischer Wunsch nach Einheit umtreibt, bei dem die eschatologische Erwartung der spirituellen *umma* und die politische Hoffnung auf nationale Einheit nach dem westlichen nationalistischen Modell des 19. Jahrhunderts zusammenfließen. Die großen Schwierigkeiten des Islam mit den Menschenrechten in einer derart komplexen historischen Lage und in derart komplexen Gesellschaften sind leicht zu ermessen. Ebenso offensichtlich ist die Dringlichkeit einer Erforschung der Bedeutung des Gegensatzes zwischen dem göttlichen und dem weltlichen Ursprung der Menschenrechte. Die Frage der Menschenrechte ist zunächst eine historische, dann eine philosophische; sie ist besonders akut in einer Zeit, in der wir eine Wiederkehr des Religiösen verzeichnen und unsere Gesellschaften intellektuell und kulturell nicht darauf vorbereitet sind, die Debatte in all ihren Dimensionen zu führen, von denen ich hier nur einige nenne: der historische Bruch mit den Entstehungsbedingungen der Menschenrechte in verschiedenen Kulturen; die Entwicklung des Begriffs »Recht« selbst; politische Entscheidungen hinsichtlich der Trennung menschlicher Lebensbereiche – des Zeitlichen und des Geistlichen, des Weltlichen und der Religion; »wissenschaftliche« Entscheidungen über die Klugheit der Welt in ihrer Gesamtheit und unsere Lebensumstände; die Ausdehnung angeblich »vernunftbestimmter« politischer Blöcke, die in Wirklichkeit hochgradig ideologisch sind... Das ist längst noch nicht alles. Mehr denn je wissen wir heute auch, daß die Sprache ein soziales Bindeglied ist, eine nicht reduzierbare Kraft, der niemand entgehen kann. Und für die muslimischen Gesellschaften ist die Sprache mit »Werten« und religiösen Bezügen ausgefüllt, während der Westen die religiöse Sprache durch die sogenannte wissenschaftliche Rationalität und die therapeutische, um nicht zu sagen messianische Kraft der Auseinandersetzung mit den Menschenrechten innerhalb eines säkularen, entsakralisierten Zusammenhangs ersetzt hat. In beiden Fällen sind kritische Überprüfungen und neue Arten des Verständnisses unentbehrlich, insbesondere um zu zeigen, daß die Menschenrechte selbst in unserer modernen vom Göttlichen abgeschnittenen Kultur eine Heiligkeit des Menschen erfordern. Es handelt sich hier nicht um das traditionelle Hei-

lige, das zwar in der gegenwärtigen islamischen Debatte verkündet, gegen das aber in der weit verbreiteten politischen,
sozialen und wirtschaftlichen Praxis vollkommen verstoßen
wird, und ebensowenig um eine künstliche Resakralisierung,
wie der von der Französischen Revolution eingeführte Kult
des Höchsten Wesens; die Heiligkeit des Menschen muß aus
einer Kultur und einer unaufhörlich erweiterten und berei-
cherten Anwendung der Menschenrechte hervorgehen.

In einem islamischen Rahmen gleichzeitig über die positiven Beiträge der weltlich orientierten Kultur und die blei-
benden Werte der Religion nachzudenken ist gewiß möglich,
zugleich aber eine Aufgabe, die einen langen Atem erfordert.
Die gegenwärtigen sozialen und politischen Umstände sind
für ein solches Unternehmen nicht günstig; die Verständ-
nisweisen des klassischen islamischen Denkens sind zu eng
mit dem geistigen Raum des Mittelalters verknüpft, um eine
richtige Interpretation und eine wirkliche Integration der
Moderne zu erlauben. Gleichzeitig sind die vom Westen in
Angriff genommenen Denkmodelle ihrerseits entweder unangemessen oder werden von den Muslimen als Strategie zur
kulturellen Beherrschung aufgefaßt, vor der sie sich schützen müssen. Diese Situation rechtfertigt mehr als genug die
weiter oben gestellte Frage: Welche philosophische Richtung
könnte oder sollte die Erforschung der Grundlagen und der
Garantien für die Anwendung der Menschenrechte einschlagen?

Erforschung der Grundlagen

Gerade hinsichtlich des Problems der Grundlagen der Menschenrechte glaubt das gegenwärtige islamische Denken in
der Tat, dem historischen Denken und den Erfahrungen des
Westens entgegentreten und standhalten zu können. Es genügt nicht, die Menschenrechte zu verkünden, und nicht ein-

mal, sie auf einer rein juristischen Ebene zu garantieren, wenn die Berufung des Menschen, sein Schicksal und dessen Verwirklichung zu gestalten, nicht auf universalen, unanfechtbaren, übergeschichtlichen Lehren gründet.

Der Islam besteht ebenso wie das Christentum der Kirchenväter auf der spirituellen Berufung der Menschen: Erschaffen nach dem Bilde Gottes, ist der Mensch dazu aufgerufen, im ewigen Leben wieder zu Gott zu kommen. Das muslimische Recht definiert zunächst die Rechte Gottes (*huquq allah*); die Rechtslehrbücher beginnen mit der Behandlung der Regeln zur Erfüllung der kanonischen Pflichten (*ibadat*), bevor sie zu den profanen Vorgängen (*mu'amalat*) übergehen. So werden alle Rechte, die anderen Personen im geschäftlichen oder bürgerlichen Leben eingeräumt werden, an die Rechte Gottes geknüpft und erhalten dadurch einen Wert und eine Garantie, die einen heiligen und ontologischen Status genießen.

Die Methodologie des muslimischen Rechts (*usul al-fiqh*) bestimmt intellektuelle und »wissenschaftliche« Vorgänge, durch die eine religiöse Auffassung des gesamten, von den Rechtsgelehrten ausgearbeiteten Rechts durchgesetzt wird. Dabei handelt es sich um eine theoretische Konstruktion, die es erlaubt, das Recht zu sakralisieren, indem seine Verwurzelung (*ta'sil*) in den heiligen Texten »demonstriert« wird: im Koran und in den prophetischen Traditionen (*usul*). Tatsächlich wird das religiöse Gesetz (*schari'a*) von den Gläubigen heute immer noch als ein göttliches, in der Offenbarung wurzelndes Gesetz verstanden. Das ist auch der Grund für die Forderung nach einem politischen Regime, das dieses Gesetz schützt und anwendet und dadurch jede Gesetzgebung menschlichen Ursprungs zurückweist.

Wir wissen, daß die Menschenrechte in der amerikanischen Unabhängigkeitserklärung immer noch Verbindungen zu den religiösen Ursprüngen haben; die Englische und die Französische Revolution machen einen entschiedeneren Schritt in Richtung auf eine weltliche philosophische Grundlage, ohne jedoch gänzlich mit einer rationalisierenden Spiritualität zu brechen.

Die massive Wiederkehr der religiösen Bekräftigung im Westen zwingt dazu, das Problem der Offenbarung in den drei Religionen immer wieder aufzuwerfen, indem man nicht länger von traditionellen theologischen Definitionen, sondern von den Gegebenheiten und Erfordernissen einer modernen Hermeneutik ausgeht. Wir können die Menschenrechte heute nur dann in einen weltlichen Rahmen stellen, wenn wir sämtliche alten wie neuen mit dem Phänomen der Offenbarung verbundenen Probleme vom intellektuellen und kulturellen Standpunkt aus betrachten. Diese Arbeit ist bisher noch nicht einmal in Angriff genommen oder auch nur – in der Terminologie und dem Rahmen, die wir hier anregen – als Aufgabe wahrgenommen worden. Es ist eine Tatsache, daß die theologischen Auseinandersetzungen der drei Gemeinschaften weiterhin in Form von Strategien der Selbstrechtfertigung und daher des wechselseitigen Ausschlusses funktionieren; es sind dies Strategien zur Aufrechterhaltung des Kontrollmonopols über die Offenbarung und das gesamte symbolische Kapital, das sich daraus ergibt. Diese Haltung spiegelt sich perfekt in den Antworten wider, die die religiösen Traditionen auf die Frage nach den jüdischen, christlichen und islamischen Ursprüngen der Menschenrechte anbieten. Allzuoft fehlt jede historische Kritik; statt dessen strebt man vor allem danach, die ethisch-rechtlichen Privilegien und ideologischen Funktionen, die mehr denn je mit dem lästigen Thema der Menschenrechte verknüpft sind, sich einzuverleiben. Ich habe mich hier bemüht, nicht selbst diesem Fehler zu verfallen.

In der Frage nach den Anwendungsgarantien der Menschenrechte in den heutigen muslimischen Gesellschaften kann man auf die von den jeweiligen Regimes verabschiedeten Verfassungen zu sprechen kommen. Indem sie das Prinzip der Achtung der Menschenrechte in die Verfassungen aufgenommen haben, haben viele Staaten einen juristischen Raum geschaffen, in dem es für die Bürger theoretisch möglich ist, im Falle der Verletzung ihrer Rechte Protestaktionen durchzuführen. Allerdings bleibt hier wie auch in anderen Bereichen die Wirklichkeit weit hinter den Prinzipien zurück; dennoch ist es ein nicht zu vernachlässigender Vorteil, über ein juristisches Instrumentarium zu verfügen, das eventuell funktionieren kann.

Die ersten konstituierenden Versammlungen der muslimischen Länder haben – mit Ausnahme der Türkei, die von Atatürk auf einen radikal laizistischen Kurs gebracht wurde – alle versucht, den Islam und die moderne Gesetzgebung in Übereinstimmung zu bringen. Es wäre notwendig, jeden einzelnen Fall zu analysieren, um die jeweiligen Unterschiede, Wagnisse, Erfolge, Verzögerungen, Brüche mit dem Islam sowie Kontinuitäten ermessen zu können.

Die Entwicklung in diesem Bereich ist noch längst nicht beendet; der Druck der islamistischen Bewegungen hat zu ideologischen Verhärtungen geführt, deren Vertreter die Moderne ablehnen und Elemente der *schari'a* wieder eingeführt haben, die vollkommen aus dem ursprünglichen Zusammenhang gerissen wurden und einer vom Westen geliehenen Gesetzgebung gegenübergestellt werden. Dabei leidet die Stellung der Frau ganz besonders unter dieser Mischung von Gesetzgebungen, deren ursprüngliche Absicht und Bedeutung von ganz woanders herstammen. Daher stellt sich die Frage der Menschenrechte für die Frauen heute ganz anders; ihre Lage wird in zahlreichen Ländern weiterhin durch die Verfügungen bezüglich ihrer sogenannten persönlichen Stellung (*al-ahwal al-shakhsiyya*) geregelt. Diese Stellung anzutasten, würde allerdings theologische Probleme aufwerfen, die bisher nur sehr unzureichend oder überhaupt noch nicht formuliert sind. Jenseits der möglichen theologischen Einwände ist es die Definition der philosophischen Stellung der Person, die hier auf dem Spiel steht. Der Koran eröffnet gewiß sehr reiche Perspektiven auf den Begriff der Person; dennoch ist in dieser Hinsicht eine Neuformulierung im Lichte der entscheidenden Errungenschaften der Moderne unumgänglich (siehe 21. Kapitel).

In sämtlichen Gesellschaften ist noch viel zu tun, damit die Menschenrechte keine bloße Deklaration bleiben, um den Durst nach Freiheit, Gerechtigkeit, Würde und Gleichheit zu stillen, den jedes menschliche Wesen verspürt. Die Religionen haben im Verlauf der Jahrhunderte eine nicht unwichtige erzieherische und therapeutische Funktion erfüllt, aber ihre Wirksamkeit in dieser Hinsicht war immer durch die falsche Auslegung von seiten der Geistlichen oder durch die den traditionellen kulturellen Systemen innewohnenden Unzulänglichkeiten eingeschränkt. Letztlich kann man nicht über die Bedeutung religiöser Lehren für die Emanzipation des menschlichen Schicksals urteilen, ohne die Kulturen zu bewerten, die dazu gedient haben, diese Lehren zu erklären, zu verbreiten und in die Tat umzusetzen. Denn die Religion ist wie die Sprache eine kollektive Kraft, die über das Leben der Gesellschaften gebietet; es ist nur heute so, daß die weltlichen Religionen die traditionellen Religionen in dieser Hinsicht ersetzt haben.

Das will besagen, daß es illusorisch und gefährlich ist, von den Religionen mehr zu verlangen, als sie geben können; es ist die Kreativität, die schöpferische Kühnheit der Menschen selbst, die unablässig die Möglichkeiten ihrer Befreiung erneuert und vermehrt.

23. Kapitel

Ethik und Politik

*Was sind die Grundlagen für Moral
und Politik im gegenwärtigen Islam?*

Der heutige Islam verblüfft sämtliche Beobachter durch die Vehemenz, mit der er sich politisch ausdrückt. Hier haben wir bereits ein erstes Paradox: Eine Religion, die immer so sehr auf der Transzendenz und Einmaligkeit Gottes bestand und die Beziehung zwischen dem Menschen und dem Absoluten vorzog, hat – vor allem seit den siebziger Jahren – nicht aufgehört, das Feld der politischen Militanz zu überlassen. Man kann sogar bis zum Aufstieg der Bewegung der Muslimbrüder in den dreißiger Jahren zurückgehen. Aber da die Muslimbrüder nie an die politische Macht gekommen sind, hat ihre Debatte sich eine religiöse Färbung bewahrt – ein Aspekt, der sich bei den diversen ultraradikalen Bewegungen der letzten zwanzig Jahre kaum noch findet.

Kann man in dieser militanten politischen Debatte ethische Grundlagen und ein Interesse für eine politische Philosophie ausmachen, die ethische Werte ausdrückt und festigt? Oder anders gefragt: räumt diese Diskussion einem ethischen und politischen Denken einen Platz ein, der sich bemühen würde, die militanten Aktionen und zahlreichen Proklamationen der revolutionären Bewegungen zu kanalisieren, mit Substanz zu füllen und zu legitimieren? Trifft man in den heutigen muslimischen Gesellschaften einzelne Intellektuelle oder intellektuelle Gruppierungen an, die bemüht wären, die unablässigen Debatten über Fragen von entscheidender Bedeutung mit einer kritischen und konstruktiven Reflexion zu begleiten? Zu nennen wären hier beispielsweise Fragen nach dem Verhältnis von Macht und Legitimität; nach der Beziehung zwischen den Menschenrechten und der Emanzipation der Frau; nach der Anwendung der *schari'a* in ihrer aus dem Mittelalter überkommenen Form; nach der Ethik im wirtschaftlichen und finanziellen Leben; nach der sozialen Gerechtigkeit und der Verteilung der nationalen Ressourcen; nach den Rechten des Kindes, insbesondere des nichtehelichen Kindes (das nach dem klassischen muslimischen Recht nicht existiert); nach dem Platz der Nichtmuslime in der muslimischen politischen Gemeinschaft; nach der Stellung der Person und nach der Ethik der internationalen Beziehungen usw.

Unabhängig vom Stand der Entfaltung von Ethik und Politik im gegenwärtigen Islam müssen wir hier auch die Beziehungen zwischen der in den alltäglichen Verhaltensweisen wirksamen Moral und der strengen, allgegenwärtigen Kontrolle des autoritären Komplexes aus Staat, Nation und Partei klären, der nach Erlangung der Unabhängigkeit der heutigen muslimischen Gesellschaften zum Vorschein gekommen ist. Dabei müßten die Annäherung der gelebten Moral an die Soziologie und die politisch-juristische Analyse des im alleinigen Besitz der Macht befindlichen Staatsapparats miteinander verbunden werden.

Aber das ist noch nicht alles. Wenn wir diesem vielseitigen und ehrgeizigen Kurs folgen wollen, sollten wir zunächst die Bedingungen klar formulieren, unter denen der moderne

Verstand diskutiert wird, und so das theoretische Wissen in eine kritische Perspektive stellen. Um die Ausmaße der Aufgabe zu ermessen, die ich hier im Auge habe, genügt es, auf die kritischen Analysen von Jürgen Habermas über den »philosophischen Diskurs der Moderne«[91] hinzuweisen.

Man mag erstaunt sein, daß ich eine Abschweifung über den Diskurs der Moderne mache, bevor ich das moralische und politische Denken im zeitgenössischen Islam untersuche. Die westlichen Islamexperten lassen sich nie auf solche Einleitungen ein, die sie als nutzlos für die Darlegung der spezifischen Standpunkte und Lehren des Islam betrachten. Sie sind ausschließlich an »konkreten« Manifestationen und eindeutigen Äußerungen interessiert, die dann Gegenstand einer erzählenden Übertragung nach Art der Sozialwissenschaften sind, die auf nichtwestliche Staaten angewandt wird. Die muslimischen Islamexperten[92] interessieren sich – mit wenigen Ausnahmen – nicht weiter für die Bedingungen der *Gültigkeit* jeder heutigen Ausübung der Vernunft, weil diese Problematik in ihren Augen rein westlich ist. Sie glauben, die Anwendung solcher Betrachtungen auf das islamische Beispiel könne nur zu unannehmbaren Ergebnissen führen, da der konzeptuelle Apparat und die theoretische Vernunft, die für das islamische Denken spezifisch sind, dadurch entstellt oder ignoriert würden.

Ich werde mich hier nicht damit aufhalten, diese beiden Standpunkte zu widerlegen. Was ich über Moral und Politik sagen werde, wird genügen, um die Notwendigkeit aufzuzeigen, sämtliche Analysen mit Hilfe einer Vernunft durchzuführen, die im Verlauf der Analyse die Anstrengung unternimmt, die Gültigkeit ihrer Behauptungen zu beweisen.

Das Politische und die Politik

Wir müssen vor dem Hintergrund der von den jeweiligen Staaten festgelegten und verfolgten Politik mit der Stellung des Politischen beginnen, weil wir so um so besser verstehen werden, in wie starkem Maße die Moral wie überhaupt alles, was die Gesellschaft betrifft, unter der strengen Vormundschaft des Staates steht.

Es wird häufig darauf hingewiesen, daß die Politik im Islam nicht vom Religiösen getrennt werden kann. Beide waren von Anfang an strukturell miteinander verbunden, da der Prophet in Medina die Instrumente und Prinzipien eines zentralen und stammesübergreifenden Staatswesens errichtete, indem er im Namen Gottes religiöse Lehren verkündete, die – im Verhalten der Menschen – die Absolutheit Gottes in die Politik eingehen ließen.

Genau das ist die historisch exakte Wiedergabe der Tatsachen. Medina war der Ort, an dem Muhammad zwischen 622 und 632 eine »muslimische politische Gemeinschaft« schuf und mit Leben erfüllte. Zugleich setzte er die Verkündigung der koranischen Offenbarung, die 610-612 in Mekka begonnen hatte, fort. Nach seinem Tod 632 war die Errichtung des Kalifats erst in Medina (632-661), dann in Damaskus (661-750) und später in Bagdad (750-1258) von einer reichen theoretischen Debatte über den legitimen Anführer und die Bedingungen für die Verwirklichung des Modells von Medina begleitet. Letzteres ist eine Schöpfung des kollektiven Imaginären von Generationen von Gläubigen, die die idealisierten Züge einer gerechten, heiligen und legitimen Macht auf den Raum und die Zeit der »muslimischen politischen Gemeinschaft« (622-632), welche das Modell begründen, projizieren.

Die theoretischen Meinungsverschiedenheiten über die Person des Kalifen/Imams, um die es in der während der ersten beiden Jahrhunderte nach der *hedschra* (7.-8. Jahrhundert) geführten Debatte zwischen Sunniten, Schiiten und Kharidjiten ging, sind aus zahlreichen Beschreibungen bekannt. Aber ungeachtet dieser eindeutigen Meinungsunterschiede, auf die ich hier nicht weiter eingehen möchte, ist es wichtig, die Existenz eines allen drei Strömungen gemeinsamen psychokulturellen Vorgangs hervorzuheben, in dem sich ein islamisches *politisches Imaginäres* herausbildet. Das traditionelle arabische Bild vom Stammesführer und Schiedsrichter (*sayyid*) wird Schritt für Schritt durch die Beiträge der +ischen Literatur über die Sassanidenkönige, der griechischen Literatur über den König als Philosophen und der christlich-byzantinischen Literatur über den Kaiser als Gesalbten bereichert; all diese Elemente werden in der islamischen Auffassung vom prophetischen Charisma verklärt.

Das solchermaßen entwickelte und verbreitete ideale symbolische Bild ist von den Theoretikern sämtlicher Strömungen übernommen worden, und Rechtsgelehrte und Theologen wie al-Mawardi und al-Ghazali, Philosophen wie al-Farabi und Miskawaih, die Mitglieder des Geheimbundes *Ikhwan as-Safa* sowie »soziologische« Historiker wie Ibn Khaldun haben es dann verschieden akzentuiert. Aber unabhängig von diesen Unterschieden im einzelnen ist jede theoretische Überlegung über Politik in der islamischen Tradition streng an einen dem Mittelalter entstammenden geistigen Raum gebunden, von dem heute nur noch vereinzelte, mythologisierte und ideologisierte Elemente vorhanden sind.

Dieser psycho-sozio-kulturelle Grundgedanke ist außerordentlich wichtig, um das gegenwärtige Erscheinungsbild der Politik und die Funktionsweise des Staatsapparats in den sogenannten muslimischen Ländern zu verstehen.

Die gesamte militante Debatte der als fundamentalistisch, integristisch oder islamistisch bezeichneten Bewegungen nimmt letztlich das Modell von Medina als unüberschreitbaren und universalen Bezugspunkt wieder auf, um die Legitimität der bestehenden Mächte, denen eine zu große Abhängigkeit von den Vorstellungen und Praktiken des Westens vorgeworfen wird, in Abrede zu stellen. Gemäß der sehr eindrücklich im Koran entwickelten Symbolik wenden sich das Regime und die Gestalt des Propheten, die (im schiitischen Sinne) auf ideale Weise in der Person des *imams* verkörpert sind, gegen die große, vom Pharao – der mythischen Gestalt des Tyrannen – aufgezwungene Ungerechtigkeit. Erst in jüngster Zeit hat diese Mythologie mit Khomeini und dem Schah von Persien ihre ungebrochene Kraft wieder konkret unter Beweis gestellt. Die Intensität dieser Gegenüberstellung im kollektiven Bewußtsein – oder im muslimischen Imaginären, das seit den fünfziger Jahren im Verlauf der Befreiungskämpfe erdacht wurde – ist durchaus mit dem Impuls vergleichbar, der die französischen Revolutionäre dazu veranlaßte, Ludwig XVI. zum Tode zu verurteilen und hinzurichten, um der gesamten religiösen Symbolik ein Ende zu bereiten, die bis dahin zur Legitimierung der königlichen Macht von Gottes Gnaden gedient hatte.

Die Erfindung einer islamischen Machtinstanz bestand unter dem Namen des Kalifats, Imamats oder Sultanats weiter, bis sie 1924 von Atatürk brutal beseitigt wurde. Das Vorgehen Atatürks brachte einen weltlichen Radikalismus zum Ausdruck, der an den der Revolutionäre in Frankreich erinnerte. Es führte zu empörten Protesten der traditionalistischen *ulema*, aber nicht zu sozialen Bewegungen, die im kollektiven Bewußtsein eine Spur hinterlassen hätten. Das historische Ausmaß der großen sozialen Auseinandersetzungen, nicht nur um die Machtergreifung, sondern auch um die symbolischen Werte, die die Macht legitimieren, fehlte im Islam seit der geopolitischen Aufspaltung des Islam in einen sunnitischen und schiitischen Machtbereich. Das Zwischenspiel der iranischen Revolution von 1979 hat diese Auseinandersetzungen wieder entfacht, aber die eigentliche intellektuelle

Diskussion über die Politik war für eine geistige Strömung – vergleichbar mit der Aufklärung im 18. Jahrhundert – nicht vorbereitet. Anders gesagt: der Kampf zwischen den von einer Bevölkerungsexplosion genährten Kräften des Volkes und einer parasitären, durch fragmentarische und abstrakte Verwestlichung entfremdeten Bourgeoisie konnte ohne die entsprechenden soziokulturellen Grundlagen nicht zu einer radikalen Kritik der aus dem Mittelalter ererbten Modelle und des militanten, vom Westen entlehnten Laizismus führen.

Die staatlichen Erfahrungen der muslimischen Gesellschaften seit den fünfziger Jahren sind alle durch den kulturellen und institutionellen Bruch mit der muslimischen Vergangenheit und die Nachahmung spezifisch westlicher Praktiken und Ideologien gekennzeichnet, ganz gleich, ob es nun liberale oder sozialistische Varianten waren, die übernommen wurden. Die Arbeit, die jede Gesellschaft aufgrund erzieherischer und ideologischer Spannungen an sich selbst leistet, wie diejenige der kaufmännischen und dann kapitalistischen Bourgeoisie gegenüber der Kirche, und später des Industrieproletariats gegenüber dieser Bourgeoisie, kam nur auf beschränkte, zusammenhangslose, heimliche Art zustande, seitdem in den meisten sogenannten muslimischen Ländern monolithische, militaristische Polizeistaaten errichtet wurden. Das Recht auf freie Kritik, auf freie Meinungsäußerung, auf freie Verbreitung von Ideen und Wissen wird in diesen Staaten entweder stark beschnitten oder vollkommen verweigert! Auf diese Weise versteht man das weitgehende Fehlen von Intellektuellen in der politischen Gemeinschaft, die Schwäche der wissenschaftlichen Forschung, die Verhöhnung der Orte und Mittel kultureller Schöpfung und Inspiration und somit aller wesentlichen Bedingungen für einen fruchtbaren Dialog zwischen der Zivilgesellschaft und dem Staat.

Die täglichen Nachrichtensendungen im Radio und Fernsehen, die offizielle von der Einheitspartei kontrollierte Presse lassen das Ausmaß der überall vorhandenen Kluft zwischen Staat und Zivilgesellschaft ermessen.

Die politischen Strategien, die im Kreis des Zentralkomitees oder Politbüros oder vom König und seinen engsten Beratern beschlossen werden, werden dann von Ministern und technokratischen Verwaltungsstrukturen in die Tat umgesetzt, die auf die Rolle ausführender Organe ohne Eigeninitiative reduziert sind und dementsprechend keinerlei Möglichkeit haben, eine Wirtschafts-, Kultur- oder Sozialpolitik zu formulieren, die die Zustimmung der Bürger finden würde. Gleichzeitig wird die Philosophie durch einen romantischen, nostalgischen und stets leidenschaftlich vorgetragenen Anspruch auf das für universal und unantastbar erklärte islamische Modell ersetzt.

Mithin stehen wir hier vor der bedeutsamen Tatsache der sozialen, kulturellen und intellektuellen Moderne: Im heutigen islamischen Denken bildet alles, was am historischen Weg des Westens seit dem 16. Jahrhundert mit diesem Phänomen übereinstimmt, das *Ungedachte* und nur allzu häufig auch das *Undenkbare*. Das islamische Denken entledigt sich dieses Problems auf sehr einfache Art, indem es verkündet, die Moderne sei ein rein zufälliges Produkt des Westens und könne daher das Denken und Handeln innerhalb der islamischen Tradition nicht im mindesten berühren.

Es wären lange Erläuterungen erforderlich, um zu zeigen, in welcher Hinsicht die Moderne letztlich eine mit dem Westen verknüpfte Erfahrung ist, bei der jedoch philosophische Fragen im Spiel sind, die kein lokales Denken ignorieren kann, ohne sich den Zugang, wenn schon nicht zum Universalen, so doch zum Universalisierbaren zu verstellen. Jürgen Habermas hat in seiner Analyse der großen Strömungen des zeitgenössischen Denkens klar zwischen zwei Aspekten der Moderne unterschieden, nämlich zwischen dem, was auf Zufälliges, Lokales, Ideologisches und Mythologisches zurückgeht, und dem, was sich als die Herausforderung, die die Vernunft beständig an sich selbst richtet, weiterhin jedem lebendigen Denken aufdrängt. Ich möchte hier eine Passage zitieren, die es erlaubt, sowohl den falschen Universalismus des im Westen vorherrschenden positivistischen und laizistischen Rationalismus als auch die mystifizierende Transzendentalisierung und Sakralisierung des heutigen Islam hinter sich zu lassen.

> »In der Idee des Bundes, den Jahwe mit dem Volke Israels schließt, liegt der Keim zur Dialektik von Verrat und rächender Gewalt: ›Den Bund mit Gott halten, ist das Symbol der Treue, diesen Bund brechen, das Symbol des Verrats. Gott die Treue halten heißt, dem lebendig-machenden Sein selbst die Treue halten, in sich und anderen – und in allen Bereichen des Seins. Es verleugnen in irgendeinem Bereich des Seins heißt, den Bund mit Gott brechen und das eigene Fundament verraten... Darum ist Verrat an anderen zugleich Selbstverrat, und jeder Protest gegen Verrat nicht nur Protest im eigenen Namen, sondern zugleich in dem der anderen... Der Gedanke, daß potentiell jedes Seiende ›Bundesgenosse‹ ist im Kampf gegen den Verrat, auch das mich und sich Verratende, ist das einzige Gegengewicht gegen die stoische Resignation, die schon Parmenides formuliert, indem er den Schnitt legt zwischen die Wissenden und die unwissende Menge. Der uns vertraute Begriff der ›Aufklärung‹ ist nicht denkbar ohne den Begriff einer potentiell universellen Bundesgenossenschaft gegen den Verrat.‹«[93]

Diese Passage ist interessant, weil sie einem zentralen Thema der Offenbarung, wie sie in der gesamten doktrinalen Geschichte der – wie der Koran sagt – »Völker des Buches« (*ahl-al-kitab*) verstanden wird, einen modernen philosophischen Status verleiht. Das Thema der Gemeinschaft, die auf den Bund mit einem lebendigen Gott gegründet ist, der in die

Geschichte der Menschen eingreift und sich in ihr offenbart, wird im Koran unter dem Namen *mithaq* (Vertrag, Charta) kraftvoll wieder aufgenommen. Die Einführung von Themen, die das religiöse Bewußtsein gestalten, in das Gebiet der Philosophie, ist nichts, was für unsere Moderne eigentümlich ist: Averroes, Maimonides und der Heilige Thomas von Aquin haben das für den Islam, das Judentum und das Christentum bereits in großem Maße verwirklicht. Das eigentlich Neue ist der Status der Vernunft, die sich dieser Arbeit widmet. Im Mittelalter zweifelte die durch den Intellekt des Weltbewegers erleuchtete Vernunft nicht daran, daß ihre Quellen und ontologischen Grundlagen die Gültigkeit ihrer Urteile und Konstruktionen garantierten. Die moderne Vernunft erhebt den Anspruch, die Garantien dieser Gültigkeit aus sich selbst zu ziehen, während sie gleichzeitig die Ungewißheit ihrer Verfahrensweisen und Prinzipien feststellt. Aus diesem Grund unterwirft sie sowohl die theologische Vernunft als auch sämtliche Formen der wissenschaftlichen Vernunft ununterbrochen neuen Gültigkeitsansprüchen.

Der zitierte Absatz zeigt ferner, wie Ethik, Politik und Kognitives untrennbar voneinander sind und zugleich der kritischen Untersuchung durch die Vernunft unterworfen bleiben. Von diesem Standpunkt aus gewinnt die Verwechslung des Spirituellen mit dem Weltlichen ebenso wie des Religiösen mit dem Politischen – die uns so hartnäckig als ein spezifisches Merkmal des Islam präsentiert wird – ihre wahre philosophische und anthropologische Bedeutung: sie wird zu einem zentralen, konstituierenden Thema unserer intellektuellen und kulturellen Moderne. Es ist bedauerlich, daß der Westen bisher noch nicht zu einer Integration dieser entscheidenden, im intellektuellen Bereich und in der künstlerischen und kulturellen Aktivität bereits praktizierten Neubestimmungen der Rationalität in seine politische Praxis vorgedrungen ist. Und die Staaten, denen das westliche Modell eine

Satellitenrolle zugewiesen hat, das heißt, so gut wie alle Staaten der Dritten Welt, sehen und reproduzieren eher die Mechanismen, Strategien und fertigen Ergebnisse ihrer Gegenstücke im Westen als die philosophischen Fundamente (wie zum Beispiel die vom Rechtsstaat vorausgesetzte Stellung der Person), die gerade der gesetzgebenden und rechtsprechenden Gewalt zugrunde liegen.

Hier muß noch eine letzte Bemerkung zu dem oben zitierten Absatz gemacht werden. Bei der Moderne handelt es sich um eine globale Strategie der Vernunft zur Bewältigung sämtlicher Bereiche des Seins, Wissens und Handelns, die diese immer strengeren, klareren, einer adäquaten Erfassung des Wirklichen angemesseneren Geltungsbedingungen unterwirft. Dabei ist es unmöglich, einzelne Fragmente oder Haltungen herauszulösen, nur ein besonderes Thema auszuwählen oder eine bestimmte Fragestellung bevorzugt zu behandeln und die restlichen Gebiete außer acht zu lassen. So wird etwa das islamische Denken, das sich auf den Koran verläßt, kein Problem damit haben, die oben vorgeschlagene Interpretation des Bundes als philosophischer Konsens, der zur Grundlage einer Ethik und einer Politik wird, zu übernehmen. Wenn allerdings die philosophische Vernunft, die diese Interpretation vorschlägt, weitergeht und ihre Prinzipien einer kritischen Epistemologie auf die Exegese des Koran, auf die ideologische Genese des religiösen Gesetzes (*schari'a*) sowie auf die Mythologisierungen und die Ideologisierung religiöser »Werte« anwendet, verfällt das dogmatische Denken sofort in seine alte Verweigerungsstrategie und wendet sich vom gesamten Bereich des Denkbaren ab, der durch die Moderne neu erschlossen wurde. Selbstverständlich hat sich das Christentum im Westen im Verlauf der Krise des Modernismus im 19. und 20. Jahrhundert derselben Strategien bedient. Dennoch ist deutlich zu sehen, wie die philosophische Überlegung dem christlichen Denken dabei behilflich ist, den Weg der Moderne einzuschlagen. Im Islam dagegen hat die Bemühung, die wissenschaftliche und philosophische Vernunft auf die Religion anzuwenden, mit Averroes, Ibn Khaldun und Schatibi (12.-13. Jahrhundert) aufgehört.

Wenn dies die Grenzen des politischen Denkens und die durch die Politik der Staaten definierten Beschränkungen sind, welchen Stellenwert und welche Funktionen haben dann die ethische Reflexion und die konkreten Formen der Moral, die das Verhalten der Gläubigen lenken, im heutigen Islam?

Ethik und Moral

Wie in allem bisher Gesagten müssen wir hier zwischen der theoretischen Perspektive der Ethik, die über die Grundlagen des moralischen Handelns nachdenkt, und den konkreten Formen der Moral, die das individuelle und gemeinsame Verhalten anregen, unterscheiden.

Wir finden im Bereich der Ethik denselben Gegensatz wieder, über den wir bereits in bezug auf die Politik gesprochen haben. So reich die klassische Periode des Islam (die zeitlich dem europäischen Frühmittelalter entspricht) an Fragestellungen, Untersuchungen und inhaltsreichen Werken war, so sehr zeichnet sich die gegenwärtige Periode durch ein Brachliegen der Beschäftigung mit der Ethik aus. Das mag all jenen paradox erscheinen, die sich von dem beeindrucken lassen, was fälschlicherweise als »Wiederkehr des Religiösen«, »Wiederaufschwung des Islam« oder »Wiedererwachen des Islam« bezeichnet wird. Man muß jedoch diese Erscheinung zu erklären versuchen: Seit der Zeit, als die Einführung der Scholastik und der Geist der Orthodoxie an die Stelle der fruchtbaren Auseinandersetzungen (*munazarat*) der klassischen Epoche (7. bis 13. Jahrhundert) traten, sind theologische Forschung und ethische Reflexion praktisch aus dem intellektuellen Feld der Muslime so gut wie verschwunden. Was die Ethik betrifft, verfügen wir über einen genauen chronologischen Anhaltspunkt: Der Philosoph und Historiker Ahmad Ibn Muhammad Miskawaih (932-1030) verfaßte ein Werk mit dem Titel *Verfeinerung der Sitten* (*Tahdib al-akhlaq*), in der die Ethik in den Rang einer gleichberechtigten Disziplin neben der Philosophie erhoben wurde. So führte er eine der *Nikomachischen Ethik* des klassischen Griechenlands vergleichbare Überlegung in die islamische Domäne ein. Wie ich an anderer Stelle ausgeführt habe, nimmt der *Tahdib* die wesentlichen Aspekte der aristotelischen Theorie wieder auf.[94]

Die großen Themen der *Verfeinerung der Sitten* wurden von al-Ghazali in seinem Werk *Die Abwägung des moralischen Handelns* (*Mizan al-amal*) wiederaufgenommen und »islamisiert«, und Nassir ad-Din at-Tusi (1201-1273) schuf dann eine persische Version dieses Werkes. Bis zum heutigen Tag hat es keinen gleichwertigen Versuch in arabischer Sprache gegeben, und selbst das Studium der *Verfeinerung der Sitten* ist seit der Zeit, als Muhammad Abduh an der Al-Azhar-Universität in Kairo zu Beginn des 20. Jahrhunderts einen Kommentar dazu schrieb, aus den Lehrplänen der Universitäten praktisch verschwunden. An den Schulen wird zwar weiterhin auch Moral in Form einer Auflistung von Tugenden und Lastern und der traditionellen Aufteilung in Gut und Böse aus einer »religiösen« Perspektive gelehrt, aber es gibt keine philosophische oder theologische Untersuchung der theoretischen Grundlagen der empirisch sich wiederholenden Regeln.

Mittels so lebendiger literarischer Gattungen wie der *risala* (Prosa), der Poesie, der Geschichtsschreibung oder der Geographie wurde die theoretische Reflexion der klassischen Epoche über ethische Fragen noch durch die Verurteilung solcher moralischen und politischen Verhaltensweisen verstärkt und ergänzt, die nicht mit den Lehren der religiösen oder philosophischen Vernunft übereinstimmten. Der bereits erwähnte Miskawaih schrieb einen berühmten historischen Aufsatz mit dem bedeutsamen Titel *Die Erfahrungen der Nationen* (*Tajarib al-umam*); er hat die Gesellschaft seiner Zeit mit dem Blick eines Philosophen betrachtet, der vollkommen unter dem Bann der Theorie des moralischen und politischen Handelns stand.

Um ein Beispiel für diese Literatur zu geben, will ich hier kurz zitieren, wie der hochgebildete Geograph Ibn Hauqal im 10. Jahrhundert die Herrscher seiner Zeit brandmarkte:

»Die Herrscher kümmern sich mehr um das Heute als um das Morgen. Verbotene Genüsse und die Eitelkeiten dieser Welt lenken sie von den Vorschriften des Allerhöchsten, den Regierungspflichten und ihrer Führerrolle ab. Sie lauern auf die Waren der Kaufleute und die Güter ihrer Untertanen, die sie sich durch List anzueignen trachten, indem sie ihre Netze und Fallen aufspannen, um den Gimpel darin zu fangen… Sie haben einzig und allein das offenkundige Verlangen, andere für sich beten und ihren Namen von der Kanzel ausrufen zu lassen. Es kümmert sie wenig, daß die Grenzstädte von ihnen Vieh, Wasserreserven, Soldaten, Ausrüstung und Material erwarten… Über ihre Beschäftigung, Schätze anzuhäufen und für sich zu behalten, vergessen sie, für ihr Volk zu sorgen und über das Unglück nachzudenken, das von ihnen ausgeht.«[95]

Es ist verblüffend, wie aktuell genau diese Themen in den Gesprächen der Muslime von heute und in den Sprichwörtern und »volkstümlichen« Geschichten sind, die vor allem in Ägypten und Algerien in Umlauf sind. Es gibt jedoch insofern einen wichtigen Unterschied, als Ibn Hauqal seine soziale und politische Kritik als anerkannter Intellektueller äußern konnte, während die Intellektuellen von heute entweder den Mund halten oder sich offen auf seiten der »Herrscher« engagieren, die die Macht ausüben.

Eine weitere Passage, in der sich derselbe Ibn Hauqal über die Byzantiner äußert, läßt unvermeidlich an die Haltung denken, die heute von allen Muslimen so häufig im Hinblick auf Israel und den westlichen Imperialismus zum Ausdruck gebracht wird. Hören wir also diesen brillanten Intellektuellen, um die Dauerhaftigkeit und Tiefe einer moralischen und intellektuellen Schwäche im Islam zu ermessen:

> »Die Byzantiner konnten den Bewohnern einen Waffenstillstand aufzwingen, da letztere aufgrund einer langen, im Land des Islam herrschenden Gewohnheit furchtsam waren. Damit meine ich die Gewöhnung an die Mutlosigkeit, das Verschwinden der Macht und den Mangel an Glauben… Es scheint, daß die Menschen heutzutage zu niedergedrückt sind, um an die Autorität und den Tod ihres Glaubens zu denken… Es ist leider so, daß der Islam beim heutigen Zustand der Seelen und Herzen große Leistungen auf dem Gebiet des Geschwätzes und der Unordnung, der Rebellion, des Streits und der unaufhörlichen inneren Kämpfe vollbringt, Leistungen, die so groß sind, daß die Byzantiner freie Bahn haben, ihre Hand nach dem auszustrekken, was sie zuvor nicht bekommen konnten, und ihr Begehren auf das zu richten, was ihnen bis dahin verboten war«.[96]

Es ist interessant, zu sehen, wie Ibn Hauqal das Wort *Islam* verwendet, um die soziale und historische Gemeinschaft zu bezeichnen, das heißt, das, was man heute die syrische, marokkanische oder türkische Gesellschaft usw. nennen würde. Gleichzeitig wird die so bezeichnete Gemeinschaft implizit als Träger einer göttlichen Botschaft und moralischer Werte präsentiert, die es ihr ermöglichen sollten, sich der Schwächen und Unzulänglichkeiten wieder zu entledigen; der Intellektuelle kritisiert diese auf der Grundlage des politischen und moralischen Ideals, von dem er durchdrungen ist, weil er in einem kulturellen System ausgebildet worden ist, das unter dem Namen *adab* (Humanismus) wohlbekannt ist.[97]

Wie sollen wir heute über den totalen *Bruch* mit der humanistischen Tradition, die es dem Intellektuellen erlaubte, eine kritische Rolle in der Gesellschaft zu spielen, und die *Kontinuität* der Schwächen, des Versagens, der soziokulturellen Verwirrungen und des politischen Absolutismus in den muslimischen Gesellschaften nachdenken, die ganz offensichtlich strukturelle Grundlagen zu haben scheinen?

Diese Frage ist von wesentlicher Bedeutung; würde sie wissenschaftlich und intellektuell ernst genommen, würde sie die Vision der Muslime von ihrer Vergangenheit und ihrem kulturellen Erbe (*turath*, wie man heute hochmütig sagt) ebenso wie von ihren moralischen und politischen Verhaltensweisen, vor allem seit den fünfziger Jahren (als die Befreiungskämpfe begannen), umstürzen.

Um die Muslime hier nicht mit einer Art bösem Fluch zu belegen, der angeblich auf ihrer Geschichte lastet, müssen wir bei der vergleichenden Annäherung bleiben.

Die Hegelsche Idee von einer moralischen Totalität, die mit der nostalgischen Berufung auf die griechische *polis* und die ersten christlichen Gemeinschaften verbunden ist, findet ihr genaues Gegenstück in der muslimischen Forderung nach einem unübertrefflichen Ideal des ethischen Verhaltens, wie es in der Person des Propheten und seiner Gefährten verkörpert ist. Die prophetischen Überlieferungen (*hadith*), deren Zahl während der ersten drei Jahrhunderte nach der *hedschra* sich ununterbrochen vermehrte, bringen die Gesamtheit der ethisch-religiösen Werte zum Ausdruck, die von sozialen Gruppen in den unterschiedlichsten Situationen verfochten und auf die idealen und heiliggesprochenen »frommen Vorfahren« (*al-salaf al-salih*) zurückprojiziert wurden. Der em-

pirische Charakter dieser Moral macht jede Suche nach theoretischer Legitimation überflüssig; die Regeln behaupten sich
mit um so größerer Kraft im Bewußtsein, als sie durch die
Autorität des Propheten sakralisiert sind.

Das Konzept einer gänzlich durch eine göttliche Lehre (Koran und *hadith*) bestätigten moralischen Ganzheit beherrscht
auch heute noch die islamischen Debatten und hat dank des
Multiplikatoreffekts der Massenmedien zusätzlich eine nie
zuvor dagewesene öffentliche Verbreitung gefunden. Aber aus
Sicht der Sozialpsychologie kann man festhalten, daß diese
ethisch-ideologische Vision viel stärker auf das soziale Imaginäre bedacht ist als auf eine ethische Vernunft, die um Un-
terscheidungsvermögen und eine Wertekritik bemüht ist. So
stoßen wir hier wieder auf dasselbe Phänomen, über das wir
schon im Hinblick auf die Politik gesprochen haben: das Phänomen einer immer tiefer werdenden Kluft zwischen der *imaginären*, aber obsessiven Darstellung des prophetischen Modells und den konkreten Verhaltensweisen von Individuen,
die immer stärkeren Beschränkungen durch ökonomische,
soziale und politische Faktoren unterworfen sind. Die materielle Moderne spielt hier eine schädliche Rolle: sie zwingt
noch den Bescheidensten ihre Konsumnormen, ihre kostspie-
ligen Notwendigkeiten und ihre Kriterien für die Teilnahme
an einer von allen begehrten Lebensform auf, wodurch sie
sämtliche Energien und Verhaltensstrategien in eine Richtung
lenkt, die der mit der Subsistenzwirtschaft verbundenen traditionellen Moral direkt zuwiderläuft. Strukturelle Veränderungen beeinflussen auf diese Weise soziale Beziehungen,
Werthierarchien und »moralische« Bestimmungen, was jedoch
ohne Wissen der Verantwortlichen geschieht, da es kaum soziologische, psychologische und philosophische Analysen
gibt, die von diesen allgemein wirksamen Entwicklungspro-
zessen Rechenschaft ablegen.

Eine Studie, die die heutigen muslimischen Gesellschaften unter dem Aspekt der Bestechung mit Geld betrachten würde, würde das Bild, das der idealistische und nostalgische Diskurs über das islamische Modell verbreitet, erschüttern. In den Ländern, von denen hier die Rede ist, werden sogar mit den Pässen für die Pilgerreise nach Mekka Bestechungsgeschäfte gemacht. Angesichts der Trägheit und des Versagens der Verwaltung und der großen Bürgerferne des Staates greifen die Bürger auf ein paralleles Tauschsystem zurück, bei dem Dienstleistungen entweder mit Geld oder Gefälligkeiten bezahlt werden. Ob es sich um den Erhalt eines Visums, einer Wohnung, eines Flugtickets, einer Handelslizenz, einer Schuleinschreibung, um Baumaterialien oder um einen bevorzugten Listenplatz für den Kauf eines Autos oder einer seltenen Maschine handelt – sämtliche Bedürfnisse des Berufs- und Alltagslebens sind Gegenstand heftig geführter und lukrativer Verhandlungen.

Der Ehrenkodex und das symbolische Kapital, die einst allen Transaktionen auf sämtlichen Ebenen des sozialen und wirtschaftlichen Lebens eine unantastbare, religiöse, überpersönliche Bedeutung verliehen, gehören heute der Vergangenheit an. So zersetzt der brutale Einbruch der materiellen Moderne mit seinen Begleiterscheinungen (Industrialisierung, Agrarreform, Verstädterung, Entwurzelung bäuerlicher Bevölkerungen, neue Konsumbedürfnisse, Tourismus, Massenkommunikation usw.) die traditionellen Formen der Solidarität und setzt Strategien, die der raschen Bereicherung, dem sozialen und wirtschaftlichen Aufstieg und der Machtergreifung dienen, an die Stelle von Werten wie Treue, Loyalität, gegenseitige Hilfe, bedingungslose Solidarität, Beständigkeit, Großzügigkeit, Gastfreundschaft, Achtung von gegebenen Versprechen und Respektierung der Menschenwürde und des Eigentums anderer. Diese Tugenden haben überall das *Ethos* der Gesellschaften bewahrt, in denen der Islam sich ausgebreitet hat und für alle ein spiritueller Gewinn war, indem er die Absolutheit Gottes als Orientierung für jegliches moralische Verhalten betrachtete. Das gilt zunächst einmal für das Geburtsland des Islam, Arabien, läßt sich aber auch für die anderen islamisierten Länder von Indonesien bis Marokko und von der Türkei bis Senegal bestätigen.

So alt und tief verwurzelt in den individuellen Gewohnheiten es auch sein mag, tritt dieses *Ethos*, das einmal für den Zusammenhalt der traditionellen Gesellschaften sorgte, heute nur noch in Form einer militanten Energie der sogenannten islamistischen Bewegungen an die Oberfläche. Daher ist es schwierig, die höchst zwiespältigen Inhalte der Debatte und der Verhaltensweisen dieser Bewegungen mit der notwendigen Genauigkeit zu analysieren, denn obwohl die politische Zielsetzung auf der Hand liegt und das Bild bestimmt, fehlen die Motivationen für eine Betonung ethischer und religiöser Fragen nie. In die »revolutionären« Erfolge dieser genannten Bewegungen fließt ohne Zweifel auch eine spirituelle Energie ethisch-religiösen Ursprungs ein.

Dieser Gesichtspunkt wirft das Problem der ethischen Beurteilung in den heutigen muslimischen Gesellschaften auf: Können wir Handlungen, die von ihren Ausführenden und Befehlshabern als »revolutionär«, von ihren Opfern dagegen als »terroristisch« bezeichnet werden, gemäß der islamischen Kriterien moralisch und religiös vertreten? Hier haben wir eine Frage, die von den muslimischen Rechtsgelehrten und Theologen der Periode des *ijtihad* mit Sicherheit in diesen Begriffen und aus dieser Perspektive gestellt worden wäre; heute dagegen wüßte ich nicht, daß sie irgendwo aufgeworfen würde.

Müssen wir daraus schließen, daß das, was al-Ghazali »die Abwägung des moralischen Handelns« (*mizan al-amal*) genannt hat, genau wie im Westen definitiv durch das Kriterium der Effizienz und der pragmatischen Aktion ersetzt worden ist? Denn mit Sicherheit tendiert die »wissenschaftliche« Einschätzung der Ausgangssituation und der »Produktions-bedingungen« einer Handlung überall dazu, die moralische Beurteilung hintanzustellen oder vollends zu unterlassen: das ist ein Zeichen unserer Kultur und der Zivilisation, die wir als modern bezeichnen. Und es ist zugleich eine der verblen-deten Ansichten der intellektuellen Moderne. Im Fall der muslimischen Gesellschaften besteht eine noch viel tiefere Kluft zwischen der Vervielfachung und Ausbreitung gewalt-tätiger Verhaltensweisen und den Möglichkeiten, die dem Intellektuellen, dem Denker und dem Künstler bleiben, Werke zu produzieren, die ein Gegengewicht gegen die semantische Unordnung und den Zusammenbruch des Geistes bilden. Die westlichen Demokratien bieten zahlreiche Freiräume, in de-nen das kritische Denken und die künstlerische Kreativität zumindest den Anstoß für neue Anfänge der Reflexion, der Erkenntnis sowie moralischer, politischer und kognitiver Ori-entierungen liefern können. Davon abgesehen verändern die wissenschaftliche und technologische Forschung beständig die materiellen und moralischen Bedingungen, unter denen die Gesellschaften leben. Von diesen simultan ablaufenden Aktivitäten gehen starke Kräfte der Orientierung und Inte-gration aus. In den heutigen muslimischen Gesellschaften gibt es nichts Gleichwertiges. Sie können zwar die ausgefeilteste Technologie importieren, die fortgeschrittensten Waffensy-steme einkaufen und die am besten ausgestatteten Laborato-rien installieren, aber gleichzeitig üben die Staaten eine ideo-logische Kontrolle aus, die so rigoros ist, daß die genannten Mittel der wissenschaftlichen Moderne ohne wahrnehmbare Auswirkung auf die Mentalität oder auch nur auf das bewußte Denken bleiben. Die Kraft, die anderswo Integration und Fortschritt hervorbringt, verwandelt sich hier in die Quelle von Desintegration und semantischem Irrweg.

Man mag dieses Bild von der Moral und der Politik im derzeitigen Islam vielleicht pessimistisch und ein wenig übertrieben finden. Ich habe hier mehr eine Vorausbeurteilung versucht, als eine erschöpfende Beschreibung sämtlicher Manifestationen und Äußerungen über Moral und Politik in diesen Gesellschaften geben zu wollen. Wie ich schon sagte, verzichtet die orientalistische Annäherung an die muslimischen Gesellschaften gerade auf diese Vorausbeurteilung, weil die Orientalisten es ablehnen, sich mit Fragen zu beschäftigen, die für sie als Bürger westlicher Gesellschaften ohne direktes Interesse sind.

Im Gegensatz dazu ist der muslimische Intellektuelle, der mit seinen Mitbürgern unter den Mängeln seiner Gesellschaft leidet, dazu verpflichtet, auf einer kalten, präzisen, mitleidslosen Diagnose zu bestehen, die keinerlei Zugeständnisse an das nostalgische Heraufbeschwören verlorengegangener Ursprünge und an die von einem bilderstürmerischen und atheistischen Westen befleckten Quellen des ursprünglichen Islam macht!

Das bedeutet, daß der muslimische Intellektuelle heute an zwei Fronten zugleich kämpfen muß: derjenigen der Praxis der Sozialwissenschaften im erzählenden, beschreibenden Stil des Orientalismus und jener der offensiven oder defensiven Apologetik der Muslime, die die immer wiederkehrenden Angriffe auf die »Authentizität« und »Identität« der islamischen Persönlichkeit mit dogmatischem Beharrungsvermögen und einer Debatte der Selbstrechtfertigung kompensieren.

Und über diese beiden Hemmnisse hinaus, die immer gegenwärtig und identifizierbar sind, muß die Haltung des muslimischen Intellektuellen, insbesondere in Fragen der Ethik und der Politik, darauf abzielen, anhand des islamischen Beispiels zu einer noch grundlegenderen Diagnostik beizutragen: Worin bestehen die verblendeten Ansichten, die Fehlschläge, die Inkonsequenzen, die entfremdenden Beschränkungen, die immer wiederkehrenden Schwächen der Moderne? Der Protest muß sich mit allen Formen der Aktivität, allen Orten des Eingreifens, sämtlichen Konstruktionen der Vernunft befassen. Von Hegel bis Nietzsche wurde der Geist der Aufklärung als das *Gegenteil* des Mythos ausgeübt, als Anstrengung, sich von den entfremdenden Beschränkungen der religiösen Dogmen zu befreien, gleichzeitig ist die Vernunft, die diese »befreiende« Kritik bewirkt hat, wieder in das nostalgische Feiern der Ursprünge der Zivilisation zurückgefallen (besonders der griechischen *polis* und der ersten christlichen Gemeinschaften, die das Gegenstück zu den »frommen Vorfahren« bei den Muslimen bilden).

Wir können über den Geist der Aufklärung hinausgehen, indem wir den Mythos – und damit sämtliches von den Religionen angehäufte, transportierte und bewahrte symbolische Kapital – in die kognitive Aktivität der Vernunft integrieren. Eine innerhalb dieser Perspektive durchgeführte vergleichende Geschichte der Religionen scheint mir ein besonders fruchtbares Terrain zur Bearbeitung neuer Rationalitäten zu sein. Es versteht sich von selbst, daß die Ausdrucksformen des Religiösen nicht von der künstlerischen und symbolischen Kreativität getrennt werden können. Es handelt sich also nicht darum, neue intellektualistische Theologien zu entwerfen, sondern darum, die der Erforschung durch die Vernunft dargebotenen Bedeutungshorizonte unendlich zu erweitern. Statt uns darauf zu versteifen, zufällige Werte, die mit veralteten Kulturformen, mit verschwundenen Zivilisationssystemen verknüpft sind, zurückzugewinnen, sollten wir dem Denken und Handeln von Männern wie Frauen neue Möglichkeiten der Emanzipation, der Inspiration und der Meisterung unseres Lebens vorschlagen.

Postskriptum: Ich habe soeben – am 22. Januar 1991 – den Entwurf für dieses Kapitel korrigiert, während der Golfkrieg so viele Leben kostet und überall in der Welt so viele Leidenschaften und so heftige Empörung weckt. Geschrieben wurde das Kapitel im Juli 1990, also noch vor dem Ausbruch der Golfkrise. Ungeachtet der darauffolgenden Ereignisse bleibe ich bei meiner kritischen Analyse und meiner Ablehnung militanter Formen der Auseinandersetzung gleich welcher Herkunft. Ich würde lediglich die Kritik jener »westlichen« Vernunft weiter radikalisieren wollen, die sich ihrer selbst und des *Rechts*, dem sie zum Durchbruch verhelfen will, so sicher ist, während ihre materielle und technologische Hegemonie sie gleichzeitig sämtlicher *ethischer* Erwägungen als altmodisch, veraltet und nutzlos enthebt. Es sind derzeit nicht viele Äußerungen von »westlichen« Intellektuellen zu hören oder zu lesen, in denen, wie es gerade jetzt angemessen wäre, von den Versäumnissen dieser Vernunft seit 1945 oder von den noch tragischeren Versäumnissen, wie sie nach dem Golfkrieg mit Sicherheit zutage treten werden, die Rede ist. Ich befürchte sehr, daß wir von der angekündigten »Neuen Weltordnung« nicht viel sehen werden.

24. Kapitel

Die Kultur des Mittelmeers: Annäherung zwischen dem »Islam« und dem »Westen«

Worin könnte heute die Aktualität einer Kultur des Mittelmeers bestehen?

In seinem lebhaften, einfühlsamen Stil stellt uns der verstorbene Fernand Braudel den Mittelmeerraum wie folgt vor (Zitat aus Fernand Braudel/Georges Duby/ Maurice Aymard, *Die Welt des Mittelmeers. Zur Geschichte und Geographie kultureller Lebensformen*, Frankfurt/M. 1987, S. 18):

»Der Mittelmeerraum erstreckt sich vom ersten Ölbaum, dem man von Norden kommend begegnet, bis zu den ersten Palmen, die in der Wüste auftauchen. Wer von Norden ›hinabsteigt‹, begegnet dem ersten Ölbaum hinter dem ›Riegel‹ von Donzère an der Rhône. Der erste dichte Palmenhain taucht – es gibt kein besseres Wort – südlich von Batna und Timgad auf, sobald man das Goldene Tor von El-Kantara durchritten und den Atlas hinter sich gelassen hat. Aber zu Begegnungen dieser Art, jedesmal aufs neue betörend und ergreifend, ist überall rund ums Mittelmeer Gelegenheit. Ölbäume und Palmen halten dabei Ehrenwache.

Ja, für den Schriftsteller, den Künstler, den Touristen bedeutet das Mittelmeer vor allem Lebensfreude – jene un-
mittelbare und teilnehmende Freude, jenes Gefühl der Sicherheit, die von der Milde des Klimas, der Reinheit des
Himmels, der Großzügigkeit der Erde, der Mannigfaltig-
keit der Gerüche und Geschmäcker, der Schönheit der
Landschaft, der kommunikativen Wärme im Alltagsleben
ausgehen...«

Über dieses Thema ist sehr viel geschrieben worden, ebenso
wie es eine große Anzahl wissenschaftlicher Untersuchungen über die Geschichte, die Kulturen und die Zivilisation
der Gesellschaften des Mittelmeers gibt. Und doch ist unsere
Kenntnis über die Welt des Mittelmeerraums unausgewogen:
Wir wissen viel mehr über die Gesellschaften am europäischen Ufer des Mittelmeers als über die arabisch-muslimischen
Länder des östlichen und südlichen Ufers. Und was wir über
letztere wissen, hängt sehr häufig davon ab, was westliche
Wissenschaftler darüber geschrieben haben.

Dieses Ungleichgewicht erfordert dringend die Vermittlung von Forschern, die die historischen Perspektiven gera-
derücken, wesentliche Lücken füllen, Vorurteile beseitigen
und ein Gebiet wieder als Einheit behandeln, das während
langer Jahrhunderte zerrissen, zerrüttet und heftig umkämpft
war. Der Wiederaufstieg des Islam als bedeutender Faktor in
der historischen Entwicklung von Gesellschaften, die sich erst
vor kurzer Zeit von der Kolonialherrschaft befreit haben,
macht eine Forschung, die auf Identifizierung, Wiederbelebung und Wiederherstellung einer Mittelmeerkultur abzielt,
sehr aktuell. Die Anwesenheit einer großen Anzahl muslimischer Emigranten in Europa verstärkt nur die Dringlichkeit eines offenen, kritischen Wissens über die Werte, die allen Mittelmeerländern gemeinsam sind.

Aber eine solche Orientierung der Forschung entsteht nicht
von allein; zu ihrer Entwicklung ist es erforderlich, die Be-

dingungen für die Möglichkeit einer kritischen Wiederaufnahme der Kultur des Mittelmeers und für ihre Eingliederung in den allgemeinen Strom der Erkenntnis und der modernen Kulturschöpfung zu untersuchen.

Wie könnte der Aktualität einer Kultur des Mittelmeerraums am besten zur Geltung verholfen werden, und wie
könnte man ihr in Kulturen, die dynamischer geworden sind
und große Veränderungen und Neuerungen durchmachen,
heute wieder Eingang verschaffen? Das ist eine grundlegende
Frage, zu deren Beantwortung es eine Reihe von Initiativen
gibt. Viele Menschen haben sich für den kulturübergreifenden
Austausch zwischen muslimischen und westlichen Gesellschaften engagiert, und zwar in so unterschiedlichen Bereichen wie Sport (z.B. den Mittelmeerspielen), Musik, Tanz,
Architektur, Küche, Malerei und Literatur, ganz zu schweigen von dem intensivierten Austausch auf dem Gebiet der
Wirtschaft, der rechtlichen und politischen Institutionen sowie der Technologie und Wissenschaft. Aber wie im Verlauf
dieses Buches bereits des öfteren erwähnt, ist der Austausch
immer ungleich, und der Beitrag der Mittelmeerregion reduziert sich oft auf Folklore, nostalgische Erinnerungen, ästhetische Betrachtungen lokaler Besonderheiten und touristi-
schen Konsum exotischer Produkte. Indem wir uns fragen,
welche Art der Vermittlung die wirksamste wäre, möchten
wir ausdrücklich zerbrochene Gleichgewichte wiederherstel-
len und archaische Haltungen modernisieren, ebenso wie einen Sinn der in der intellektuellen und kulturellen Praxis des
Westens lebendigen Tradition rehabilitieren.

Forschungsmethoden

Wenn man die Dörfer der Großen Kabylei besucht, ist man
verblüfft über den brutalen Einbruch einer Architektur, die

sowohl dem Stil des sozialen Wohnungsbaus als auch dem sogenannter moderner Privatvillen entlehnt ist. Die niedrigen, alten, mit Kalk geweißten Häuser aus gestampfter Erde mit ihren sanft ansteigenden, aus den für die Region typischen Ziegeln bestehenden Dächern sind häufig nur noch baufällige Überbleibsel einer anderen Epoche, denn auch ihre Bewohner haben eine soziale, wirtschaftliche und natürlich auch kulturelle Marginalisierung hinnehmen müssen.

Die Dörfer Andalusiens, Siziliens, der Provence, Sardiniens sowie auf Mykonos und Rhodos haben sich weitaus besser gehalten als die der Kabylei, aber auch an ihnen sind die Zwänge der Wirtschaft und der vom Ausland kommenden Materialien und Stilformen nicht spurlos vorübergegangen.

Dasselbe läßt sich über die Verwandtschaftsstrukturen, den uralten und fest verwurzelten Ehrenkodex, die gesellschaftliche Stellung von Mann und Frau, den Sinn für Gastfreundschaft und Festlichkeiten, die Räume sozialer Kommunikation und kulturellen Ausdrucks, die Beziehung zum Heiligen, die Kultur der »Heiligkeit«, die Erdverbundenheit und viele weitere Phänomene sagen. In all diesen individuellen und kollektiven Verhaltensformen, die einen Schatz gemeinsamer Werte erkennen lassen, beobachtet man unter dem Einfluß effizienterer, befreienderer und »modernerer« Normen einen Prozeß der Desintegration, der Transformation und der Entsymbolisierung. Anders als die kämpferische, von muslimischer Seite geführte ideologische Debatte und der hegemoniale Diskurs des Westens vermuten lassen könnten, spielen sich diese Spannungen, Gegensätze, Verdrängungsvorgänge und Marginalisierungsprozesse nicht nur zwischen dem Westen und dem Islam ab. Die Spaltungslinien zwischen unvereinbaren semantischen, semiotischen und symbolischen Welten, die bisher noch ungenügend identifiziert sind, sind viel älter und unwiderruflicher. Daher scheinen mir die lokalen und punktuellen Vermittlungen zur Rettung dieses oder jenes Denkmals, zur Wiederherstellung dieses oder jenes musikalischen, bildnerischen oder literarischen Werkes und zur Neugestaltung einzelner Tänze, Zeremonien oder Formen der Solidarität sowohl notwendig als auch unzureichend. Sie können nur dann zum Wiedererstehen eines Kulturraums am Mittelmeer führen, wenn die Beziehungen des Denkens zum Zeichen und zum Symbol im Rahmen einer vergleichenden historischen Perspektive und einer philosophischen Kritik sämtlicher kultureller und kognitiver Systeme der Gegenwart radikal neu gedacht werden.

Es gibt Werte, Praktiken, Verhaltensweisen und Traditionen, die sich immer noch der Notwendigkeit dieser radikalen Kritik entziehen: Ich denke hier an die Musik, die Lieder, die Tänze, die kulinarischen Traditionen, das Kunsthandwerk, die Formen und Orte der sozialen Kommunikation usw. Aber die Bekundungen des kulturellen Lebens werden auch weiterhin aus ihrem Kontext gerissen, in Folklore verwandelt und daher in eine altmodische Vergangenheit zurückgeworfen, solange sie nicht in die modernen Systeme der Erkenntnis und der Kulturschöpfung integriert werden. Je stärker und länger eine Gruppe von den Produktionskräften und -orten der Moderne ausgeschlossen bleibt, desto mehr ist ihre kulturelle Identität von Desintegration und daher vom Verschwinden bedroht; und je stärker eine Gruppe in den historischen Prozeß der Modernisierung einbezogen ist, desto mehr sieht sie sich zwischen der Notwendigkeit, ihre Eigenständigkeit zu beschützen, und der Versuchung, auf radikalere Weise mit der Last eines überladenen Erbes zu brechen, hin- und hergerissen. So wächst die Kluft zwischen den Opfern der Modernisierung und den »Eliten«, die sich dem »Fortschritt« verschrieben haben; in beiden Fällen bleiben die jeweiligen Vermittlungsstrategien unangemessen.

Eine Kultur wächst, gewinnt an Reichtum und breitet sich aus, wenn sie über präzise Kriterien zur Identifizierung des

Wahren, Guten und Schönen verfügt, die nicht nur das Wahre, Gute und Schöne für den Klan, den Stamm, die Gruppe, die Gemeinschaft oder die Nation sind, sondern für die gesamte Menschheit. Das griechische und das religiöse Denken haben uns jedes auf seine Art gelehrt, diesem Ziel nachzustreben. Dennoch ist gezeigt worden, wie beispielsweise die logischen Kategorien des Aristoteles mit den Definitionen und semantischen Strukturen der griechischen Sprache verbunden sind. Die geoffenbarten Religionen wollten das unsichere und relative menschliche Wissen überschreiten, indem sie die Aufmerksamkeit und das Verlangen auf die Absolutheit Gottes richteten, aber auch sie waren gezwungen, sich zur Verkündigung ihrer Botschaften der natürlichen Sprachen zu bedienen. Weder die eine noch die andere Richtung des Denkens und kulturellen Handelns hat die lokalen Formen des Wissens und der empirischen Vernunft der Gesellschaften des Mittelmeers soweit aufheben können, daß sie vollkommen durch das jeweilige universalistische Denken hätten ersetzt werden können. Unabhängig davon, wieviel das heutige wissenschaftliche Denken des Westens dem lokalen Wissen und den globalen Denksystemen des Mittelmeerraums verdanken mag, müssen wir erkennen, daß die Kriterien für die Identifizierung des Wahren, Guten und Schönen weiterhin unklar und stark umstritten bleiben. Die Beweglichkeit des Urteils, die Vielfalt der Denkweisen, der Methoden und Problemstellungen sowie die Achtung vor kulturellen »Besonderheiten«, die sich selbst jeweils als absolute Werte auffassen, sind kennzeichnende Merkmale der modernen Rationalität.

Zur Vertiefung unseres Verständnisses sowohl der lokalen Kulturen des Mittelmeerraums als auch der universalistischen Bestrebungen möchte ich hier kurz vier Richtungen einer modernen kognitiven Strategie zur Betrachtung vorschlagen:

1. die Dialektik zwischen den Mächtigen und den gesellschaftlichen Restkräften;
2. die vergleichende Methode;
3. die schöpferische Spannung zwischen Sprache, Denken und Geschichte;
4. die lehrreiche Spannung zwischen dem Rationalen und dem Imaginären.

Andere Forscher, die von einem anderen Ausgangspunkt und anderen Spezialbereichen als dem Arbeitsfeld ausgehen, das für mich die Geschichte des islamischen Denkens repräsentiert, mögen die Anordnung dieser Orientierungen modifizieren, weitere hinzufügen oder die passenden wissenschaftlichen Erklärungen diskutieren, die ich hier aufzeigen möchte. Es bleibt jedoch auf jeden Fall die Tatsache, daß kein wirklich neuer Blick auf die Geschichte des Denkens und der Kulturen des Mittelmeerraums möglich ist, solange wir die aus der Vergangenheit übernommenen Praktiken des Islam, des Christentums und des weltlichen Westens nicht mit Hilfe einer Strategie der Überwindung von Dogmen und zur Untergrabung überkommener Theorien und Definitionen hinter uns lassen. Versuchen wir, die Beiträge jeder dieser vier Orientierungen zu bestimmen.

Die Dialektik zwischen den Mächtigen und den gesellschaftlichen Restkräften

Diese Annäherung, die ich schon oft für das Studium des islamischen Kulturkreises vorgeschlagen habe, erlaubt uns ein Zurechtrücken der historischen, soziologischen und philosophischen Ausblicke auf die mit dem Mittelmeerraum verbundenen Kulturen und Traditionen des Geistes.

Gewöhnlich betrachtet man das Gebiet der Sozialgeschichte von den Orten der Macht aus, wie dem Staat, dem Schrifttum, der Kultur der Gebildeten und der Orthodoxie. Das trifft sowohl für die alten Zivilisationen als auch für die in neuerer Zeit entstandenen zu. Der Staat zieht eine Grenze zwischen der Politik, die seiner effektiven Kontrolle unterworfen ist – und die er ständig auszudehnen versucht –, und den Kräften, die sich ihm widersetzen; das Geschriebene stellt die Überlegenheit und die Dauerhaftigkeit dessen, was schriftlich niedergelegt ist, der Ungewißheit, mangelnden Kohärenz und Unterlegenheit des Mündlichen gegenüber; die Kultur der Gebildeten bestimmt und schreibt die Regeln vor für das Wahre, Rechte, Gute und Schöne in Beziehung zu den sozialen und wirtschaftlichen Mächten, die den offiziellen politischen Bereich beherrschen (im Gegensatz zu den sogenannten »populären«, »folkloristischen« Kulturen, die von den »Eliten« abgelehnt, an den Rand gedrängt und als wertlos betrachtet werden); die Orthodoxie schließlich bringt als offizielle Religion das Monopol der Kontrolle über die symbolischen Güter durch die im Staatsdienst stehenden gebildeten Eliten zum Ausdruck, wobei jede Abweichung von der Orthodoxie als Häresie und Sektierertum abqualifiziert wird.

In dieser gekürzten Form findet sich eine große Anzahl von Themen, Bemerkungen, Begriffen, Realitätsbereichen und Gesichtspunkten, die, wenn wir sie in unsere Betrachtung mit einbeziehen würden, es uns erlauben würden, unser Verständnis der Gesellschaften des Mittelmeers und gleichzeitig auch unsere geistigen Kräfte zu überprüfen.

Wir sollten festhalten, daß die Dialektik zwischen den Mächtigen und den Restkräften in sämtlichen Gesellschaften und sämtlichen Gruppen am Werk ist, die die Schwelle zur Macht erreichen, jenseits derer sich ein *Zentrum* herausbildet und eine Beziehung zu einer zum Satelliten degradierten *Peripherie* ausbreitet. So wurden die französischen Provinzen in dem Maße zur Peripherie, in dem der Staat zuerst unter der Monarchie und dann unter den aufeinanderfolgenden Republiken seine Oberherrschaft festigte. Sämtliche nationalen Einheiten haben sich nach diesem Modell des historischen Ablaufs gebildet, das demzufolge von anthropologischer Bedeutung ist.

Es gibt im Mittelmeerraum zahlreiche ethnokulturelle Gruppen, die seit den alten Dynastien und Kaiserreichen bis hin zu den Nationen unserer Zeit in Veränderungsprozessen begriffen sind.

Präzisieren wir, daß der Begriff der »Restkraft« in einer dialektischen Beziehung zu jenem der »Mächtigen« (Dominanzkraft) gesehen werden muß, aber in keiner Weise einen dualistischen Gegensatz darstellt, der das Gute auf seiten der Beherrschten und das Böse auf seiten der etablierten und herrschenden Mächte ansiedelt. Es handelt sich hier um eine analytische Annäherung, die sämtlichen gesellschaftlichen Personen unabhängig von ihrer Position im Rahmen der vom Zentralstaat durchgesetzten politischen, wirtschaftlichen, kulturellen und religiösen Werte ihre Sprache zurückgibt. Dementsprechend muß der von den Geistlichen definierte und von der weltlichen Macht praktisch umgesetzte Begriff der Orthodoxie durch das umfassendere und globalere Konzept des symbolischen Kapitals ersetzt werden, das sich sowohl in den offiziell gewordenen Offenbarungsreligionen als auch in denjenigen Religionen findet, die vom dogmatischen Standpunkt der spekulativen Theologien aus als heidnisch und daher als »falsch« betrachtet werden. Die regelmäßig wiederkehrende Wirksamkeit der Orthodoxie als Mittel zur Kontrolle ideologischer Abweichungen kann nur durch eine Verlagerung der Problematik von Richtig und Falsch, rechtem Weg und Häresie, Gut und Böse, Teilnahme an politischem Handeln des Staates und Kampf gegen ihn beherrscht werden.

Daraus ergibt sich eine neue und radikale Befreiung sämtlicher kultureller Ausdrucksformen, die mit der sprachlichen, religiösen, ökonomischen und ethnischen Vielfalt von Gruppen verbunden sind, die in ein und demselben von einem Zentrum kontrollierten politischen Raum miteinander leben. Die Befreiung wirkt sich nicht nur auf die Gegenwart und Zukunft dieser Gruppen aus (denken wir an die Korsen, Basken, Katalanen, Okzitanier, Sizilianer, Zyprioten, Berber, Kurden, Armenier usw.), sondern die Geschichtsschreibung der siegreichen und der an den Rand gedrängten Kulturen würde sich dadurch ebenfalls verändern.

So wäre es zum Beispiel sehr interessant, das zu seiner Zeit bahnbrechende Werk Ibn Khalduns im Lichte der Vorstellungen und Methoden wieder zu lesen, welche die Dialektik zwischen den Mächtigen und den Restkräften erfordern. Ibn Khaldun hat sicher eine Seite dieser Dialektik im Maghreb bemerkt und beschrieben, indem er zwischen der »Zivilisation der Wüste« (den Beduinen, die im Koran bereits als *a'rab* bezeichnet werden) und der emanzipatorischen, mit dem islamischen Staat, der Landwirtschaft, dem seßhaften bäuerlichen Leben, der Gelehrtenkultur und der Orthodoxie verbundenen Zivilisation unterschied, deren vollendeter Vertreter und wirkende Kraft er war. Indem sie an seine Analysen anknüpften, ohne sie zu erweitern und für eine Kritik der Ideologien zu öffnen, machen sich die heutigen Historiker und Soziologen seit E.F. Gautier weiter den reduzierenden Blick des Zentrums auf die Peripherien zu eigen.

Für die Entwicklung des Mittelmeerraums ist es einleuchtender, die Dialektik zwischen den Mächtigen und den Restkräften zu begreifen, die während jenes privilegierten historischen Augenblicks die Vermittlung des Koran und das entschiedene Handeln des Propheten Muhammad versinnbildlichen. Mit dem Erscheinen des Koran werden in der Tat die vorhergehenden Mächte (der arabische Pantheon, die Aristokratie Mekkas, die Umgangssprache, die Solidaritäten des Klans usw.) unter dem Namen der *jahiliyya* bedroht, während neue Mächte (der gemeinschaftliche Staat Medinas), der *ilm* oder das symbolische Kapital des Koran, die Schrift im doppelten Sinne des geoffenbarten *Buches* und des geschriebenen *Buches* (*mushaf*), eine gelehrte Kultur nähren und eine sich rasch behauptende Orthodoxie hervorbringen. Auf die Zeit des Koran folgt dann sehr rasch die imperiale Zeit (Umayyaden und Abbasiden), die die Dialektik zwischen den Mächtigen und den Restkräften in sämtlichen Gesellschaften des Mittelmeers betont. Die neuen muslimischen Mächte treffen dann auf den Widerstand paralleler, ihnen selbst vergleichbarer Mächte, die von Byzanz, dem christlichen Westen, der spanischen Reconquista, dem bürgerlichen Kapitalismus und in unseren Tagen von der industriellen Zivilisation und der Zivilisation der Hochtechnologie ausgehen.

Um die so definierte kulturelle Analyse zu bereichern, wird man versuchen müssen, die von der Dialektik von Dominanz- und Restkräften verlangten Methoden und Problemstellungen mit denen der drei weiteren Forschungsrichtungen zu verbinden, die wir noch untersuchen werden.

Die vergleichende Methode

Wir kennen die verdienstvollen Bemühungen, die tastenden Versuche und die jeweiligen Unzulänglichkeiten von Forschern, die seit dem 19. Jahrhundert versucht haben, die Disziplin der Vergleichenden Literaturwissenschaft zu meistern. Die Spezialisierung und die fehlgeschlagenen Bemühungen um die Vereinigung des Denkens haben es nicht erlaubt, die vergleichende Methode auf die Theologie, die Philosophie, das Recht, die Geschichtsschreibung, die Folklore, die religiösen Überzeugungen, die Riten, die Verwandtschaftsstrukturen, kurz, auf die verschiedenen Manifestationsebenen der Kultur auf sprachlichem Gebiet auszudehnen. Selbst im Bereich der Literatur ist die vergleichende Methode bisher kaum über die Grenzen der großen westlichen Sprachen hinausgekommen.[98]

Pierre Bourdieu, der versucht hat, die Grenzbereiche des Feldes des Intellekts und des Feldes der Religion abzustekken, hat nicht zeigen können, welche Verbindung zwischen diesen beiden Bereichen besteht und wie sie miteinander und mit anderen Feldern der sozialen und historischen Realität in Wechselwirkung stehen. Es gibt derzeit schüchterne Versuche zu einer Typologie der Felder der kulturellen Aktivität, die darauf abzielen, unterscheidende Merkmale zu identifizieren; diese Bemühungen befinden sich aber bisher erst im Stadium der Beschreibung und systematischen Einordnung. Noch kaum angegangen worden ist dabei das schwierigere Problem einer Topologie des Sinnes: damit meine ich die Räume, in denen Begriffe, Konzepte und Kategorien auftauchen und sich ausbilden, die in sämtlichen Kulturformen und allen Bereichen semantischer und semiotischer Aktivität vorzufinden sind. Ich denke dabei an die vieldiskutierten und allgegenwärtigen Fragen über Mythos, Mythologie und Mythologisierung; Transzendenz und Transzendentalisierung; Heiliges, heilige Person, Sakralisierung und Entsakralisierung; Spirituelles, Spiritualisierung und Mystifizierung; Profanes, Säkulares und Konfessionsloses; Symbol, Zeichen und Signal; Vernunft und Rationalität; Imagination und Imaginäres usw.

Diese Schlüsselbegriffe sind unentbehrliche Instrumente jeder vergleichenden Methode; sie stehen am *Anfang* sämtlicher Analysen und Identifizierungen jeder einzelnen Kultur. Mir ist sehr wohl klar, daß man, um diese Vorstellungen sinnvoll anwenden zu können, unablässig zwischen Lokalem und Globalem hin- und herwechseln muß, wie dies insbesondere Clifford Geertz gezeigt hat.[99] Gerade in der Mittelmeerregion haben viele Formen lokalen Wissens die Ausbreitung und Vorherrschaft der globalen Wissensformen überlebt. Sie verdienen es, daß man sich erneut mit ihnen beschäftigt und ihre

Bedeutung rehabilitiert, wie dies Hassan Fathy in Ägypten für die Architektur und vor noch gar nicht langer Zeit Marcel Pagnol für die provenzalische Literatur Frankreichs versucht haben.

Indem sie das Blickfeld auf Wissen und Kultur erweitert, sollte die vergleichende Methode uns von der beschränkten Sicht eines einseitigen Partikularismus und eines veralteten Konservatismus befreien. Alles in allem sollte sie den Kreislauf von Ideen, Werken, Praktiken und Werten zwischen den bisher abgelehnten oder vergessenen Identitäten und den großen, traditionell mit den Offenbarungsreligionen verbundenen Kulturen sowie der allmächtigen, als modern bezeichneten Kultur begünstigen, die zum ersten Mal in der Geschichte die ursprüngliche Basis aller Kultur und allen Wissens umgestürzt hat, nämlich die *Beziehung zwischen Geist und Zeichen*. Der Geist will nunmehr die Beziehung zum Zeichen beherrschen, indem er ein kritisches, immer strengeres *Verhältnis* nicht nur zu seiner eigenen psychologischen Gestalt (den jeweiligen Rollen der Vernunft, des Intellekts, der Imagination, des Imaginären, des Gedächtnisses, des Gefühlslebens), sondern auch zu der Welt der objektiven Gegenstände herstellt, die ihm durch Zeichen der anderen Seite vermittelt werden. Das ist eine Revolution in unserem *Sein-in-der-Welt*: wir verlassen das Stadium des natürlichen, unmittelbaren Versenkens in ein Universum wimmelnder Zeichen, die in die unterschiedlichsten semiologischen Konstruktionen – vom bescheidensten Mobiliar bis zum stattlichsten Denkmal, vom lapidaren Sprichwort bis zu den Offenbarungsbüchern – eingehen und mit ihnen verhaftet sind; Konstruktionen, die zu *de*konstruieren sich die semiotische Analyse heute zu Recht als Aufgabe stellt.

Dabei ist klar, daß auch die örtlichen und traditionellen Kulturen der Welt des Mittelmeers sich ebensowenig wie alle anderen Kulturen den gegenwärtig stattfindenden Verände-

rungen in der Art und Weise, wie sich das menschliche Wesen in die Welt einfügt, widersetzen können. Die Aktualität
einer kulturellen Antwort auf diesen Prozeß, der dem Geist
eine neue Bestimmung zuweist, tritt mit um so größerer Schär-
fe hervor, wenn man sich die soziale und ideologische Kraft
dessen vor Augen hält, was häufig als die »Wiederkehr des
Religiösen« bezeichnet wird, vor allem auf seiten des Islam
und des Judentums. Statt jedoch über den radikalen Bruch
nachzudenken, der heute in sämtlichen Kulturen stattfindet,
fordert das islamische Denken mit dem Gründungsaugenblick
der eigenen Religion eine historische und doktrinale Kontinuität dessen, was seiner Auffassung nach die göttliche Berufung des Menschen enthüllt. Es handelt sich hier um eine
Diskussion von großer Bedeutung, die nur durch die vergleichende Geschichte der Religionen erhellt und vorangetrieben werden kann. Leider wird gerade diese Forschung
heute an allen Universitäten und Instituten sowohl im Westen als auch in der muslimischen Welt am stärksten vernachlässigt. Mit vergleichender Religionsgeschichte meine ich hier
nicht nur den Vergleich zwischen Judentum, Christentum und
dem Islam: Auch die in Verbindung mit diesen Traditionen
entwickelten theologischen und philosophischen Denk-
richtungen müssen zum Gegenstand moderner kritischer Untersuchung werden. Und es ist ja bekannt, daß die theologische Lehre auf die religiösen Lehranstalten beschränkt ist,
während die philosophischen Fakultäten weiterhin 1000 Jahre
Geistesgeschichte überspringen, indem sie direkt vom klassischen Griechenland zu Descartes, Leibniz und Spinoza und
von da zu Kant und Heidegger übergehen... Selbst an den
jungen Universitäten der arabischen Länder ist die mittelal-
terliche Philosophie in der damaligen jüdischen, christlichen
und islamischen Umgebung kein bevorzugtes Lehrfach. Dabei würden die gegenwärtigen Spaltungen zwischen Säkularismus und Religion, weltlicher Moderne und lebendigen

religiösen Traditionen sowie Irdischem und Spirituellem durch eine vertiefte und vergleichende Kenntnis über die großen Geistesströmungen, die in der Mittelmeerregion entstanden und herangewachsen sind, auf neue Weise erhellt werden.

Sprache, Geschichte, Denken

Die Ideengeschichte hat die Ideen lange Zeit als etwas von der Sprache, in der sie ausgedrückt werden, und von der Geschichte, die sie hervorbringt und zu der sie ihrerseits beitragen, Getrenntes betrachtet. Noch schlimmer hat sich die Tatsache ausgewirkt, daß die allgemeine Geschichte der Gruppen und Gesellschaften, die von den imperialen oder nationalen Staaten an den Rand gedrängt wurden, von den Eliten geschrieben wurde, und zwar in den großen Zivilisationssprachen wie Griechisch, Latein, Arabisch, Französisch und Englisch. Dazu kommt, daß die Ethnographen diese Tendenz noch verstärkt haben, indem sie sich auf das Studium von Dialekten beschränkt haben, die mit den großen offiziellen Sprachen nichts zu tun haben. Erinnern wir uns zum Beispiel daran, daß Jesus in Palästina auf aramäisch gesprochen hat, während seine Botschaft sehr schnell auf griechisch niedergeschrieben und dann in lateinischer Sprache kommentiert und verbreitet wurde, bevor sie schließlich in die europäischen Sprachen einging. Während das Arabische vom 7. bis 11. Jahrhundert eine rasche und große Ausbreitung erfuhr, hat die Konkurrenz des Persischen, des Türkischen und dann der modernen Sprachen, besonders des Englischen und Französischen, den Abstand zwischen der religiösen und gelehrten Sprache auf der einen und den lebendigen Dialekten auf der anderen Seite verstärkt. Und letztere werden auch weiterhin vernachlässigt, vor allem seitdem sich aufgrund der

Notwendigkeiten des Aufbaus von Nationalstaaten das Standard-Arabisch als offizielle Sprache durchgesetzt hat.

Diese Situation hat schwerwiegende Folgen für das Leben der sogenannten volkstümlichen Kulturen des gesamten Mittelmeerraums mit sich gebracht. Diese Kulturen sind uns nur über geschichtliche Darstellungen und Texte zugänglich, die sowohl von der europäischen als auch der arabisch-muslimischen Seite in den Nationalsprachen verfaßt wurden. Für den Maghreb von Tanger bis Bengasi bestand während der Römerzeit eine sogar noch schlimmere Situation, weil die Teilung zwischen dem eigentlichen Land und seinen latinisierten und christianisierten Gebieten noch ausgeprägter war als nach der Verbreitung der arabischen Sprache und des islamischen Denkens. So stellt sich heute für die Historiker, Soziologen und Anthropologen die Frage nach der Wiederherstellung der Mittelmeerregion als Kulturraum. Dazu muß man auf das zurückgreifen, was von den früheren Sprachen, Gewohnheiten, Rechtssystemen, Glaubensüberzeugungen, von Schrifttum, landwirtschaftlichen Praktiken und Künsten in Regionen überlebt hat, die bis jetzt durch ihre geographische Lage geschützt waren: auf Inseln, in den Bergen oder in Wüstengebieten. Zu nennen wären hier etwa Djerba, Mzab, der Jebal Djurdjura, das Aurasgebirge sowie andere Regionen in Tunesien und Algerien.

Die theoretische Position, die es ablehnt, Sprache, Geschichte und Denken voneinander zu trennen, wenn es darum geht, in die Kultur einer Gruppe einzudringen und sie richtig zu interpretieren, kann natürlich auch auf die großen Sprachen angewendet werden, die gegenwärtig in der Mittelmeerregion am bedeutendsten sind, nämlich auf das Arabische, Hebräische, Griechische, Italienische, Spanische und Französische. Die wissenschaftliche und intellektuelle Vorherrschaft dieser Sprachen ist direkt mit der Geschichte des politischen und wirtschaftlichen Wettbewerbs im Mittelmeerraum verknüpft. Daraus ergeben sich neue Probleme des Zugangs zu Kulturen und Gesellschaften, deren Ausdrucksform das Arabische ist. Ich denke dabei an die Rolle des Orientalismus seit dem 19. Jahrhundert, an den Einfluß des Französischen auf den Maghreb und des Englischen im Nahen Osten, an die Situation der Emigranten in Europa, an die maghrebinische Literatur in französischer Sprache, an den ungleichen kulturellen Austausch zwischen der arabischsprachigen und der französischsprachigen Welt und ähnliches mehr.

In den heutigen arabischen und islamischen Debatten neigt man häufig zu Verurteilungen der »kulturellen Aggression« des Westens (*al-ghazw al-fikri*). Aber jenseits ideologischer Spannungen und nutzloser Polemik ist es sicher richtig, daß ein Friede zwischen den Anrainervölkern des Mittelmeers nur auf dem Wege des kulturellen Austauschs und der sprachlichen Kommunikation sowohl im Innern jeder einzelnen Nation als auch zwischen den Nationen zustande kommen kann. Gerade jetzt, wo alle Anstrengungen, alle Aufmerksamkeit und alle Willenskraft auf Europa gerichtet sind, muß man sich davor hüten, die Isolation und die Abhängigkeit der arabischen und islamischen Nationen noch zu verschärfen, zumal diese Nationen auf dem Umweg über ihre Zugehörigkeit zur Mittelmeerregion den europäischen Raum, der jetzt im Entstehen begriffen ist, bereichern und inspirieren können.

Das Rationale und das Imaginäre

Ich habe gerade darauf hingewiesen, daß dank des wissenschaftlichen Fortschritts und der Beschleunigung des kulturellen Austauschs die Beziehung des Geistes zu seiner eigenen Aktivität in Veränderung begriffen ist. Die Vernunft stellt ihre eigene Stellung in der psychologischen Gestalt des Geistes und natürlich auch in der Entwicklung jeder kognitiven

Aktivität in Frage. Von daher müssen wir unsere Vorstellungen von den sogenannten archaischen, traditionellen und modernen Kulturen, unsere Haltung gegenüber den kulturellen Austauschvorgängen und unsere Praktiken im Innern der Logosphäre, die durch jede Sprache definiert wird, revidieren.

Das Rationale und das Imaginäre werden so auf subtilere Weise definiert und erhalten realistischere Funktionen in der kognitiven Aktivität und in der kulturellen Produktion. Die Vernunft gibt ihren arroganten Souveränitätsanspruch auf und erkennt die Rolle des Imaginären an, das selbst noch in die strengste Ausübung der Vernunft Eingang findet, vor allem im Bereich der Human- und Gesellschaftswissenschaften. Das soziale Imaginäre, das weitgehend offen gegenüber irrationalen oder mythologischen Bestandteilen ist, die ihm vom politischen Leben und den religiösen Traditionen auferlegt werden, wird nunmehr als einer der psychologischen Augenblicke anerkannt, in denen Überzeugungen, Glaubensinhalte und Repräsentationen oder Realitätsbilder sich zu einer dynamischen, mit einer eigenen Kohärenz ausgestatteten und die individuellen und kollektiven Verhaltensweisen aktivierenden Vision organisieren. Das soziale Imaginäre ist der Ort, an dem die mobilisierenden Diskurse der Propheten, Heiligen, Helden, Führer, Könige, Präsidenten und Prediger ertönen. Es sind in der Tat die im Imaginären lagernden Idealbilder, die, von repräsentativen Führern reaktiviert, die großen revolutionären Bewegungen auslösen.

Inwiefern interessiert sich die so definierte psychosoziale Kraft für unsere Überlegung über die Kultur des Mittelmeers? Und hat sie denn nicht eine anthropologische und psychologische Bedeutung für alle Kulturen in allen Gesellschaften?

Indem wir anerkennen, daß das Rationale und das Imaginäre voneinander abhängig sind und in jedem vom Geist durchgeführten kognitiven Akt in einer erzieherischen Spannung miteinander stehen, befreien wir uns von jenem Schwarzweißdenken, das lange Zeit Vernunft und Imagination, Logos und Mythos, Konzept und Metapher, eigentliche Bedeutung und figurative Bedeutung, Wahrheit und Irrtum, Gut und Böse, Vernunft und Glauben, Wissenschaft und Religion, wahren Glauben und Aberglauben, Religion und Magie, Modernes und Archaisches oder Traditionelles, Zivilisiertes und Primitives, Entwicklung und Unterentwicklung (dieser abschließende Kontrast als letzte Metamorphose eines zweigeteilten und imperialen Denkens) einander gegenübergestellt hat.

Wir gewinnen so die intellektuellen Mittel, unser gesamtes kulturelles Erbe neu zu bestimmen, das im aktuellen Zusammenhang des auf die Phase der politischen Herrschaft folgenden Kampfes um wirtschaftliche Vormachtstellung häufig unter dem Namen der Identität, der Authentizität und der Persönlichkeit wiedergeboren wird, was jedoch nur eine schlechte Verkleidung der nur allzu bekannten apologetischen und ideologischen Ausbeutung kultureller Werte darstellt. Im Resultat wird die unentbehrliche kritische Neubewertung des Erbes verworfen und verzögert, und diese Verzögerung begünstigt die Entwicklung von Mißverständnissen und Spannungen, wie es zwischen dem Islam und Europa, der arabischen Welt und dem Westen der Fall ist, seitdem im Mittelmeerraum neue politische, strategische und wirtschaftliche Einsätze auf dem Spiel stehen.

Das hegemoniale Streben ist immer mit dem Anspruch auf eine Wahrheit verbunden, die konkurrierende Wahrheiten ausschließt, wobei dieser Prozeß der Aufspaltung in »wahr« und »falsch« und der Verfälschung der wirklichen Einsätze dieser Konkurrenz das Ergebnis der oft bis zur Arroganz reichenden Selbstgewißheit einer dogmatischen und selbstherrlichen Vernunft ist. Auf diese Weise produziert letztere ein rationales Imaginäres, das, je nach den sozialen Schichten und dem kulturellen Niveau, die es zu mobilisieren gilt, entweder in die politische oder in die religiöse Debatte investiert wird. Indem sie auf diesem ständigen Hervordrängen des Imaginären bestehen und so der Vernunft die Zügel von Toleranz und Bescheidenheit anlegen, verhelfen die Human- und Sozialwissenschaften uns zu einer größeren Klarheit.

In einem Buch mit dem Titel *Le détour*[100] (»Der Umweg«) hat Georges Balandier uns ein bedeutendes Beispiel für diese neue Mission der wissenschaftlichen Vernunft gegeben. Nach einem langen und geduldigen Umweg über die Gesellschaften Schwarzafrikas kommt der Soziologe und Anthropologe in seine ursprüngliche Gesellschaft und Kultur zurück, um sie demselben analytischen und kritischen Blick auszusetzen. Und es stellt sich heraus, daß jenes westliche Denken, das sich das Recht zugesteht, die anderen Kulturen mit Hilfe einer angeblich von jeder Mythologie gereinigten Vernunft zu interpretieren, ebensosehr von dem sozialen Imaginären beeinflußt ist wie das Denken der konservativen, traditionellen und archaischen Gesellschaften. Man sollte daher mit Balandier von Anthropo-*Logiken* und, im Fall von Gedanken, die in einem Treueverhältnis zu bestimmten religiösen Quellen stehen, von Theo-Anthropo-*Logiken* sprechen. Wir sollten uns über die Wichtigkeit der Bedeutungen und der Richtungen der Erkenntnis klar sein, die durch den Plural angedeutet werden: die neuen Vorgehensweisen der Rationalität sind fest mit diesem Plural verbunden.

Im Jahre 1536 bestätigte der zwischen Franz I. und Suleiman dem Prächtigen gegen die Macht Karls V. unterzeichnete Vertrag die strategische Bedeutung der Rivalität im Mittelmeerraum. Fernand Braudel hat den großen Bruch, der das Ende der strategischen und ökonomischen Vorherrschaft der Osmanen markiert, in der Zeit um 1650 oder sogar 1680 angesiedelt; aber schon die Seeschlacht von Lepanto im Jahre 1571 hatte die Macht der Osmanen stark geschwächt.

Die historischen Wandlungen der Strategien zur Beherrschung des Mittelmeerraums haben jedoch nie die soziokulturellen

Grundlagen für die Einheit der Menschen im Mittelmeerraum zerstört, von der ich hier einige Elemente aufzähle: ein gestrenger Ehrenkodex, der die Vendetta vorschreibt und der Frau eine benachteiligte Stellung zuweist[101], einfache Werkzeuge, archaische landwirtschaftliche Techniken, ein starres Patriarchat, Städte, die vom Meeresklima geprägt sind und ein Lebens- und Kommunikationsstil, der warmherzige und spontane Geselligkeit begünstigt.

Der durch die industrielle Zivilisation eingeführte kulturelle Bruch berührt zum ersten Mal die traditionelle Zusammengehörigkeit, das Verhältnis zur Erde und das symbolische Kapital[102] – Elemente, die seit Jahrhunderten eine typische Welt des Denkens, Handelns und Lebens bestimmt haben. Was verliert die Welt des Mittelmeers und was gewinnt sie in diesem historischen Abenteuer, das ihr von einer Zivilisation aufgezwungen wird, die gerade den großen Entfaltungen des kreativen Geistes in Mesopotamien, Palästina, Ägypten, Arabien, Griechenland, Italien, Spanien und Frankreich so viel verdankt?

Den Völkern des Mittelmeers fällt die Verantwortung zu, auf diese Frage mit neuen historischen Initiativen zu antworten. Kann das »Nein«, das der politische Islam den aggressiven Formen des erobernden »Westens«[103] entgegenstellt, ein Beitrag zur neuen Bejahung einer wiederhergestellten und aktiven Mittelmeerregion sein, oder wird es das Auseinanderbrechen einer Welt und das Ende einer Mission beschleunigen? Davon hängt die Qualität der im Entstehen begriffenen Zivilisation ab; die gegenwärtige Konfrontation zwischen dem Islam und dem Westen muß aus der Perspektive dieses Kampfes um den Sinn des menschlichen Lebens verstanden, durchgeführt und gelebt werden, der von den Propheten begonnen und von den Heiligen, den Denkern und den Gründern in den Hochburgen der Kultur des Mittelmeers fortgeführt wurde.

Anmerkungen

1 Zu einer ausführlichen Diskussion des »Imaginären« siehe das Buch von Cornelius Castoriadis, *Gesellschaft als imaginäre Institution*, Frankfurt/M. 1984. Castoriadis macht auf S. 217-218 folgenden ersten Versuch einer Definition: »Erinnern wir uns an den gewöhnlichen Sinn des Ausdrucks ›imaginär‹, der uns vorläufig genügen wird. ›Imaginär‹ sagen wir, wenn wir etwas ›Erfundenes‹ meinen – gleichwohl, ob es sich dabei um eine ›reine‹ Erfindung (›eine völlig erfundene Geschichte‹) oder um eine Veränderung handelt, eine Sinnverschiebung, bei der vorliegende Symbole mit anderen als ihren ›normalen‹, rechtmäßigen Bedeutungen beladen werden (›Was bildest du dir da ein?‹, sagt die Frau zu ihrem Mann, der ihr Vorwürfe wegen eines Lächelns macht, das sie einem anderen erwidert hat). Beide Male wird unter ›imaginär‹ etwas verstanden, das vom Realen abgesondert ist und sich entweder an dessen Stelle zu setzen versucht (wie eine Lüge) oder aber diesen Anspruch nicht erhebt (wie ein Roman).«

2 Der Begriff *Heilsgeschichte* wird zuerst von Johann Christian von Hofmann (1810-1877) verwendet, »um die Ereignisse, die im Alten Testament erzählt werden, als Manifestation der Taten Gottes zum Heil der Welt zu bezeichnen«. Zu dieser Geschichte gehören neben anderen Ereignissen die Genesis, Exodus, das alte Israel sowie die Botschaft der Propheten und Evangelien. Thomas P. McCreesh, »Salvation History«, in: *The New Dictionary of Theology*, Wilmington 1988. (A.d.Ü.)

3 Fernand Braudel, *Das Mittelmeer und die mediterrane Welt in der Epoche Philipps II.*, Frankfurt/M. 1990.

4 Cornelius Castoriadis (s. Anm. 1), S. 218: »In dem Maße jedoch, wie das Imaginäre letztlich auf eine ursprüngliche Fähigkeit zurückgeht, sich mit Hilfe der Vorstellung ein Ding oder eine Beziehung zu vergegenwärtigen, die nicht gegen-

wärtig sind (die in der Wahrnehmung nicht gegeben sind oder es niemals waren), werden wir von einem letzten oder *radikalen Imaginären* als der gemeinsamen Wurzel des *aktuellen Imaginären* und des *Symbolischen* sprechen. Es handelt sich dabei um die elementare und nicht weiter zurückführbare Fähigkeit, ein Bild hervorzurufen.« (A.d.Ü.)

5 Mit der Emeritierung des großen Historikers Claude Cahen 1979 verschwand sein Lehrstuhl für die Geschichte des muslimischen Orients an der Universität Paris I (Panthón-Sorbonne) ganz einfach mit ihm.

6 Kulturen, in denen der Islam einmal praktiziert wurde und die historisch gesehen von Muslimen geprägt worden sind, werden oft islamische Kulturen genannt. Arkoun verwendet Anführungszeichen, um daran zu erinnern, daß vieles von dem, was in diesen Gesellschaften geschieht, weltlich, unislamisch oder in den Augen von vielen Gläubigen sogar antiislamisch ist oder sich einfach aufgrund lokaler Bräuche erklären läßt, die nichts mit dem Islam zu tun haben. (A.d.Ü.)

7 Ich verweise hier auf das reiche Werk meines Freundes und Gefährten im intellektuellen Kampf, André Miquel, der unter dem Titel *La géographie humaine du monde musulman jusqu'au milieu du XIᵉ siècle* vier Bände über die Kulturgeographie der muslimischen Welt publiziert hat, Den Haag 1963-1988. Es ist André Miquels großes Verdienst, daß sein Werk einem wichtigen Teil der arabischen Kulturproduktion Methoden und Problemstellungen zugänglich gemacht hat, bei denen Geschichte als die Anthropologie einer bestimmten Vergangenheit und als Archäologie des kollektiven Bewußtseins erfaßt und verstanden wird.

8 Für weitere Ausführungen zu diesem Gegensatz zwischen ideologischem und mythischem Diskurs siehe mein Buch *Pour une critique de la raison islamique*, Paris 1984, S. 205-215. Ich habe vor, in einem demnächst erscheinenden Buch ausführlicher auf dieses Thema einzugehen.

9 Siehe Rudolf Bultmann, *Geschichte und Eschatologie*, Tübingen 1958.

10 Siehe »L'Islam actuel devant sa tradition«, in: *Aspects de la foi de l'Islam*, Brüsssel 1985. Engl. Übers.: »Background Essay.

Current Islam Faces Its Tradition«, in: *Architecture Education in the Islamic World* (The Aga Khan Award for Architecture), Singapur 1986.

11 Siehe dazu auch Mohammed Arkoun, *La pensée Arabe*, Paris 1975, Kap. 1. Engl. Ausg.: *Arab Thought*, New Dehli 1988. Siehe außerdem Mohammed Arkoun, *Lectures du Coran*, Paris 1982; 2. erw. Aufl., Tunis 1991, Einleitung.

12 André Miquel, *L'Islam et sa civilisation*, Paris 1982; Dominique und Janine Sourdel, *La Civilisation de l'Islam classique*, 4. Aufl., Paris 1984.

13 Marcel Gauchet, *Le désenchantement du monde*, Paris 1982.

14 Paul Benichou, *Le temps des prophètes. Doctrines de l'âge romantique*, Paris 1977; *Morales du grand siècle*, Paris 1988.

15 Siehe Fernand Braudel, *Afterthoughts on Material Civilization and Capitalism*, Baltimore 1977.

16 Siehe Raymond Aron, *L'opium des intellectuels*, Paris 1986.

17 Siehe Karl Marx, *Kritik der Hegelschen Rechtsphilosophie*, Marx/Engels-Gesamtausgabe, Bd. 2, Berlin 1982.

18 Dies habe ich bereits in meinem Artikel »Positivisme et tradition dans une perspective islamique«, in: *Diogène* 127, Juli-September 1984, versucht.

19 Dieser Absatz, den ich für sehr wesentlich halte, wurde seit Erscheinen der 1. Auflage dieses Buches im Jahre 1989 noch nicht kommentiert und auch nicht von Spezialisten zitiert; sollte man davon ausgehen müssen, daß eine solche Herangehensweise immer noch Teil des *Ungedachten* unserer Tage ist?

20 Dieses und die folgenden Zitate aus dem Koran folgen der Ausgabe *Der Koran. Vollständige Ausgabe*, München 1992. Die dortige Übersetzung ist an manchen Stellen an die Ausführungen Mohammed Arkouns angepaßt. (A.d.Ü.)

21 Siehe mein Buch *Lectures du Coran* (s. Anm. 11), Kap. 1.

22 Für ausführlichere Erläuterungen siehe unter den entsprechenden Stichworten in: *Encyclopedia of Islam*, Leiden 1969.

23 Siehe dazu Djamal Al-Amrani, *Logique aristotélicienne et grammaire arabe* (Essays und Dokumente), Paris 1983.

24 Theodor Nöldeke, *Geschichte des Qorans*, 1. Aufl, Göttingen 1860; 2. Aufl., Leipzig 1909; Nachdruck der 2. Aufl., Hildesheim/Zürich 1970.

25 Régis Blachère, *Le Coran. Traduction selon un essai de reclassement des sourates*, Paris 1947.

26 Indem sie den Koran als Ereignis der Geschichte betrachteten, machten ihn die Mutasiliten der Diskussion und dem »Rationalismus« zugänglich, für den die Wissenschaftler dieser Schule bekannt waren. Einige abbasidische Kalifen witterten politische Vorteile in dieser Position und machten sie sich zu eigen, teilweise um sich von Beschränkungen zu befreien, die ihnen durch die *ulema* auferlegt worden waren, deren Vertreter behaupteten, autorisierte Ausleger eines *Geschlossenen Offiziellen Korpus* zu sein, das weder debattiert noch verändert werden könne. Für eine Diskussion der ethischen Konsequenzen der Position der Mutasiliten siehe Mohammed Arkoun, *L'Islam, morale et politique*, Paris 1986, S. 99-102. (A.d.Ü.)

27 Ibn Khaldun, *The Muqaddima*, 2. Aufl., Princeton/N. J. 1967.

28 Rudolf Bultmann (s. Anm. 9).

29 Henri Corbin, *En Islam iranien. Aspects spirituels et philosophiques*, 4 Bde., Paris 1971-1972.

30 *Mushaf* ist ein theologisches Konzept, das den Text des Koran als das unbestreitbare, von menschlichem Denken unberührte, unverfälschte Wort Gottes betrachtet. Aus der Sicht dieses Konzepts sind keinerlei menschliche Bemühungen oder Methodologien in den Text des Koran eingegangen.

31 Siehe Leonid Uspensky und Vladimir Lossky, *The Meaning of Icons*, hrsg. von G. E. Palmer und E. Kadblubovsky, erw. Aufl., Crestwood/N.Y. 1982, S. 71.

32 Ich verwende die von Paul Ricœur für das Alte Testament vorgeschlagene Terminologie. Siehe Paul Ricœur/Emmanuel Levinas/Edgar Haulotte, *La Révélation*, Brüssel 1977.

33 Mohammed Arkoun, *Lectures du Coran* (s. Anm. 11); *Pour une critique de la raison islamique* (s. Anm. 8).

34 Siehe Jack Goody, *The Logic of Writing and the Organization of Society*, Cambridge/Mass. 1986.

35 So der Titel eines Buches von Michel Meslin, *L'expérience humaine du divin*, Paris 1988.

36 Westliche Autoren haben *hadith* oft als »Tradition« übersetzt; der hier verwendete Ausdruck »prophetische Tradition« spiegelt diese Praxis wider und bezeichnet die *sunna*, über die wir durch die *hadithe* Kenntnis erhalten. Der Plural »prophetische Traditionen« bezieht sich direkt auf die *hadithe*. Diese Verwendung der Worte »Tradition« und »Traditionen« darf nicht mit einer Bezeichnung des islamischen Erbes als Ganzes (*turath*) verwechselt werden. Die auf den *hadithen* basierende *sunna* trug dazu bei, der Tradition in diesem zuletzt genannten Sinne ihre Form zu geben. (A.d.Ü.)

37 Mein Freund Hichem Djaït hat kürzlich am Collège de France eine Vortragsreihe über die Geschichte des 7. Jahrhunderts gehalten. Trotz all seiner Vertrautheit mit der Exegese der »Neuen Geschichtsschreibung« verbleibt er immer noch weitgehend innerhalb der Beschränkungen dessen, was ich das »spirituelle Epos« des Islam der Mehrheit nenne. Hichem Djaït, *La grande discorde. Religion et politique dans l'islam des origines*, Paris 1989.

38 Siehe Thomas Spidlik, *La spiritualité de l'Orient chrétien*, Rom 1978.

39 UNESCO/Alwin Diemer u. a., *Philosophical Foundations of Human Rights*, Lanham 1986.

40 Siehe Vers 60 über die Almosen für die Armen und Bedürftigen; Vers 117 über die Emigranten und die Helfer, die dem Propheten folgten.

41 Hierbei denke ich an die Revolutionen von 1789 in Frankreich, 1917 in Rußland, 1952 in Ägypten und so weiter. Wir brauchen eine Typologie der Revolutionen, die diese entsprechend ihrer Fähigkeit zur Symbolisierung der menschlichen Existenz klassifiziert.

42 Siehe *Archives des sciences sociales des religions* 66, 1 (1988); die Nummer ist der Frage der Religionen und der Revolution gewidmet.

43 Siehe Joseph Chelhod, *Le droit bédouin*, Paris 1971.

44 Siehe Joseph Schacht, *An Introduction to Islamic Law*, Oxford 1964.

45 Siehe Fatima Mernissi, *Beyond the Veil. Male-Female Dynamics in Modern Muslim Society*, erw. Aufl., Bloomington/Ind. 1987.

46 Ein konkretes Beispiel für die theoretischen Schwierigkeiten, die sich *heute* durch den Rückgriff auf den Koran ergeben, findet sich in meiner Studie von Vers 12 der Sure 4, »De *Ijtihäd* à la critique de la raison islamique. Lecture du verset IV, 12«, in: *Lectures du Coran* (s. Anm. 11).

47 *La profession de foi d'Ibn Batta*, übers. von Henri Laoust, Damaskus 1958.

48 Ignaz Goldziher hat diese Verbindung zwischen islamischem Dogma und islamischem Gesetz sehr gut demonstriert. Siehe sein Buch *Introduction to Islamic Theology and Law*, Princeton/N. J. 1981.

49 Walpola Rahula, *What the Buddha Taught*, New York 1974, S. 2-3.

50 Dies sind weitere Beispiele eines religiösen Vokabulars, hinter dem sich in Wirklichkeit sehr genau umrissene soziale Gruppen im Arabien der damaligen Zeit verbergen.

51 Das Wort *imam*, das »Anführer« oder »Vorbeter« heißt, wird in der wissenschaftlichen Literatur gelegentlich mit großem Anfangsbuchstaben geschrieben, wenn es sich auf die designierten Nachfolger des Propheten in der schiitischen Tradition bezieht. (A.d.Ü.)

52 Man beachte den von der Terminologie angezeigten rechtlichen Unterschied: Während der »Kalif« ein Stellvertreter und der *imam* ein charismatischer Führer, ein spiritueller Erbe des Propheten ist, ist der Sultan lediglich Inhaber einer Macht außerhalb der Vorgänge und Bedingungen, die einen Kalifen zum Kalifen oder einen *imam* zum *imam* machen.

53 Zu dieser Frage verweise ich auf meine Studien *Pour une critique de la raison islamique* (s. Anm. 8), und *Islam. State and Society*, hrsg. von Klaus Ferdinand und Mehdi Mozaffari, London 1988, S. 53-74.

54 Die *jizya* (Kopfsteuer für Nichtmuslime), die unter dem Kalifat von den Juden und Christen zu bezahlen war.

55 Mohammed Arkoun, *Lectures du Coran* (s. Anm. 11). Die Zitate stammen aus Claude Lévi-Strauss, *Das wilde Denken*, 8. Aufl., Frankfurt/M. 1991.

56 Über dieses Thema kann man sich in der entsprechenden Fachliteratur unterrichten, wie z. B. in dem Werk von Abderahmane Badawi, *La transmission de la philosophie grecque au monde arabe*, Paris 1968.

57 Siehe Djamal Al-Amrani, *Bivouac des certitudes*, Paris 1968.

58 Siehe dazu die Arbeiten Henri Corbins über die iranische Philosophie, *En Islam iranien. Aspects spirituels et philosophiques* (s. Anm. 29).

59 Mohammed Arkoun, *Humanisme arabe au IVᵉ/Xᵉ siècle. Miskawayh philosophe et historien*, Paris 1970; 2. Aufl., Paris 1982.

60 Daran hat leider auch die Darstellung seines Denkens durch Roger Arnaldez in: *Grammaire et théologie chez Ibn Hazm de Cordoue*, Paris 1956, nichts ändern können.

61 In seinem Buch *Islam and the West. The Making of an Image*, Edinburgh 1960, hat Norman Daniel bereits begonnen, diese Geschichte zu schreiben.

62 Siehe Paul Kraus/Jabir Ibn Hayyan, *Essai sur l'histoire des idées scientifiques dans l'Islam*, 2 Bde., Paris 1935, 1942, und E. J. Holmyad, *Alchemy*, Harmondsworth 1957.

63 Siehe Zakariya Ibn Muhammad, *Aja'ib al-makhluqat wa Ghara'ib al-Mawjudat*, Beirut 1978.

64 *al-haqq*: »Recht«, »Wahrheit«; einer der Namen Gottes. Siehe Annemarie Schimmel, *Der Islam. Eine Einführung*, Stuttgart 1990, S. 97-98, 153. (A.d.Ü.)

65 Louis Massignon, *The Passion of al-Hallaj. Mystic and Martyr of Islam*, 4 Bde., Princeton/N. J. 1982.

66 Siehe Arthur John Arberry, *Sufism. An Account of the Mystics of Islam*, London 1969; Annemarie Schimmel, *Mystische Dimensionen des Islam. Die Geschichte des Sufismus*, Frankfurt/M. 1995.

67 Ich werde an dieser Stelle kein Werturteil über dieses Phänomen der Ersetzung des einen Gründungsmythos durch einen anderen abgeben.

68 Nicolas Berdiaev, *Cinq méditations sur l'existence*, Paris 1936, S. 180.

69 Schon 1938 hat sich Marcel Mauss um die vorliegende Frage verdient gemacht, indem er das Konzept der Person als eine »Kategorie des menschlichen Geistes« beschrieb. Eine interessante Fortsetzung dieses ersten Versuchs findet sich in dem Buch von M. Carrithers/S. Collins/ L. Lukes, *The Category of the Person. Anthropology, Philosophy, History*, Cambridge/ Mass. 1985. Im Bereich der Philosophie sind der Begriff und das Thema der Person vor allem von christlichen Denkern behandelt worden. Wie sie dies getan haben, erläutert Ivan Gobry auf präzise Art in seinem kurzen Essay *La personne*, 3. Aufl., Paris 1985.

70 Mohammed Arkoun, »Emergences et problèmes dans le monde musulman contemporain (1960-1985)«, in: *Islamochristiania*, Nr. 12 (1986), S. 135-161.

71 Ich möchte hier vor allem auf die Werke von Pierre Bourdieu über die Kabylei, *Le sens pratique*, Paris 1980, das Buch von Lila Abu-Lughod, *Veiled Sentiments. Honor and Poetry in a Bedouin Society*, Berkeley/CA. 1986, und Germaine Tillion, *Le harem et les cousins*, Paris 1966, hinweisen.

72 Diese anthropologische Problematik wird sehr gut dargestellt von Clifford Geertz, *Savoir local, savoir global*, Paris 1986. Engl. Ausg.: *Local Knowledge. Further Essays in Interpretive Anthropology*, New York 1983.

73 Abu-Lughod, *Veiled Sentiments* (s. Anm. 71), S. 233.

74 Abram Kardiner, *L'individu dans la société*, Paris 1969.

75 Ich habe in zwei Essays, von denen der eine al-Ghazali, der andere der Herausbildung von Führern der heutigen muslimischen Welt gewidmet ist, bereits Schritte in diese Richtung skizziert. Siehe »Révélation, vérité et histoire dans l'oeuvre de Ghazâlî«, in: *Essais sur la pensée islamique*, 3. Aufl., Paris 1984, und »Imaginaire social et leaders dans le monde musulman contemporain«, in: *Arabica* (1988), S. 18-35. Für eine ausführlicher entwickelte anthropologische Problemstellung siehe M. Godelier, *La production des grands hommes*, Paris 1982, und Clifford Geertz, *Savoir local, savoir global* (s. Anm. 72).

76 *Tafkir Wal-Hijra* ist ebenso wie *Al-Jihad* ein weiterer politischer Ableger der Muslimbruderschaft in Ägypten.

77 Dies ist ein Konzept, das für die gesamte vorliegende Studie über die Person entscheidend ist; ich verwende es im Rahmen der Perspektive, die Marcel Gaucher in seinem Buch *Le désenchantement du monde*, Paris 1982, definiert hat.

78 Siehe Mohammed Arkoun, *Lectures du Coran* (s. Anm. 11).

79 Gilles Kepel, *Der Prophet und der Pharao. Das Beispiel Ägypten: Die Entwicklung des muslimischen Extremismus*, München 1995.

80 Johannes J.G. Jansen, *The Neglected Duty. The Creed of Sadat's Assassins and Islamic Resurgence in the Middle East*, New York 1986, S. 17. Die kursiven Hervorhebungen sind von mir.

81 Emmanuel Sivan, *Radical Islam*, New Haven/Conn. 1985.

82 Welcher dieser Aspekte dabei im Vordergrund steht, hängt von den Schwerpunkten ab, die der jeweilige Autor im Rahmen eines solchen Vergleichs setzt.

83 Ich habe unter dem Titel »Les sciences de l'homme et de la société appliquées à l'étude de l'islam« eine lange Analyse dieses Verses verfaßt. Sie ist erschienen in: *Les sciences sociales en Algérie*, Algier 1986.

84 In meiner Studie »L'islam dans l'histoire«, in: *Maghreb-Machreq*, Nr. 102 (1983), habe ich bereits versucht, eine Definition dieser Herangehensweise zu geben. Daher sollten hier einige im Text folgende Präzisierungen anläßlich des vorliegenden Aufrufes zum *jihad* genügen.

85 Es gibt viele Beispiele für Schöpfungsmythen in alten Epen, im Alten Testament und im Koran.

86 Zu diesem Konzept siehe meine Studie »Le concept de la société du Livre-livre«, in: *Interpréter. Hommage à Cl. Geffré*, Paris 1992.

87 Emile Durkheim, *De la division du travail social*, 4. Aufl., Paris 1922, S. 143-144.

88 Emile Poulat, »Epistémologie«, in: Marc Guillaume, *L'état des sciences sociales en France*, Paris 1986, S. 400.

89 Das zeigt sich zum Beispiel bei Claude Lévi-Strauss in dem von G. Dieterlen herausgegebenen Werk *La notion de la per-*

sonne en Afrique noire, Paris 1973. Die anthropologischen Bibliographien zu den muslimischen Gesellschaften bestätigen die Trennung, von der ich schon gesprochen habe, zwischen narrativer Geschichte, deskriptiver Soziologie und klassischer Islamwissenschaft auf der einen und Ethnographie, Ethnologie und einer von beschreibender Völkerkunde immer noch freien Anthropologie auf der anderen Seite.

90 Mohammed Arkoun, *The Concept of Revelation. From Ahl al-Kitab to the Societies of the Book*, Occasional Papers, Claremont Graduate School, 1988.

91 Jürgen Habermas, *Der philosophische Diskurs der Moderne*, Frankfurt/M. 1985.

92 Ich meine hier die *ulema* und die leider sehr zahlreichen Forscher und Essayisten, für die es eine Angelegenheit des guten Geschmacks ist, sich von der »westlichen Wissenschaft« fernzuhalten.

93 Jürgen Habermas, *Der philosophische Diskurs der Moderne* (s. Anm. 91), S. 377-378. Habermas zitiert hier seinerseits eine Passage aus dem Werk Klaus Heinrichs, um zu zeigen, wie dem religiösen Thema des Bundes im Rahmen der Moderne ein philosophischer Status zugewiesen wurde.

94 Siehe Mohammed Arkoun, *Humanisme arabe au IVe/Xe siècle* (s. Anm. 59), und *Traité d'Ethique*, 2. Aufl., Damaskus 1988.

95 Zitiert von André Miquel (s. Anm. 7), Bd. 4, Den Haag 1988, S. 32-33.

96 Ebd., S. 33.

97 Ich habe in *Humanisme arabe au IVe/Xe siècle* (s. Anm. 59) definiert, wie dieser Begriff im einzelnen zu verstehen ist.

98 Noch vor kurzem ist es mir nicht gelungen, meine Kollegen an der Neuen Sorbonne (Paris III) von der Notwendigkeit zu überzeugen, an der Fakultät für Allgemeine und Vergleichende Literaturwissenschaft einen Lehrstuhl für die Literatur des Mittelmeers zu schaffen.

99 Clifford Geertz (s.Anm. 72).

100 Georges Balandier, *Le détour. Pouvoir et modernité*, Paris 1985.

101 Siehe hierzu Christiane Souriau (Hrsg.), *Femme et politique autour de la Méditerranée*, Paris 1980.

102 Zu diesem Schlüsselkonzept siehe Pierre Bourdieu, *Le sens pratique* (s. Anm. 71).

103 Der Begriff des Westens umfaßt nicht nur Europa, seitdem die Vereinigten Staaten und vor allem Japan (wie es bald auch für Korea und andere Finanz- und Industriemächte der Fall sein wird) ihren Spitzenplatz hinsichtlich der Kontrolle und Entwicklung der Technologie und der gesamten materiellen Zivilisation eingenommen haben. Wir müssen demnach die Kulturräume in ihrer Beziehung zu diesem Westen neu definieren, der überall dasselbe historische Handlungs- und Gesellschaftsmodell durchsetzt.

Glossar

Islamische Begriffe

ahl adh-dhimma: (»Schutzbefohlene«) *Plur.*, die Bevölkerung in den von den Muslimen eroberten Gebieten, die nicht den Islam annimmt, sich aber der muslimischen Herrschaft unterwirft. Ein *dhimmi* kann nur derjenige sein, der einer Buchreligion angehört.

ahl al-kitab: (»die Leute des Buches«, »die Schriftbesitzer«) *Plur.*, Angehörige von Religionsgemeinschaften, die nach islamischer Auffassung eine heilige, geoffenbarte Schrift besitzen (Juden, Christen, Mandäer u.a.).

Allah: arabische Bezeichnung für Gott, sowohl von Muslimen als auch von Christen verwendet.

Azharismus: von der Al-Azhar-Universität in Kairo ausgehende religiöse und philosophische Strömung im Islam.

Batiniten: Anhänger der *batiniyya* (»innerlich«, »esoterisch«), einer theologischen Richtung im Islam, die nicht nach der wörtlichen (buchstäblichen), sondern nach der inneren verborgenen Bedeutung der im Koran enthaltenen göttlichen Offenbarung sucht.

dar al-harb: (»Gebiet des Krieges«) *die*, bei den mittelalterlichen muslimischen Rechtsgelehrten Bezeichnung für ein Territorium, das islamisches Gebiet (*dar al-islam*) umgibt und Ziel von Eroberungszügen ist.

dar al-islam: (»Gebiet des Islam«) *die*, bei den mittelalterlichen muslimischen Rechtsgelehrten Bezeichnung für ein Territorium, in dem ein muslimischer Herrscher die Einhaltung der Glaubens- und Rechtsnormen des Islam (*schari'a*) sichert.

dschinn: (»Dämonen«) *Plur.*, *Sing. dschinni*, unsichtbare Wesen, die schadend oder helfend ins menschliche Leben eingreifen. Die islamischen Vorstellungen von den *dschinn* stammen aus altarabischer Zeit.

fatwa: *die*, islamisches Rechtsgutachten, das von einem Mufti oder einem anderen Rechtsgelehrten erteilt wird und empfehlend, aber nicht bindend ist.

hadith: (»Bericht«, »Überlieferung«) *der*, eine meist kurze Geschichte von einer Handlung oder Äußerung, die Muhammad zugeschrieben wird, bzw. die Gesamtheit dieser Überlieferungen, die als *sunna* des Propheten gilt.

hadsch: *der*, die offizielle Pilgerfahrt nach Mekka; eine der fünf islamischen Grundpflichten, die jeder Muslim einmal im Leben erfüllen soll, sofern er körperlich und finanziell dazu in der Lage ist.

Hanbalismus: sunnitische Rechtsschule der Hanbaliten.

hedschra: (»Auszug«) *die*, Auswanderung Muhammads von Mekka nach Medina im September 622. Die *hedschra* ist Ausgangsdatum der islamischen Zeitrechnung.

ijtihad: (»Bemühung«) *der*, im islamischen Recht die eigene Meinungsbildung zu einem Fall oder einer Vorschrift des Gesetzes durch Anwendung des Analogieschlusses auf Koran und *sunna*.

imam: (»Anführer«) *der*, Vorbeter beim rituellen Gebet (*salat*) in der Moschee; religiöses und weltliches Oberhaupt der islamischen Gemeinschaft (*umma*); Ehrenname für bedeutende islamische Gelehrte, z.B. für die Begründer der sunnitischen Rechtsschulen.

Ishraqismus: arabische Philosophie der Erleuchtung (*ishraq*).

Islam: »Hingabe«, »Unterwerfung unter Gott«.

Ismaeliten: *Plur.*, Anhänger einer politisch-religiösen Richtung im schiitischen Islam.

jahiliyya: (»Zeit der Unwissenheit«) *die*, nach islamischer Geschichtsauffassung die Zeit zwischen der Schöpfung der

Welt durch Gott und der Verkündigung des Islam durch Muhammad.

jihad: (»zielgerichtetes Mühen«) *der,* Kampf der Muslime gegen die Ungläubigen zur Verbreitung des Islam und zur Verteidigung oder Vergrößerung des islamischen Herrschaftsgebietes.

ka'ba: (»Würfel«) *die,* zentrales Heiligtum des Islam im Hof der großen Moschee in Mekka.

Kalifat: (»Stellvertretung«, »Kalifenamt«) *das,* Amt und Herrschaftsbereich eines Kalifen.

Kharidjiten: *Plur.,* Anhänger einer politisch-religiösen Richtung des Islam.

Koran: (»Vortrag«, »Lesung«) *der,* das heilige Buch des Islam, in dem Äußerungen Muhammads gesammelt sind, die dem Muslim als Offenbarung Gottes gelten und sich im Islam manifestieren. Mit seinen ethischen und praktischen Geboten und Verboten ist der Koran die Hauptquelle des islamischen Rechts (*schari'a*) und sittliche Richtschnur für die Lebensführung der Muslime. Der Koran besteht aus 114 Abschnitten (Suren), die ihrerseits in Verse unterteilt sind.

mahdi: (»der Rechtgeleitete«) *der,* von den Muslimen erwarteter Glaubens- bzw. Welterneuerer.

mufti: *der,* islamischer Rechtsgelehrter, der auf Anfrage Rechtsgutachten (*fatwa*) erstellen darf.

muminun: die Gläubigen.

mushaf: der Koran in gebundener Buchform.

Muslim: (»der sich Gott Ergebende«), Anhänger des Islam.

salat: *die,* das rituelle islamische Gebet, das als wichtigste Glaubenspflicht gilt.

saum: (»Fasten«) *der,* das islamische Fasten; eine der fünf Grundpflichten der Muslime, die im Monat Ramadan von Sonnenaufgang bis Sonnenuntergang obligatorisch und zu anderen Zeiten empfehlenswert ist.

schahada: (»Bekenntnis«) *die,* das islamische Glaubensbekenntnis; lautet in deutscher Übersetzung: »Es gibt keine Gottheit außer Allah, und Muhammad ist Allahs Gesandter«; eine der fünf islamischen Grundpflichten.

schari'a: (»Weg zur Tränke«) *die,* Pflichtenlehre und religiös begründetes Recht des Islam; umfaßt die fünf Grundpflichten der Muslime (*schahada, salat, zakat, saum, hadsch*), ethische Normen und die verschiedenen Rechtszweige.

Schiiten: *Plur.,* die Anhänger der *schia* (»Anhängerschaft Alis«), einer politisch-religiösen Richtung des Islam, die nur Muhammads Cousin und Schwiegersohn Ali sowie dessen Nachkommen als rechtmäßige Prophetennachfolger anerkennt.

Sultanat: *das,* Würde- und Herrschaftsbereich eines Sultans.

sunna: (»Brauch«, »Tradition«) *die,* in vorislamischer Zeit Bezeichnung für das Brauchtum der Vorfahren, das es zu bewahren galt; im Islam Bezeichnung für Muhammads Handlungen, Äußerungen und unausgesprochenes Gutheißen, das im *hadith* überliefert ist. Neben dem Koran ist die *sunna* für die Muslime Richtschnur ihres Handelns und Hauptquelle der Rechtsvorschriften (*schari'a*).

Sunniten: (»Leute der sunna«) *Plur.,* die Anhänger der *sunna*; lehnten im 7. Jahrhundert den dynastischen Machtanspruch der Nachkommen von Muhammads Cousin und Schwiegersohn Ali auf die Leitung der Gemeinde ab und erkannten Alis Gegner, Muawiya, als Kalifen an.

ulema: (»Gelehrte«) *Plur.,* im Islam Repräsentanten des religiösen Wissens, meist Theologen und Rechtsgelehrte.

umma: (»Gemeinde«) *die,* die im Glauben an Gott verbundene Gemeinschaft der Muslime.

Zahiriten: *Plur.,* die Vertreter der *zahiriyya,* einer islamischen Rechtsschule, die im 9. Jahrhundert gegründet wurde. Die Zahiriten hielten sich allein an die wörtliche (buchstäbliche), nicht die verborgene Bedeutung (arab. *zahir,*

»äußerlich sichtbar«, daher der Name Zahiriten) von Koran und *sunna* und förderten die Entwicklung der Grundsätze der Rechtsfindung.

zakat: (»Reinheit«) *die,* islamische Almosensteuer, eine der fünf Grundpflichten der Muslime.

Zwölfer-Schia: der bedeutendste Zweig des schiitischen Islam. Die Zwölferschiiten (Imamiten) verehren zwölf *imame* (daher der Name »Zwölfer-Schia«).

Philosophische Begriffe

Apologetik: Verteidigung eines Bekenntnisses, Rechtfertigungslehre.

apologetisch: verteidigend, rechtfertigend.

Dekonstruktivismus: philosophische Strömung, die auf die Auflösung herkömmlicher Sinnzusammenhänge abzielt, um das Ausgegrenzte wieder zu Wort kommen zu lassen.

Derivat: durch Ableitung aus einem Ursprungswort gebildetes neues Wort; Ableitung auch von Denkformen, Ideologien usw.

Diskurs: lebhafte Erläuterung, Debatte.

Epistemologie: Erkenntnislehre, Lehre vom Wissen.

epistemologisch: auf Epistemologie beruhend, erkenntnistheoretisch.

Eschatologie: Lehre vom Weltende und vom Anbruch einer neuen Welt, von den letzten Dingen, dem Tode und der Auferstehung.

eschatologisch: die Eschatologie betreffend, auf ihr beruhend.

essential: wesentlich, wesenhaft.

Fideismus: Anschauung, daß die religiösen Wahrheiten nur dem Glauben, nicht der Vernunft zugänglich sind; Weltanschauung, die sich auf den Glauben gründet.

fideistisch: auf dem Fideismus beruhend, ihn betreffend.

Gnostik (Gnosis): die in der Schau Gottes erlebte Einsicht in die Welt des Übersinnlichen.

Hermeneutik: Kunst der Auslegung, Lehre vom Verstehen.

historisieren: das Geschichtliche einer Sache betonen.

Historizismus (Historismus): Denkweise, die die Erscheinung des Lebens nur aus ihren historischen Gegebenheiten und ihrer historischen Entwicklung zu verstehen und zu erklären sucht.

historizistisch (historistisch): den Historizismus betreffend, auf ihm beruhend.

kognitiv: auf Erkenntnis beruhend.

Konnotation: zusätzliche, assoziative Bedeutung eines Wortes; Nebenbedeutung, Begriffsinhalt.

Korpus: Textsammlung, Kanon, als Urkunden göttlicher Offenbarung anerkannte heilige Schriften.

lexikologisch: die Lexikologie (Lehre vom Wortschatz) betreffend, zu ihr gehörend, auf ihr beruhend.

Logosphäre: Bereich der Gesetzmäßigkeit des Alls und der göttlichen Vernunft (Weltvernunft) als Schöpferkraft; System nicht hinterfragter, bewußt oder unbewußt als gültig angenommener Wahrheiten.

logozentrisch: den Logos (Geist, Sinn, Vernunft) als ordnendes Zentrum über Körper und Leben stellend.

Metonymie: übertragener Gebrauch eines bedeutungsverwandten Begriffes, Umbenennung, Namensvertauschung.

Ontologie: Lehre vom Sein und seinen Prinzipien.

ontologisch: zur Ontologie gehörend, auf ihr beruhend, sie betreffend.

ontologisieren: etwas einen ontologischen Status verleihen, zum Seienden erheben.

Ontologismus: die Erkenntnis des Seins an sich; theologische Lehre, nach der Gott in seinem Wesen unerkennbar ist, sich aber in dem von ihm Geschaffenen offenbart.

Paradigma: Muster, Beispiel, exemplarisches Vorbild.

Positivismus: philosophische Lehre, die nur auf dem Gegebenen, Tatsächlichen, dem »Positiven«, beruht und metaphysische Erörterungen ablehnt.

positivistisch: zum Positivismus gehörend, auf ihm beruhend.

Psycholinguistik: Teilgebiet der Linguistik, das die psychischen Vorgänge beim Sprachgebrauch und beim Sprechenlernen untersucht.

psychologisieren: unter psychologischen Gesichtspunkten darstellen, die psychologischen Hintergründe deutlich machen.

Reduktion: das Zurückführen eines komplizierten Sachverhalts oder Begriffes auf einen einfachen.

reduktionistisch (reduktiv): durch Reduktion bewirkt, von ihr stammend, sie betreffend; Erklärung von Phänomenen aus dem einen Gebiet durch Phänomene eines anderen Gebiets.

sakralisieren: etwas einen sakralen, heiligen Status verleihen.

Sakralisierung: die Verleihung eines sakralen, heiligen Status.

Scholastik: die auf die antike Philosophie gestützte, christliche Dogmen verarbeitende Philosophie und Wissenschaft des Mittelalters.

scholastisch: zur Scholastik gehörend, auf ihr beruhend, ihre Methode anwendend; schulmäßig, schulmeisterlich.

Semantik: Lehre von der Bedeutung sprachlicher Zeichen und der Benennung von Begriffen.

semantisch: die Semantik betreffend, auf ihr beruhend.

Semiologie: Lehre von den Zeichen.

semiologisch: zur Semiologie gehörend, auf ihr beruhend.

Semiotik: Lehre von den Zeichensystemen (Bilderschrift, Sprache), ihren Strukturen und den Beziehungen zu den dargestellten Gegenständen.

semiotisch: zur Semiotik gehörend, auf ihr beruhend.

symbolisches Kapital: Vorrat einer Kultur an Symbolen, die noch lebendige Kraft besitzen und noch nicht auf Zeichen, die lediglich der Gruppenidentifikation dienen, reduziert sind.

substanzial (substanziell): wesentlich, wesenhaft.

substanzialisieren: auf das Wesentliche ausgerichtet sein, durch Tatsachen belegen (substanziieren); etwas mit Substanz erfüllen.

Substanzialismus: Lehre, nach der das Sein in der Substanz besteht.

theozentrisch: die Theologie und Gott ins Zentrum der Weltsicht stellend.

Topologie: Lehre von der Anordnung geometrischer Gebilde im Raum.

transzendent: die Grenzen der Erfahrung und des sinnlich Wahrnehmbaren überschreitend.

transzendental: alle Kategorien und Gattungsbegriffe übersteigend.

transzendentalisieren: etwas einen transzendenten Status, den Charakter des Absoluten verleihen.

Transzendentalisierung: die Verleihung eines transzendenten Status.

Transzendentalismus: Transzendentalphilosophie Immanuel Kants.

Transzendentalphilosophie: auf Prinzipien der reinen Vernunft basierende philosophische Erkenntniskritik.

Transzendenz: das Überschreiten der Grenze zwischen zwei Bereichen, besonders aus dem »Diesseits« ins »Jenseits«; das alle Erfahrung Überschreitende, das Göttliche.

transzendieren: über Erfahrung und sinnliche Wahrnehmung hinausgehen.

universalisierbar: von potentiell universaler, allgemeiner Gültigkeit.

Universalismus: Vielseitigkeit, Betätigung oder Wissen auf sehr vielen Gebieten; Lehre, nach der das Ganze, das Allgemeine dem einzelnen übergeordnet ist.

Voluntarismus: Lehre, daß der Wille das Grundprinzip des Seins und des seelischen Lebens ist.

Register

287

Weitere Bücher zum
israelisch-palästinensischen Konflikt
und zur arabischen Welt im
PALMYRA VERLAG

Mitri Raheb/Fred Strickert
Bethlehem 2000
Eine Stadt zwischen den Zeiten
Fotos von Garo Nalbandian
Vorwort von Yassir Arafat und Hans-Jürgen Wischnewski
Bildband · 160 Seiten · 130 Farbfotos · 4 Karten
22,5 x 29 cm · Gebunden · Fadenheftung · DM 59,80
ÖS 443,- · SFr 56,80 · ISBN 3-930378-18-3
Das Buch ist auch in einer englischen Ausgabe erhältlich

»Ein faszinierendes, unvergleichliches Buch, das
durch seine Texte und Bilder besticht.«
Frankfurter Rundschau

»Ein Bildband mit vorzüglichen Fotos.«
Der Spiegel

»Endlich gibt es ein gelungenes Buch über Bethlehem.
Der Bildband enthält einen ausgesprochen sachlichen
Text und ist vorzüglich bebildert – ein Buch, das in der
Flut an einschlägiger Literatur guttut, ja Maßstäbe setzt.
Der Palmyra Verlag hat sein Engagement und seinen
Sachverstand für die Region erneut bewiesen.«
Katholische Nachrichtenagentur (KNA)

Edward W. Said
Frieden in Nahost?
Essays über Israel und Palästina
Vorwort von Felicia Langer
Aus dem Amerikanischen von Michael Schiffmann
Register · Karte · 280 Seiten · 13,5 x 21 cm · Broschur
DM 34,- · ÖS 252,- · SFr 33,- ISBN 3-930378-15-9

*»Said bezieht eindeutig Stellung; seine Analyse des
Friedensprozesses ist überzeugend.«*
Süddeutsche Zeitung

*»Saids Essays geben viele Denkanstöße und
fordern zur Diskussion geradezu heraus.«*
Westdeutscher Rundfunk

Mahmoud Darwisch
Palästina als Metapher
Gespräche über Literatur und Politik
Vorwort von Hassouna Mosbahi
Nachwort von Nathan Zach
Aus dem Französischen von Michael Schiffmann
Glossar · Register · 280 Seiten · 13,5 x 21 cm · Gebunden
DM 39,80 · ÖS 295,- · SFr 38,80 · ISBN 3-930378-16-7

*»Darwisch besticht nicht nur durch seine wunderschöne Sprache,
sondern auch durch seine unbeirrbare Friedfertigkeit. Das Buch
ist Zeitgeschichte und bedrückende Gegenwart zugleich. Darwisch ist nicht nur Anwärter auf den Literaturnobelpreis, sondern
auch der bedeutendste Schriftsteller der arabischen Welt.«*
Saarländischer Rundfunk

Amnon Kapeliuk

Rabin – Ein politischer Mord
Nationalismus und rechte Gewalt in Israel

Vorwort von Lea Rabin

Aus dem Französischen von Miriam Magall

Register · 240 Seiten · 13,5 x 21 cm · Broschur
DM 34,- · ÖS 252,- · SFr 33,- · ISBN 3-930378-13-2

»Spannend wie ein Kriminalroman; eine ausführliche
Analyse, die manchen schockieren dürfte.«
dpa

»Für Israel-Interessierte sollte das Buch
zur Pflichtlektüre werden.«
die tageszeitung (taz)

―――――――――

Danny Rubinstein

Yassir Arafat
Vom Guerillakämpfer zum Staatsmann

Aus dem Englischen von Torsten Waack

Zeittafel · Register · 208 Seiten · 13,5 x 21 cm · Gebunden
DM 34,- · ÖS 252,- · SFr 33,- · ISBN 3-930378-09-4

»Eine spannend zu lesende Mischung aus politischer
Biographie und Psychogramm, wohltuend sachlich
und unparteiisch im besten Sinne.«
Süddeutscher Rundfunk

»Rubinstein bringt Arafat auf den Punkt;
ein kluger Entmythologisierungsversuch.«
Die Zeit

―――――――――

Uri Avnery

Zwei Völker – Zwei Staaten
Gespräch über Israel und Palästina

Vorwort von Rudolf Augstein

200 Seiten · 19 Schwarzweißfotos · 13,5 x 21 cm
Broschur · DM 29,80 · ÖS 221,- · SFr 29,80
ISBN 3-930378-06-X

»Beredt und kundig gibt Avnery Auskunft über Hinter-
gründe und Hoffnungen des nahöstlichen Friedensprozesses.«
Frankfurter Allgemeine Zeitung

Uri Avnery/Azmi Bishara (Hg.)

Die Jerusalemfrage
Israelis und Palästinenser im Gespräch

Zeittafel · Karten · 320 Seiten · 13,5 x 21 cm · Broschur
DM 34,- · ÖS 252,- · SFr 33,- · ISBN 3-930378-07-8

Mit Beiträgen von Teddy Kollek, Hanan Ashrawi, Amos
Oz, Faisal Husseini, Ehud Olmert, Albert Aghazarian,
Shulamit Aloni, Nazmi al-Jubeh, Meron Benvenisti,
Ikrima Sabri und Michel Sabbah.

»Das Buch behandelt nahezu alles, was zu diesem
Thema gedacht und diskutiert worden ist.«
arte-Themenabend zu Jerusalem

Ian Black/Benny Morris

Mossad · Shin Bet · Aman
Die Geschichte der israelischen Geheimdienste

Aus dem Englischen von Torsten Waack

Glossar · Register · 880 Seiten · 13,5 x 21 cm · Gebunden
DM 78,- · ÖS 577,- · SFr 73,- · ISBN 3-930378-02-7

»Ein Standardwerk über Israels Geheimdienste.«
Neue Zürcher Zeitung

»Die bislang seriöseste und umfassendste Geschichte
des israelischen Geheimdienstes.«
New York Times

Yoel Cohen

Die Vanunu-Affäre
Israels geheimes Atompotential

Vorwort von Frank Barnaby

Aus dem Englischen von Josephine Hörl

Glossar · Register · 440 Seiten · 10 Schwarzweißfotos
13,5 x 21 cm · Gebunden · DM 44,- · ÖS 326,- · SFr 42,-
ISBN 3-930378-03-5

»Ein Atomthriller, der große Aktualität gewinnt.«
Focus

»Die detaillierteste und interessanteste
Studie zur Vanunu-Affäre.«
Frankfurter Allgemeine Zeitung

Ali H. Qleibo

**Wenn die Berge verschwinden
Die Palästinenser im Schatten der
israelischen Besatzung**

Vorwort von Amos Oz

Aus dem Englischen von Arno Schmitt

280 Seiten · 13,5 x 21 cm · Gebunden · DM 39,80
ÖS 295,- · SFr 38,80 · ISBN 3-9802298-8-2

*»Ein faszinierendes Buch. Ali Qleibo ist eine einzigartige
Mischung aus anthropologischer Dokumentation, Fami-
liengeschichte, Reisebericht aus der eigenen Heimat und
mitreißendem dichterischem Bekenntnis gelungen.«*
Amos Oz

Gernot Rotter

**Allahs Plagiator
Die publizistischen Raubzüge des
»Nahostexperten« Gerhard Konzelmann**

180 Seiten · 13,5 x 21 cm · Broschur · DM 26,80
ÖS 199,- · SFr 26,80 · ISBN 3-9802298-4-X

Das Buch zur Konzelmann-Affäre

*»Rotter tranchiert den Autor von einem Dutzend
Erfolgsbüchern rundum und kommt zu dem
bitteren Schluß: Konzelmann entwerfe ein
demagogisches Zerrbild der islamischen Welt.«*
Der Spiegel

Verena Klemm/Karin Hörner (Hg.)

**Das Schwert des »Experten«
Peter Scholl-Latours verzerrtes Araber- und Islambild**

Vorwort von Heinz Halm

290 Seiten · 13,5 x 21 cm · Broschur · DM 29,80
ÖS 221,- · SFr 29,80 · ISBN 3-9802298-6-6

Mit Beiträgen von Arnold Hottinger, Gernot Rotter,
Petra Kappert, Sabine Kebir u.a.

*»Als Warnung kommt die kritische Initiative
der Islamkenner zur rechten Zeit.«*
Prof. Dr. Udo Steinbach, Focus

Georg Stein (Hg.)
Nachgedanken zum Golfkrieg
Vorwort von Robert Jungk
300 Seiten · 14 x 21 cm · Broschur · DM 29,80
ÖS 221,- · SFr 29,80 · ISBN 3-9802298-2-3
Die erste kritische Gesamtdarstellung über Hintergründe
und Auswirkungen des Golfkriegs. Mit Beiträgen von Johan
Galtung, Horst-Eberhard Richter, Margarete Mitscherlich u.a.
»Ein sehr interessantes Buch. Besonders die Beiträge der
Regionalexperten bieten fundierte Analysen und Hintergründe,
die in dieser Dichte in den meisten Büchern zum Thema Naher
Osten nicht zu finden sind.«
Süddeutscher Rundfunk

Huda Al-Hilali
Von Bagdad nach Basra
Geschichten aus dem Irak
Vorwort von Freimut Duve
190 Seiten · 12,5 x 18,5 cm · Gebunden · DM 29,80
ÖS 221,- · SFr 29,80 · ISBN 3-9802298-3-1
Die Geschichten von Huda Al-Hilali sind ein wichtiger Beitrag
zur Annäherung an die Menschen im Irak, an ihre Kultur und
Tradition. Sie vermitteln aber auch ein besseres Verständnis für
die arabische Welt insgesamt.
»An dem ästhetisch wunderschön
gemachten Buch stimmt alles.«
evangelische information